HEUTE

SO SCHÖN WIE

DAMALS

Legendäre Urlaubsorte rund um die

Welt

RETRO-MOMENTE
genießen

WELTREISE FÜR NOSTALGIKER

Ob die Hamptons, Miami Beach, Kairo oder die Südsee – die Liste der Urlaubsorte, die rund um den Globus Geschichte schrieben, ist nicht nur lang, sondern liest sich auch entsprechend legendär. Viele der Orte kennt man aus Filmen oder Büchern, Casablanca etwa, oder die berühmte Montego Bay auf Jamaika, wo schon James Bond seinen Martini schlürfte. Im Banff Springs Hotel in Kanada stiegen Reisende bereits Ende des 19. Jahrhunderts ab, und auf dem Nil wurde um 1873 die erste Kreuzfahrt veranstaltet. Dieses Buch entführt zu all jenen Urlaubsorten rund um die Welt, die eine besonders lange Tourismushistorie aufweisen können und auch heute noch mit wunderbaren Retro-Momenten begeistern. Untermalt wird die Reise von legendären Urlaubssongs, die man sich auf Spotify ganz einfach herunterladen kann (siehe Seite 7). Musikalisch trifft man dabei nicht nur auf das Girl von Ipanema, sondern auch auf Bob Marley, Elvis und die Beach Boys.

Bild: Noch vor 150 Jahren stand auf der Sandinsel Miami Beach gerade mal ein einziges Haus, aber schon ab den 1920er-Jahren avancierte die Stadt im Süden Floridas zu einer der beliebtesten Urlaubsdestinationen der Welt (Aufnahme von 1965).

Alaska (U.S.)

Gulf of Alaska

C A N A D A

Kalaallit Nunaat Grønland (Dan.)

Norwegian

ÍSLAND

Sea

Hudson Bay

UNITED KINGDOM

DANMARK

60 Sylt 61 Use

EIRE (IRELAND)

NL

Scheveningen 59

DEUTSCH

Brighton 58 LAND 63 Karls

CESKO

Victoria 1

2 Banff

3 Québec

St-Pierre et Miquelon (Fr.)

4 Prince Edward Island

Dinard 57 56 Davos 65 Kitzb

Paris 64 DI

FRANCE 68

Opatija

San Francisco 20

Las Vegas

New York 5 Newport

Camden 8 6 7 Long Island

Washington D.C. 10 9 Atlantic City

Biarritz 54 ANDORRA 55 66 Rimi

Saint-Tropez Capri 67

U N I T E D   S T A T E S

Santa Barbara 21

19

Santa Monica 22 23 Los Angeles

18 Santa Fe

15 Nashville

PORTUGAL ESPAÑA

Athe

Tunis 50

MEDITERRANEA

Memphis

16

11 Charleston

A T L A N T I C

Madeira 53 49 Casablanca

AL-MAGHRIB

Essaouira 47 48 Marrakesch

(TUNISIE)

17 New Orleans

Gulf of Mexico

Palm Beach

12 Fort Lauderdale

Florida Keys 14 13 27 Nassau

Havanna 25 BAHAMAS

Honolulu 24

Mexico

Cienfuegos

O C E A N

Agadir 46

(MAROC)

aṣ-Ṣaḥrā' al-Ġarbīya (Western Sahara)

AL-JAZĀ'IR

(ALGÉRIE)

LĪBI

26

28 Jamaica

MAWRĪTĀNĪYA

NIGER TO

GUATEMALA HONDURAS

EL SALVADOR NICARAGUA

Caribbean Sea

29 Martinique

30 Barbados

CABO VERDE

SÉNÉGAL

M A L I

BURKINA FASO

TŠA

GM

GUINÉE CÔTE-

LIBERIA D'IVOIRE

NIGERIA

PACIFIC

COSTA RICA PA

32

33 Cartagena

31 Curaçao

VENEZUELA

GUYANA

SR Goyane Française

GHANA

BENIN

Gulf of Guinea

CAMEROUN

Panama-City

COLOMBIA

SÃO TOMÉ E PRÍNCIPE

GABON

CONGO

REP. CA

DÉ

ECUADOR

34 Manaus

O C E A N

B R A S I L

PERÚ PIRUW

Polynésie Française (Fr.)

35 Cusco

BOLIVIA

ANGO

36 37 Búzios

PARAGUAY

Rio de Janeiro

Swakopmund 41

NAMIBIA

A R G E N T I N A

C H I L E

UY Montevideo

Buenos 40 39 38

Aires Punta del Este

Kapstadt 42

Mar Argentino

WELT

0 1000 2000 km

St. Petersburg 52

ROSSIJA

KAZAKSTAN

MONGOL ULS

PACIFIC

Barents Sea

Karskoe More

Alaska (U.S.)

Sea of Japan

CHOSŎN M.I.K. (NORTH KOREA)
East Sea
KR
NIHON (JAPAN)

OCEAN

Istanbul 70
TÜRKIYE
Black Sea
SAKARTVELO (GEORGIA)
AZƏR-BAYCAN
ÖZBEKISTON
TÜRKMENISTAN
KYRGYZSTAN
TOCIKISTON

ZHONGGUO
(CHINA)

East China Sea

Kyoto 82

Caspian Sea

CYPROS
Tel Aviv 72
LB
SURIYA
'IRĀQ
Jerusalem 71
Jo
AL-
Cairo 51
AL-KUWAIT
IRĀN
AFGHĀNISTĀN
AFGĀNESTĀN
PĀKISTĀN

NEPĀL
BT
BĀNGLA-DESH

Macau 80 81 Hongkong

TAIWAN
(ZHŌNGHUÁ MÍNGUÓ)

Rotes Meer 52
MIṢR (EGYPT)
AL-'ARABĪYA
AS-SA'ŪDĪYA
AL-'UMĀN

BHĀRAT

INDIA

Kolkata 75

MYANMA PYE (BURMA)
LAO
VIÊT NAM
Hoi An

Philippine Sea

Northern Mariana Islands (U.S.)

MARSHALL ISLANDS

AS-SŪDĀN
SUDAN
ERTRA IRITRIYYA
AL-YAMAN (YEMEN)
DJIBOUTI
ITYOP'YA

Arabian Sea

Goa 73

Bay of Bengal

Andaman and Nicobar is. (Ind.)

MUANG THAI
Bangkok 76
KAMPUCHEA
79

South China Sea

PILIPINAS

BELAU PALAU

MICRONESIA

Red Sea

Lake Turkana
SOOMAALIYA AS-SUMAL
KENYA

DIVEHI RĀJJE (MALDIVES)
Malediven 74

ŚRĪ LAMKĀ ILANKAI

Süd-Thailand 77

MALAYSIA

BRUNEI DARUSSALAM
SINGAPURA SINGAPORE

Sulu Sea
Celebes-Sea

NAOERO NAURU

KIRIBATI

TANZANIA
L. Tanganyika
Sansibar 45

Seychellen 44
SEYCHELLES

INDONESIA

Laut Maluku
Laut Banda

PAPUA NEW GUINEA
PAPUA NIUGINI

SOLOMON ISLANDS

TUVALU

COMORES (KOMORI)
MADAGASIKARA MADAGASCAR
Mozambique Channel

MAURITIUS
Mauritius 43

INDIAN

Laut Jawa
Laut Flores
Bali 78

TIMÓR LORO SA'E TIMOR-LESTE (EAST TIMOR)

Gulf of Carpentaria

VANUATU

Nouvelle-Calédonie (Fr.)

FIJI VITI
Fidschi-Inseln 88

SĀMOA

TONGA

MOÇAMBIQUE
ZIMBABWE
ESWATINI
LESOTHO

OCEAN

AUSTRALIA

Cairns 83

Whitsunday Islands 84

Tahiti 89

Great Australian Bight

Sydney 85

Tasman Sea

Napier 86
NEW ZEALAND AOTEAROA
Wellington 87

Oben: Piloten und Stewardessen einer amerikanischen Flug-linie beim Päuschen unter Palmen in Kingston Town auf Jamaika, 1949.

»*Sowie das Boot im Hafen von New York weiter vorrückt, entfaltet sich ein prächtiges Bild. Zahllose Dampf- und Segelschiffe beleben das Wasser, unter denen namentlich die riesigen Dampffähren auffallen.*«

(Baedeker's Nordamerika, 1893)

>>*Beim Besuch von Ruinen vermeide man unvorsichtiges Klettern.*
Eine Fußverstauchung kann die ganze Reise verderben.«

(Baedeker's Ägypten, 1897)

Musik liegt in der Luft

Den Soundtrack zum Buch gibt es bei **Spotify** unter **Heute so schön wie damals – Welt** Einfach über die Spotify-App scannen und genießen ...

FLY TO SOUTH SEA ISLES

Via PAN AMERICAN

»Man stillt den Durst mit den bekannten
Mineralwassern oder mit dem indischen
Sodawasser, dessen faden Geschmack man
durch eine Messerspitze Tischsalz oder einen
kleinen Zuschuss von Whisky verbessert.«
(Baedeker's Indien, 1914)

Ganz links: Die Südsee war schon in den 1930er Jahren bequem per Linienflug zu erreichen (Reiseplakat der Fluglinie Pan Am, 1938).

Links: Mag man auch noch so viel in Italien gesehen haben, der Blick auf das Panorama der Amalfiküste war seit jeher berauschend (Aufnahme aus dem Jahr 1955).

Unten: Zwischenstopp mit Klappstühlen bei den Pyramiden von Gizeh, 1977.

ZWISCHENSTOPPS

NORDAMERIKA

━━◉•◉━━━━━━━━━━━━━━━━━━━━━━━━━━━━━━━━━◉•◉━━

Es war vor allem der Bau der Eisenbahn, der den Tourismus ab Ende des 19. Jahrhunderts in Nordamerika ins Rollen brachte. Schon 1860 waren alle großen Städte im Osten der USA per Schienennetz miteinander verbunden, 1869 wurde die erste transamerikanische Eisenbahnverbindung fertiggestellt. Allerdings war das Reisen zu Beginn nur einer kleinen privilegierten Schicht vorbehalten: Insbesondere das kanadische Banff, Long Island oder Cape Cod wurden von der vornehme Gesellschaft als elitäre Wochenendziele entdeckt. Ab den 1920er-Jahren machte man sich dann auf – dann auch schon per Automobil – ins milde Florida, um in den Wintermonaten den kalten Temperaturen des Nordens zu entfliehen. Ab den 1950er-Jahren zählte zu den berühmtesten Sehnsuchtszielen Nordamerikas das Sun- und Surf-Paradies Kalifornien mit dem Hippie-Mekka San Francisco.

Bild: Als eine der der beliebtesten Urlaubsregionen der USA gilt die Halbinsel Cape Cod an der Ostküste. Hier machte man schon ab Ende des 19. Jahrhunderts Urlaub. Und auch in den 1960ern – als dieses Bild entstand – genoss man Sonne und Meer in elitären Sommervillen.

Victoria

IHRE MAJESTÄT LÄSST GRÜßEN

Mit charmanter britischer Kolonialarchitektur, prächtigen Gärten und einer spektakulären Naturkulisse wird das Hafenstädtchen am Saum der Salish Sea seinem königlichen Namen und Status als Metropole von British Columbia mehr als gerecht.

Dank der 1881 gegründeten Canadian Pacific Railway Company und der von ihr längs des Schienennetzes sukzessive erbauten noblen Hotels im Stil englischer, schottischer oder französischer Schlösser, kamen Ende des 19. Jahrhunderts immer mehr Touristen nach British Columbia und in das 1843 als Handelsfort der Hudson's Bay Company gegründete Victoria. Das herrschaftlich anmutende, 1908 am Inner Harbour nahe dem vom selben Architekten aus Yorkshire geplanten Parlamentsgebäude eröffnete »Empress Hotel« der Eisenbahngesellschaft, in dem unter anderem auch die britischen Könige Edward VIII. und George IV. logierten, erinnert noch heute an diese Zeiten. Gleiches gilt für die liebevoll herausgeputzte Altstadt und viktorianische Herrenhäuser wie das Craigdarroch Castle. Zeugnis von frühen anderen Aktivitäten legen Fisherman's Wharf, Chinatown und die Butchart Gardens ab. Reger Wasserflugverkehr und viele Radfahrer setzen heute moderne Akzente in der historischen Stadt.

EMPRESS HOTEL

Legendär wie einst steht das Empress Hotel direkt am Hafenquai von Victoria. 1904 bis 1908 nach einem Entwurf von Francis Rattenbury im edwardianischen Stil erbaut, gehört es mit seinen 460 Zimmern und Suiten heute zur Kette der Fairmont Hotels. Viel wurde inzwischen modernisiert, einiges erstrahlt aber immer noch im alten Glanz wie die prächtige Art-déco-Eingangshalle mit ihrem herrschaftlichen Treppenaufgang. Eine touristische Attraktion ist der nach britischer Tradition servierte tägliche Afternoon Tea. *www.fairmont.com*

CHINATOWN

Als 1858 im Cariboo District Gold gefunden wurde, suchten auch viele Arbeiter aus

»Das Klima des Ostens wirkt zwar stählernd und aufrüttelnd, gilt aber als eine der Ursachen des weitverbreiteten körperlichen Unbehagens, das besonders durch Nervenermüdung und Dyspepsie sich äußert.«
(Baedeker's Nordamerika, 1904)

China hier ihr Glück. Einige ließen sich am Rande von Victoria nieder. Ein Brand vernichtete jedoch 1883 ihre meist hölzernen Häuser. Die nachfolgenden Ziegelbauten bilden heute den Kern von Kanadas ältester Chinatown. An ihre verruchten Anfänge erinnert nur noch der Name der Glücksspielgasse Fan Tan Alley. Inzwischen tummeln sich viele Künstler in dem Viertel, in dem auch der älteste buddhistische Tempel Kanadas zu finden ist.

Links: Das neobarocke Parlament liegt direkt am geschützten Naturhafen.

Unten: In der Lobby des »Empress Hotel« fühlt man sich in die Zeit vor dem Ersten Weltkrieg zurückversetzt.

Rechts: An der Fisherman's Wharf warten oft Seehunde darauf, dass ihnen leckere Fischhäppchen zugeworfen werden.

Unten: Butchart Gardens gilt als eine der größten und schönsten Garten- schauen Kanadas. Weit über 5000 Blu- menarten kann man hier bewundern – und das schon seit 1904 (im Bild: Vintage- Postkarte).

BUTCHART GARDENS

Ein ehemaliger Steinbruch wurde zur Wie- ge dieses 1904 erstmals der Öffentlichkeit vorgestellten Blütenparadieses auf der Halb- insel Saanich. Nachdem ihr Mann dort bei Brentwood Bay allen Kalkstein hatte abtra- gen lassen, pflanzte Jenny Butchart über die Erdnarbe die ersten Blumen. Heute bezau- bert die von 50 Gärtnern gepflegte Anlage je nach Jahreszeit mit Tausenden von Tulpen und Vergissmeinnicht, mit Rhododendren und Dogwood-Sträuchern, Rosen, Fuchsien und Begonien, Dahlien und Chrysanthemen. *www.butchartgardens.com*

FISHERMAN'S WHARF

Bis zu 60 Fischfrachter konnten einst an den sechs schwimmenden Piers des 1948 eröff- neten Docks am Inneren Hafen der Stadt festmachen. Nachdem der kommerzielle Fischfang zurückging, wurde Platz frei für andere Nutzungsmöglichkeiten. Heute ge- sellen sich daher zu den Fischereifahrzeu- gen Hausboote und Floating Residences. Zu- dem leben Robben im Wharf-Gewässer, und das Areal lockt mit einem bunten Mix aus Lokalen, Kiosken und Shops.

Motel *Vom Parkplatz direkt ins Rasthausbett – diese Art zu reisen gehört seit der Massenmotorisierung zu Beginn des 20. Jahrhunderts zum American Way of Life. Das erste Motel eröffnete 1925 im kalifornischen San Luis Obispo. Bald standen dann auch die ersten Mot(orhot)els an den Highways von Kanada.*

Heute so gut wie damals

Das gibt's heute noch

Craigdarroch Castle *Ab 1887 ließ der aus Schottland stammende Unternehmer Robert Dunsmuir das schlossartige Herrenhaus erbauen, starb aber vor der Fertigstellung. Ein Teil seiner Familie bezog es 1890. In der Neuzeit gehörte Craigdarroch Castle zur Universität – seither dient das Museumshaus häufig auch als Filmkulisse.*
thecastle.ca

Craft Beer *Victoria gilt heute als Metropole des besonderen Gerstensafts. Schon 1859 wurde hier das erste Bier British Columbias gebraut – in der Victoria Brewing Company. Gut 120 Jahre später begann mit Eröffnung des Spinnaker's Brew Pub die neue Craft-Bier-Ära der Stadt.*

Souvenir, Souvenir

Banff

MOUNTAIN MEKKA

Banff inmitten des gleichnamigen Nationalparks ist das wohl mondänste Urlaubs-
städtchen Kanadas. Auf fast 1400 Meter Höhe schmiegt es sich an den Osthang
der Rocky Mountains. Seit dem 19. Jahrhundert begeistert es Reisende durch heiße
Quellen, nahe Skipisten und Seen.

Im ältesten Nationalpark Kanadas gelegen, umgeben von eindrucksvoller Natur, ist Banff sowohl ein traditionsreiches Sommer- wie Winterurlaubsziel. Rasterförmig verlaufen seine Straßen vornehmlich am Ostufer des Bow River, der hier auch einen Wasserfall bildet. Nahe der Bow River Bridge lädt das Banff Park Museum in Gestalt einer großen Blockhütte ein zu einer Reise in die kanadische Geschichte. Die im wahrsten Sinne des Wortes größte Sehenswürdigkeit der Stadt aber liegt am Talschluss: das »Fairmont Banff Springs Hotel« der Canadian Pacific Railway Company. Allein die Lobby der schlossähnlichen historischen Herberge vermittelt einen Eindruck ihrer Pracht. Eine Augenweide anderer Art bieten die Banff Upper Hotsprings, ein Pool mit heißem Thermalwasser am Sulphur Mountain, zu dem auch eine Aussichtsgondel verkehrt. Bereits seit 1883 räkelt man sich hier im heißen Nass mit unübertroffenem Panoramablick. Wer mag, kann nostalgische Badeanzüge aus den 1920er-Jahren ausleihen.

BANFF SPRINGS HOTEL

Als eine von mehreren Railway-Unterkünften sollte der 1886 nach Plänen aus Toronto errichtete, damals noch hölzerne Bau über den Bow Falls erste Urlauber in die Wildnis der Rocky Mountains locken. Allerdings wurden die Konstruktionsvorgaben wohl missverstanden und das Hotel stand bei seiner Fertigstellung falsch herum, die Fenster zeigten zum Fels statt in die Landschaft. 1911 und 1928 erhielt die wie ein schottisches Schloss konzipierte 740-Zimmer-Herberge dann ihre noch immer aktuelle Gestalt. www.fairmont.de/banff-springs

LAKE LOUISE

»See der kleinen Fische« nannten die Stoney-Indianer das türkisblau schimmernde

Bow Falls Kurz bevor bei Banff der Spray River in den gut 600 Kilometer langen Bow-Fluss mündet, tost der zehn Meter hohe Wasserfall. 1954 schrieb er Filmgeschichte, denn nicht nur die grandiose umliegende Naturparklandschaft, sondern auch er selbst wurden zur Kulisse für einige Szenen des Western-Melodrams »River of No Return« mit Robert Mitchum und Marilyn Monroe als Protagonisten. Monroe wohnte damals im nahen Banff Springs Hotel. Heute sind die Bow Falls auf einem Holzparcours von der Stadt aus erreichbar.

Gletscherrand-Gewässer. Gut zwei Kilometer lang erstreckt es sich am Saum meist schneebedeckter 3000er-Gipfel und gilt als eines der begehrtesten Reiseziele des kanadischen Westens. Seinen offiziellen Namen verdankt der See Prinzessin Louise Caroline Alberta, einer Tochter von Königin Victoria. Aus einem Chalet von 1890 an seinem Ostufer entstand in den 1920er-Jahren ein noch immer existierendes Luxushotel.

Links: Einem Schloss gleich thront das denkmalgeschützte »Banff Springs Hotel« über dem rauschenden Bow River. Seine Geschichte geht bis ins 19. Jahrhundert zurück, als sich nur reiche Ostküstenfamilien einen Aufenthalt in dem Grandhotel leisten konnten.

Banff Upper Hot Springs Schneebedeckte Berggipfel bewundern und es sich dabei in rund 40 Grad heißem Thermalwasser wohl sein lassen: Seit 1932 verheißt diesen Genuss ein kleines, organisch geformtes Badebecken nahe des Sulphur Mountain. Der Blick aus dem Pool auf den Mount Rundle ist grandios. hotsprings.ca/banff

Das gibt's heute noch

NIAGARAFÄLLE

Mehr als 50 Meter tief stürzen die Wassermassen des Niagara River zwischen dem Lake Erie und dem Lake Ontario in einer Gischtwolke über steile Felsen zu Tale. Mitten durch die zu den größten Naturwundern der Welt zählenden »falls« verläuft die Grenze zwischen Kanada und den USA. Durch die winzige Goat Island wird das Wasser in zwei Kanäle gelenkt. Die großen Horseshoe Falls liegen auf kanadischer, die kleineren American Falls auf US-amerikanischer Seite. Verbindungsglied zwischen den beiden Staaten ist die Rainbow Bridge. Als erster Weißer bekam der Jesuitenpater Louis Hennepin die gigantischen Wasserfälle im Dezember 1678 zu Gesicht. Gut eineinhalb Jahrhunderte später verkehrte erstmals ein Dampfer von der Rainbow Bridge zu den Horseshoe Falls. Die Tour der »Maid of the Mist« führt so nah an die Fälle, dass die Passagiere förmlich geduscht werden. Bereits im 19. Jahrhundert wurden Reisende daher mit Öljacken ausgestattet. Und auch heute erhalten sie einen Sprühnebelschutz.

Bild: Mehrmals täglich kann man auf einem der »Maid of the Mist«-Schiffe die Wasserfälle hautnah erleben.

Québec

DIE FEINE FRANZÖSISCHE ART

Kanadas älteste Stadt gilt auch als die europäischste des Landes. Mit ihrem Hügel
hoch über dem Sankt-Lorenz-Strom erinnert sie ein wenig an das Pariser Montmartre-
Viertel. Ihre Stadtmauer ist die einzige nördlich von Mexiko und die Vieille Ville zählt
zum UNESCO-Welterbe. Und über allem thront seit 1893 das Château Frontenac.

Ursprünglich hatten Irokesen an der Engstelle vor dem Zufluss des Rivière Saint-Charles und der Mündungsverästelung des Sankt-Lorenz-Stroms ihr Dorf errichtet. Im Sommer 1608 gründete dann der Seefahrer Samuel de Champlain hier einen Handelsposten – und übernahm die Bezeichnung aus der Algonquin-Sprache für den Ort, aus dem sich allmählich die Stadt Québec entwickelte. Ihre vornehmlich französisch geprägten baulichen Anfänge aus dem 17. und 18. Jahrhundert sind komplett erhalten – einschließlich der Kathedrale. Zwischen den beiden Teilen der Stadt, der »Haute-Ville« auf dem rund 100 Meter steil aufragenden Hochplateau Cap Diamant und der anfänglich meist aus Holzhäusern bestehenden Unterstadt am Nordufer des Sankt-Lorenz-Stroms, die die Bewohner nach zwei großen Bränden im 19. Jahrhundert weitgehend verließen, um sich auf der »colline« anzusiedeln, verkehrt schon seit 1897 eine Standseilbahn – Amerikas einziges Transportmittel dieser Art!

OLD TOWN

Überragt vom Parliament Hill und umgeben von Befestigungsanlagen aus dem 17. Jahrhundert, erzählt das Viertel Vieux-Québec von den Anfängen der Stadt und ihres Fremdenverkehrs. Nahe der breiten Dufferin-Aussichtsterrasse fährt eine Seilbahn von der Haute-Ville zur Unterstadt (Basse-Ville) und zum Stadtteil Petit Champlain mit der quirligen Place Royale, kopfsteingepflasterten Gassen und der von charmanten Boutiquen, Kunsthandwerksläden und Bistros gesäumten Rue du Petit Champlain.

CHÂTEAU FRONTENAC

Hitchcock drehte in dem Gemäuer seinen Film »Ich gestehe« und natürlich soll es darin auch spuken. Wer das selbst überprüfen möchte, muss sich einmieten in dem Luxushotel, das die Canadian Pacific Railway 1893 für ihre zunehmende Zahl betuchter Passagiere auf dem Cap Diamant im Stil eines Loire-Schlosses erbauen ließ. Oder an einer der Führungen teilnehmen, bei welchen Schauspieler in Kostümen des 19. Jahrhunderts hinter die Kulissen des noblen Hauses blicken lassen. Benannt ist das Hotel übrigens nach einem Gouverneur des frühen Kanada. *www.fairmont.com/frontenac-quebec*

Links: Die Rue du Cul-de-Sac ist auch als »Umbrella Alley« bekannt.

Unten: Wie eine Trutzburg ragt das Château Frontenac auf einem Kap über Québec auf (Plakat von 1930).

Oben: Um 1880 fuhren noch Schaufelraddampfer wie »The Union« auf dem mächtigen St. Lawrence River.

Unten: Die Cathédrale Notre-Dame-des-Victoires ist die älteste Kirche Kanadas und hat neben ihren sehens- und hörenswerten Orgeln auch einen Altar in Form einer mittelalterlichen Burg zu bieten.

KATHEDRALE

Inmitten der Oberstadt reckt seit dem Jahr 1647 die Cathédrale Notre-Dame-des-Victoires ihre Mauern. Sie war die erste Steinkirche der Stadt und gilt heute als das am umfangreichsten erweiterte und umgebaute Bauwerk in der Geschichte Kanadas, das noch immer seinem ursprünglichen Zweck gewidmet ist. Hinter der klassizistischen Fassade beeindrucken drei Casavant-Orgeln sowie goldene Chorskulpturen inklusive eines prächtigen Baldachins. Die Buntglasfenster stammen aus Ateliers in München und Paris.

ST. LAWRENCE RIVER

In der Sprache der kanadischen Ureinwohner heißt der 2900 Kilometer lange Fluss auch schlicht »großer Wasserweg«. Durch ein System aus Schleusen und Kanälen ist er seit den 1950er-Jahren komplett schiffbar. Bei der Mündung des Rivière Saint-Charles und vor dem Beginn des Ästuars, der sich weit zum Atlantik öffnenden Mündungsbucht, prägt sein Nordufer die Silhouette von Québec-City. Der markanten Verengung des Stroms hier verdankt die Stadt ihren Namen.

Heute so gut wie damals

Poutine Seinen Namen erhielt Kanadas berühmtestes Fastfood, als ein Kunde zu seinen Pommes frites zusätzlich nicht nur die übliche »Gravy«-Sauce, sondern auch noch Käsewürfel bestellte. »Ça va faire une maudite poutine«, rief der Imbissbesitzer entsetzt, »das gibt eine Riesenschweinerei!«

Souvenir, Souvenir

Ahornsirup Im Frühling, sobald Schnee und Eis die Bäume aus ihrem kalten Griff entlassen, wird das flüssige Gold gezapft – vor allem auf den Farmen Québecs. Von hier stammt das Gros der weltweiten Produktion. Bis 1875 nutzte man in Nordamerika kein anderes Süßungsmittel. Heute wird der Sirup sogar zu Wein vergoren.

Retro-Moment

Mit der Funiculaire in die Oberstadt fahren Seit 1879 verbindet Amerikas einzige, anfänglich noch dampfbetriebene Standseilbahn die Unterstadt von Québec-City mit der Haute Ville auf dem Felssporn Cap Diamant. Schon mehr als 100 Jahre bewältigt sie die gut 60 Meter lange Schrägstrecke ab dem Maison Louis Jolliet nun elektrisch.

Das gibt's heute noch

Citadelle Strategisch günstig auf dem Cap Diamant gelegen, gilt die sternförmige Festung als »Gibraltar Amerikas«. Ihre Mauern umschließen 300 Jahre Geschichte – und die sommerliche Wachablösung der Posten mit ihren Bärenfellhüten und roten Uniformen ist eine echte Augenweide.

Prince Edward Island

DAS SCHÖNSTE FLECKCHEN ERDE

»Epekwitk« nannten die Mi'kmaq-Ureinwohner ihre Insel – bis die Engländer dem von
Seefahrer Jacques Cartier als »schönstes Fleckchen Erde« betitelten Eiland den
Namen »Prince Edward Island«, nach dem Vater von Königin Victoria, verliehen.
Die Insel mit ihren schönen Sandstränden war schon früh ein beliebtes Reiseziel.

Auf dem kaum 6000 Quadratkilometer großen Eiland im Golf des Sankt-Lorenz-Stroms, genauer gesagt in seiner Metropole Charlottetown, ereigneten sich in der Vergangenheit große Dinge: 1867 wurde hier auf einer Konferenz die Konföderation beschlossen, also die Vereinigung der Kronkolonien in Britisch-Nordamerika zum Bundesstaat Kanada. Noch heute lebt beinahe ein Drittel aller Inselbewohner in der geschichtsträchtigen, aber zugleich auch ein wenig aus der Zeit gefallen wirkenden Stadt. Umgeben ist die kleinste Provinzmetropole des Landes von gartenähnlichen Landschaften, weshalb Prince Edward Island auch als »Garden of the Gulf« bekannt ist, in dessen Küstenfelsen sich Fjorde und kleine Buchten gegraben haben und wo am Greenwich Beach hohe Dünen locken. In naher oder etwas weiterer Umgebung der Insel lohnen das Cape Spear sowie die Städtchen St. Andrews-by-the-Sea, Lunenburg und St. John's auf der Halbinsel Avalon einen Abstecher.

CHARLOTTETOWN

In der kleinen, lebhaften Inselmetropole mit ihren bunten Holzhäusern und Straßencafés begann 1864 die Geschichte des heutigen Kanada: Damals beschlossen hier Delegierte aus Nova Scotia, New Brunswick, Prince Edward Island sowie dem britischen Lower und Upper Canada, ihre Provinzen zu vereinen. Gegründet wurde das nach der damaligen britischen Königin Sophie Charlotte benannte Hafenstädtchen 1720 als französische Militärsiedlung. Ältester Steinbau ist das Gainsford House von 1833.

AUSFLUG NACH ST. JOHN'S

Überragt vom 1897 anlässlich des 400. Jahrestages der Entdeckung Neufundlands auf dem Signal Hill erbauten Cabot Tower,

> **Der Austernverbrauch ist außerordentlich groß. Im Winter sind sie in allen möglichen Zubereitungen ein wirkliches Volksnahrungsmittel.«**
>
> *(Baedeker's Nordamerika, 1904)*

erstreckt sich das Ensemble farbenfroher Häuser und Backsteinkirchen des Hauptstädtchens der Halbinsel Avalon. Die am geschützten Naturhafen liegenden Fischerboote, die zum Whale-Watching auslaufen, erinnern an die lange Seefahrertradition von St. John's. Beeindruckend sind auch die schweren Eisbrecher des Küstenschutzes. Zudem beginnt in der Hafenstadt der Trans-Canada-Highway Nr. 1.

Links: Kanadas »Garden of the Gulf« lockte schon um 1950 mit Strand und Badefreuden.

Unten: Titelblatt einer Reisebroschüre zur Prince Edward Island, um 1950.

AUSFLUG NACH LUNENBURG

Als die englische Kolonialregierung um 1750 die Hafensiedlung auf dem Reißbrett entwarf, verkauften sie die Parzellen vor allem an deutsche und schweizerische Einwanderer. Da die meisten von ihnen aus der Hansestadt Lüneburg stammten, nannten sie die neue Siedlung nach ihrer Heimatstadt. Schon bald zeigten sich die neuen Einwohner als begabte Fischer und Schiffsbauer und die koloniale Modellstadt, deren Kern mit seinen bunten Holzhäusern heute zum UNESCO-Welterbe zählt, entwickelte sich zu einem blühenden Handelszentrum.

AUSFLUG NACH ST. ANDREWS-BY-THE-SEA

Schon Ende des 19. Jahrhunderts zog Kanadas erster Küstenbadeort wohlhabende und oft prominente Bürger aus Boston und Montreal an. Mit dem 1889 eröffneten, später deutlich erweiterten Algonquin Hotel fanden sie eine erste elegante Unterkunftsmög-

Oben: Auch heute noch ist viel »Deutsches« in Lunenburg zu finden. So feiert man hier gern das Oktoberfest und hat eine Vorliebe für Schwarzwälder Schinken.

Rechts: Hübsche Holzhäuser verschiedenster Couleur findet man in St. Andrews-by-the-Sea. Der Ort verströmt viel nostalgisches Urlaubsfeeling.

lichkeit – und schon ab 1894 gab es einen Golfplatz. Bis in die 1930er-Jahre war der einstige Fisch- und Holzhandelshafen an der Mündung des St. Croix River ein exklusives Sommerrefugium, dessen Gäste oft mit großem Gefolge anreisten.

Austern und frischen Hummer im Blue Mussel Cafe verspeisen *Seit einem Vierteljahrhundert locken in dem rustikalen Deck-Lokal am North Rustico-Hafen von Frühling bis Herbst Meeresbewohner aller Art – meist gerade vor ein paar Stunden aus dem Wasser gezogen. Neben den Krusten- und Schalentieren ist Heilbutt der Bestseller.*
bluemusselcafe.com

Retro-Moment

Das gibt's heute noch

Cape Spear *Auf der Felsnase, die die Portugiesen ursprünglich »Cabo da Esperança«, Kap der Hoffnung, nannten, steht seit 1835 der älteste erhaltene Leuchtturm Neufundlands: ein Wohnhaus mit Lichtkuppel. Heute ist es ein Museum. Seine ersten Strahler waren einst in einem Leuchtturm in Schottland aktiv.*

Durch das Orwell Historic Village streifen *Bauern- und Handwerksalltag in den 1890er-Jahren veranschaulicht das Museumsdorf nahe der Vernon-River-Mündung. Einem Hufschmied bei der Arbeit zusehen, Picknick vor dem alten Schulhaus, ein Spaziergang durch die Gärten: Es gibt viele Möglichkeiten, den Tag im Orwell Historic Village zu verbringen.*

Retro-Moment

CAPE COD

Mit 900 Kilometer Küste ist die haken-
förmige einstige Halbinsel südlich von
Boston seit Langem ein beliebtes Ziel für
Strandurlauber aus aller Welt. Der raue
Charme ihrer vier Kaps mit gut einem
Dutzend Dörfern und Städtchen, endlosen
Sandstränden und puppenstubenhaften
Kolonialdörfern wurde schon Ende des
19. Jahrhunderts von wohlhabenden Bos-
tonians als Wochenendziel entdeckt. Sie
errichteten hier zahlreiche Sommerhäuser, oft idyllisch versteckt in der Weite
der Dünenlandschaft. Jeder Ort am facettenreichen Cape Cod hat seinen eigenen
Charakter – vom bunten Provincetown
mit seiner Künstlerkolonie und seinem
1910 errichteten Granitturm zu Ehren der
Pilgerväter und -mütter, die hier 1620 erstmals amerikanischen Boden betraten, bis
hin zu Hyannis, wo das John F. Kennedy
Museum beheimatet ist. Auch Wellfleet
ist einen Besuch wert, steht hier doch
noch ein original Drive-in-Kino von 1957;
im hübschen Sandwich wartet hingegen
ein 1931er-Duesenberg, einst das Auto von
Schauspielikone Gary Cooper. Und falls
das Wetter einmal schlecht sein sollte,
locken zahlreiche Fisch- und Hummer-
restaurants.

*Bild: Das beliebte Ferienziel Cape Cod ist so was
wie das Sylt der amerikanischen Ostküste. Schon
1929 genoss man am berühmten Silver Beach
Sonne, Strand und Meer.*

Newport

UPPER CLASS

Klangvolle Beinamen wie »America's First Resort« und »Hauptstadt der Jachten«
verweisen auf eine Ära, als das Küstenstädtchen zum Sommerfrischeziel der
Superreichen wurde. Wer etwas auf sich hielt und das nötige Kleingeld hatte, ließ
sich hier Ende des 19. Jahrhunderts nieder – in prächtigen Palästen versteht sich.

Schon im 17. Jahrhundert wohlhabend dank Schiffbau und Handelshafen, erhielt Newport in den Jahren des »Gilded Age«, des Goldenen Zeitalters zwischen 1870 und 1910, seine glanzvolle Gestalt. Hatte doch der amerikanische Geldadel den Rhode-Island-Ort als Sommerziel entdeckt. Familien wie die Vanderbilts und Astors ließen sich hier imposante, oft nach antiken europäischen Vorbildern gestaltete Residenzen bauen. Auch Isaac Bell Jr., ein erfolgreicher Baumwollmakler, errichtete 1881 ein »Cottage«. Das heute Edna House genannte Anwesen gilt als eines der bedeutendsten Beispiele des »shingle style« (Schindel-Stils), der traditionelle englische Elemente mit jenen amerikanischer Kolonialarchitektur kombiniert. Die schwerreichen Bewohner feierten Partys und setzten Trends: 1881 wurden hier beispielsweise die ersten amerikanischen Tennis Open veranstaltet, 1894 die ersten Golf Open; bis 1984 war Newport Gastgeber des America's Cup, der ältesten noch ausgetragenen Segelregatta der Welt.

COTTAGES & MANSIONS

Während des Gilded Age Ende des 19. Jahrhunderts strömten die reichsten Familien Amerikas nach Newport und ließen sich hier prächtige Sommerhäuser bauen. Das palastartige »Chateau-sur-Mer« des New Yorkers William S. Wetmore war das erste davon. Die Vanderbilts demonstrierten ihre Stellung mit Säulentempeln wie »The Breakers«, »Marble House« und »Rough Point«. Das »Rosecliff« wurde dem Grand Trianon von Versailles nachempfunden; das Anwesen diente in der Vergangenheit als Kulisse vieler berühmter Filme.

CLIFF WALK

Fast sechs Kilometer zieht sich der gut ausgebaute öffentliche Weg am südlichen Rand

Die oberen Zehntausend Nicht mehr in Philadelphia, wie in der Bühnenvorlage, sondern in Newport siedelt das Leinwandmusical aus dem Jahr 1956 die Story um die reiche Erbin Tracy (Grace Kelly) an, die im Begriff ist, zum zweiten Mal zu heiraten. Clarendon Court, die Villa des Millionärs Claus von Bulow, diente als Kulisse für die Szene, in welcher der Ex-Mann (Bing Crosby) und der Society-Reporter (Frank Sinatra) um die verwöhnte Schönheit wetteifern. Louis Armstrong samt Band treten ebenfalls auf in dem Kino-Hit.

von Newport hoch über der Brandung entlang des Atlantischen Ozeans. Vom Memorial Boulevard kurz vor Easton's Beach über Narragansett Avenue und Forty Steps dem gewundenen Küstenverlauf folgend, bietet er herrliche Ausblicke sowohl über das Wasser als auch auf eindrucksvolle Villen aus dem späten 19. Jahrhundert. Mitunter erfordert der Trail leichtes Klettern, etwa zwischen Belmont Beach und Reject's Beach.

Links: Französischer Garten und plätschernder Springbrunnen – Rosecliff Mansion wurde von 1898 bis 1902 als Sommersitz für die Silberminen-Erbin Theresa Fair Oelrichs und ihren Ehemann, den Multimillionär Hermann Oelrichs, erbaut. Einige Szenen von »Der große Gatsby« (1974) mit Robert Redford wurden hier gedreht. Heute ist das Anwesen ein Museum und kann besichtigt werden.

Rough Point Museum In dem spektakulär an der Kuste gelegenen Mansion des späten 19. Jahrhunderts logierte einst während der Sommerwochen die Sammlerin und Philanthropin Doris Duke. Zu dem Kunsterbe ihrer Eltern gesellte sie hier eigene Ankäufe – von Gemälden, Skulpturen und Mobiliar diverser Epochen.

Das gibt's heute noch

New York

DIE STADT, DIE NIEMALS SCHLÄFT

Aufregend und einmalig, sowohl Wolkenkratzer-Dschungel als auch Schmelztiegel der
Kulturen, laut und nahezu schlaflos: Kein Wunder, dass Big Apple seine Besucher
seit jeher fasziniert – und auch Cineasten immer wieder als Setting für
ihre Leinwandgeschichten begeistert.

Fünf Stadtteile formen eine Welt: Bronx, Manhattan, Queens, Brooklyn, Staten Island – das ist New York. Für den Filmemacher Woody Allen besteht New York vor allem aus Manhattan – diese Einschätzung teilt er wohl mit den meisten Besuchern. Was New York wirklich ist, jenseits aller Mythen und Legenden, spürt man am besten bei einer Taxifahrt, wenn sich der mühsam Englisch radebrechende Fahrer umdreht und fragt, woher man denn komme. Da es nicht New York sein kann, wird man nur ein mitleidiges Lächeln ernten, gefolgt von einem andauernden Fluchen über den Verkehr, die verrückten Leute – über alles. Fragt man ihn dann aber, ob er denn gern hier lebt, beginnen seine Augen zu glänzen: »Yeah, man, this is NEW YORK!« Als Kind von 30 Einwandererfamilien erblickte die heutige Millionenstadt 1624 das Licht der Welt. Rund 200 Jahre später reckten sich in Manhattan die ersten mehrstöckigen Häuser in die Höhe – wie das bis heute erhaltene E.V. Houghwout Building oder das 95 Meter hohe Flatiron Building, das »Bügeleisen«. Nur wenig später erhielt die Stadt auch ihren Spitznamen »Big Apple« – da die Leute aus dem Mittleren Westen meinten, dass New York »einen unangemessen großen Anteil des nationalen Saftes abbekomme«.

EMPIRE STATE BUILDING

Zur Eröffnung des mit rund 380 Metern lange Zeit höchsten Gebäudes von New York und auch der Welt drückte am 1. Mai 1931 der damalige US-Präsident Herbert Hoover im Weißen Haus in Washington auf einen Knopf, um die Lichter des neuen Wolkenkratzers in Manhattan anzuschalten. Er umfasst 102 Stockwerke, im obersten sowie auf der 86. Etage gibt es Aussichtsplattformen. Schon früh diente das Empire State Building als Filmkulisse – etwa für »King Kong« oder so manche »James Bond«-Sequenzen.

> **Für mich ist New York immer der Ort der Verzauberung, der Erregung und Lebensfreude; ich möchte niemals irgendwo anders leben.«**
> *(Woody Allen)*

NEW YORK PUBLIC LIBRARY

Mit ihren knapp 50 Millionen Archivalien, fast ein Drittel davon Bücher, zählt die Bibliothek zu den weltweit bedeutendsten Sammlungen ihrer Art. Untergebracht ist sie in einem zwischen 1897 und 1911 im Beaux-Arts-Stil errichteten weißen Marmortempel an der Fifth Avenue. Zu den besonderen Schätzen der New York Public Library zählen eine Gutenberg-Bibel, ein Brief von Christoph Kolumbus und ein handschriftlicher Entwurf der Unabhängigkeitserklärung von Thomas Jefferson. *www.nypl.org*

FIFTH AVENUE · NEW YORK
The World's Greatest Shopping Street
TRAVEL BY TRAIN

Ganz links: Letzter Blick auf die Skyline von New York: Passagiere eines Transatlantik-Dampfers in Richtung Europa bei der Ausfahrt aus dem New Yorker Hafen, 1970.

Links: Schon 1930 lud ein Reiseposter zum Shoppen in die Fifth Avenue ein, im Hintergrund das Empire State Building.

legendär. Und auch als Filmkulisse diente das Traditions-Establissement bereits: Meg Ryan und Billy Christal spielten hier eine Schlüsselszene in der Liebeskomödie »Harry und Sally«. *katzsdelicatessen.com*

Frühstück bei Tiffany Partygirl Holly Golightly, gespielt von Audrey Hepburn, nimmt ihr »breakfast« in dem Film von 1961 zwar nicht in den Räumen des Juweliers, aber vor seinem Schaufenster ein – und zwar im Abendkleid. Auch ansonsten ist sie »leichtlebig« – bis ihr Traum von einer reichen Heirat platzt und sie auch nicht mit ihrem deutlich älteren Ehemann zurück will nach Texas. Stattdessen freundet sie sich mit ihrem Nachbarn, dem jungen Schriftsteller Paul, an. Das Happy End im strömenden New Yorker Regen ist Kult und natürlich auch der »Kater« ohne Namen.

Oben: Der Tisch, an dem Meg Ryans »Sally« dem von Billy Crystal gespielten »Harry« eine ziemlich überzeugende Lektion in femininer Darstellungskraft erteilte, ist bis heute in Katz's Delikatessen zu besichtigen.

Rechts: Durch den Film »Frühstück bei Tiffany« wurde Audrey Hepburn zur Stil-Ikone. Berühmt ist auch die Filmmusik, darunter »Moon River«, die komplett von Henry Mancini komponiert wurde.

GREENWICH VILLAGE

Tatsächlich erinnert der 1696 gegründete Stadtteil zwischen 14th Street, Hudson River und Broadway vielfach noch an ein Dorf. 1822 flohen viele New Yorker vor einer Gelbfieberepidemie in Downtown hierher, das Viertel wuchs, bot aber noch immer »das Ideal einer ruhigen und vornehmen Behausung«, wie Henry James 1881 in seinem »Washington Square« schreibt. Seit Langem ist »the village« nun schon ein Künstler- und Szeneviertel mit vielen Cafés, Bars, Theatern und dem ältesten Jazzclub New Yorks.

KATZ'S DELIKATESSEN

»Delis« gehören zu New York wie die Statue of Liberty. Eine russisch-jüdische Einwandererfamilie gründete 1888 an der Lower East Side die inzwischen wohl berühmteste der traditionellen Feinkost- und Fastfoodbars. Ihre riesigen Pastrami-Sandwiches sind

Retro-Moment

Auf dem Areal des Rockefeller Center Schlittschuh laufen Besonders zur Weihnachtszeit, wenn über dem Platz zwischen der 48. und 51. Straße eine Fichte mit Christbaumschmuck mit der goldenen Prometheus-Statue konkurriert, ist die in den 1930er-Jahren als »Lockvogel« für das Einkaufszentrum angelegte Eisbahn ein beliebtes Ziel für New Yorker und Gäste.

Souvenir, Souvenir

Ein Kunstwerk aus dem MOMA Design Store Ein Druck von Picassos »Tauben«, ein Frank-Stella-Motiv als Seidentuch oder vielleicht eine Buchenholz-Garderobenablage in den Farben und typischen geometrischen Formen der Malerin und Designerin Nathalie Du Pasquier? Das Angebot im Shop des Museums of Modern Art ist groß und vielfältig. store.moma.org

Das gibt's heute noch

Waldorf Astoria Im Jahr 1931 an der Stelle zweier einst separater Nobelherbergen eingeweiht, zählt die Hotellegende zu den interessantesten Art-déco-Gebäuden New Yorks. Der Komponist Cole Porter war einer der Dauergäste; sein Flügel steht noch heute in der Lobby. www.hiltonhotels.de

Heute so gut wie damals

Heiße Hunde Ein polnischer Einwanderer namens Nathan Handwerker soll, unterstützt von seiner Gattin Ida, das berühmte Wurstbrötchen 1916 auf Coney Island erstmals angeboten haben. Inzwischen gibt es das Fastfood in New York sogar mit Sauerkraut – und eine Hot-Dog-Restaurant-Kette namens »Nathan's Famous«.

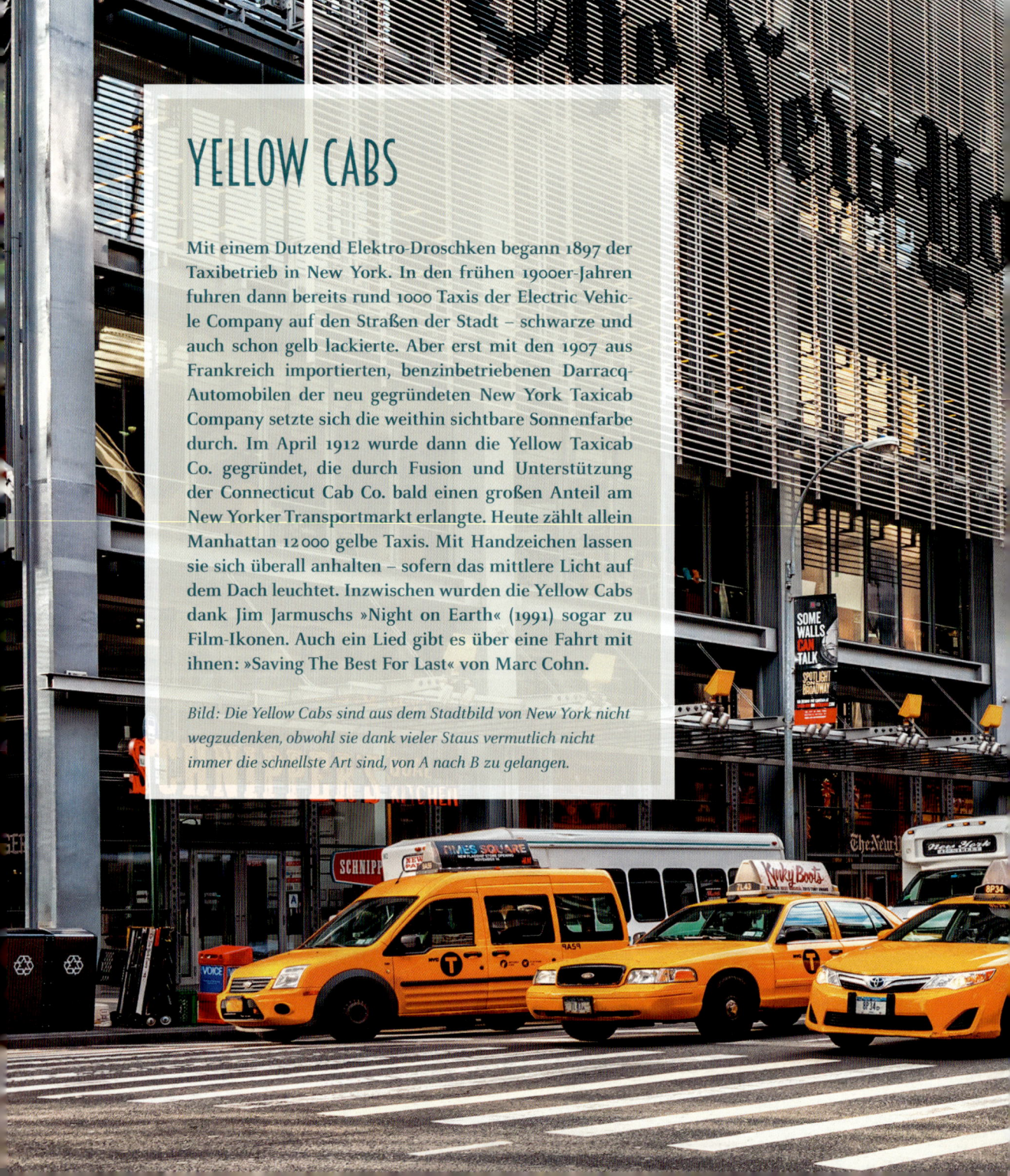

YELLOW CABS

Mit einem Dutzend Elektro-Droschken begann 1897 der Taxibetrieb in New York. In den frühen 1900er-Jahren fuhren dann bereits rund 1000 Taxis der Electric Vehicle Company auf den Straßen der Stadt – schwarze und auch schon gelb lackierte. Aber erst mit den 1907 aus Frankreich importierten, benzinbetriebenen Darracq-Automobilen der neu gegründeten New York Taxicab Company setzte sich die weithin sichtbare Sonnenfarbe durch. Im April 1912 wurde dann die Yellow Taxicab Co. gegründet, die durch Fusion und Unterstützung der Connecticut Cab Co. bald einen großen Anteil am New Yorker Transportmarkt erlangte. Heute zählt allein Manhattan 12000 gelbe Taxis. Mit Handzeichen lassen sie sich überall anhalten – sofern das mittlere Licht auf dem Dach leuchtet. Inzwischen wurden die Yellow Cabs dank Jim Jarmuschs »Night on Earth« (1991) sogar zu Film-Ikonen. Auch ein Lied gibt es über eine Fahrt mit ihnen: »Saving The Best For Last« von Marc Cohn.

Bild: Die Yellow Cabs sind aus dem Stadtbild von New York nicht wegzudenken, obwohl sie dank vieler Staus vermutlich nicht immer die schnellste Art sind, von A nach B zu gelangen.

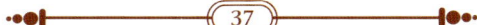

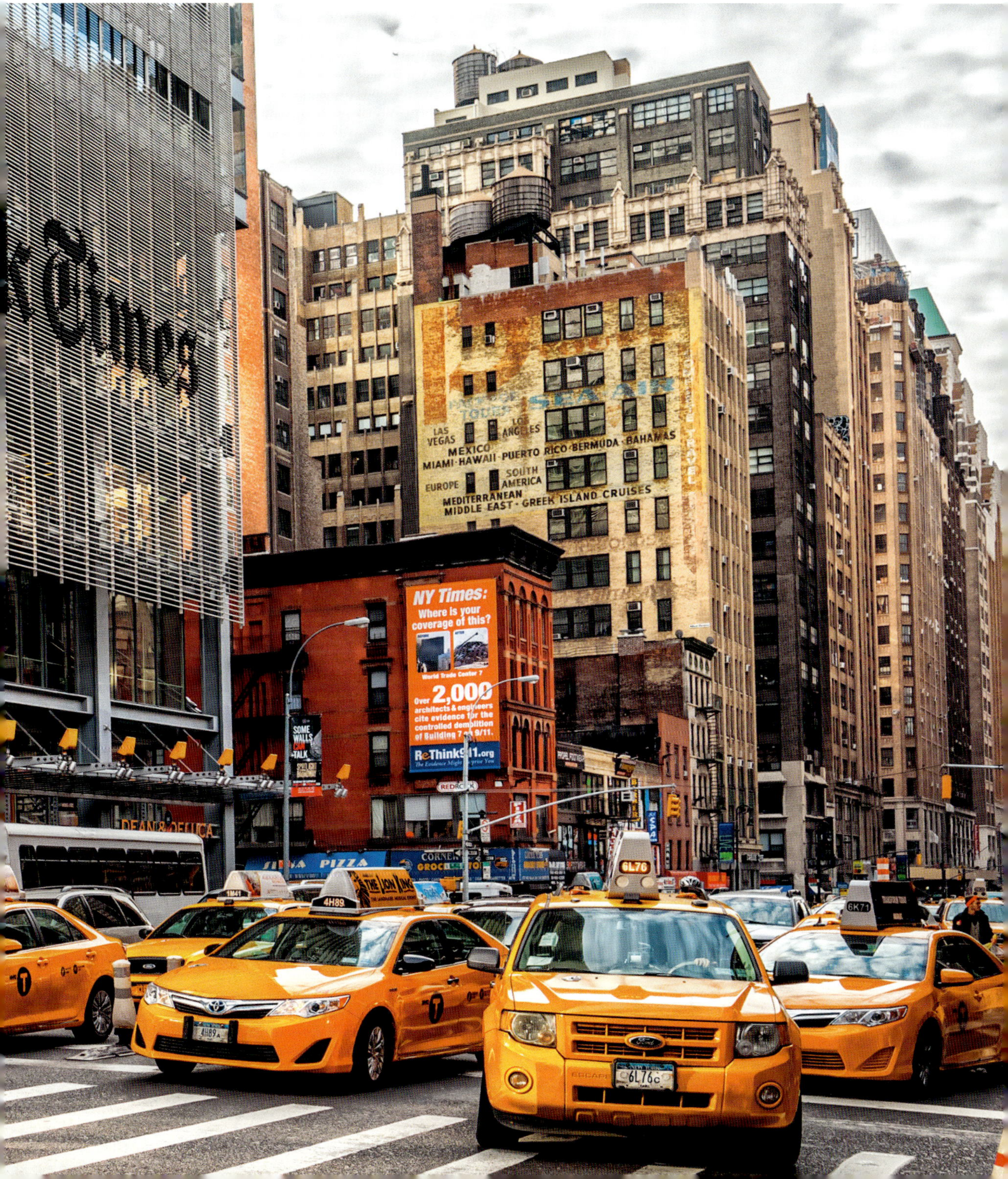

LAS VEGAS
LOS ANGELES
MEXICO
MIAMI · HAWAII · PUERTO RICO · BERMUDA · BAHAMAS
EUROPE
SOUTH AMERICA
MEDITERRANEAN
MIDDLE EAST · GREEK ISLAND CRUISES
NY Times:
Where is your coverage of this?
World Trade Center 7
Over 2,000
architects & engineers
cite evidence for the
controlled demolition
ReThink911.org
SOME WALLS CAN TALK
DEAN & DELUCA
PIZZA
THE LION KING
4H89
6L76
6K71

Long Island

HOLIDAYS IN DEN HAMPTONS

Seit dem 19. Jahrhundert ist die größte Insel der USA dank ihrer weiten Sandstrände
ein beliebtes Ausflugsziel der New Yorker. Viele Prominente besitzen hier prächtige
Sommerhäuser – und im Norden wachsen sogar Reben.

Vor allem Walfänger, Fischer und Farmer lebten einst auf dem 200 Kilometer langen Landstreifen; ihre Dörfer in dem inzwischen »The Hamptons« genannten, von der englischen Kolonialmacht einst systematisch zum Sommerziel ausgebauten Gebiet, gelten heute als Refugium der Superreichen. Schon Amerikas ehemalige First Lady, Jackie Kennedy, verbrachte viele Sommer hier. In Sag Harbor erinnert ein kleines Walfangmuseum an die frühen Zeiten der Insel – deren erste Siedlung, East Hampton, auf das Jahr 1648 zurückgeht und auf deren Ostspitze New Yorks erster Leuchtturm steht. Der Norden Long Islands bis zum Orient Point indes ist ein bekanntes Weinbaugebiet und seine Küste zwischen Glen Cove und Huntington Bay wird gern auch als »Gold Coast« bezeichnet, weil sich dort zahlreiche Millionäre ihre Villen erbauen ließen. Besonders bekannt ist das Oheka Castle in Huntington; mit seinen 125 Zimmern zählt es zu den größten Privathäusern der Welt. Legendär ist auch Coney Island mit seinem Boardwalk und den Vergnügungsparks.

CONEY ISLAND

Ursprünglich Teil des Kolonialstädtchens Gravesend, entwickelte sich die Halbinsel im Süden Brooklyns ab Mitte des 19. Jahrhunderts zu einem beliebten Badeziel. Ein erstes kleines Hotel wurde gebaut und bereits 1844 verkehrte eine Fähre zur »Kaninchen-Insel«. Schon wenige Jahre später wurden an den Wochenenden am knapp fünf Kilometer langen Strand bis zu 30 000 Ausflügler gezählt. 1895 eröffnete dann der erste Vergnügungspark und seit 1923 gibt es den hölzernen Riegelmann-Boardwalk.

HAMPTONS

Max Frischs Erzählung »Montauk« spielt ebenso in dem von weiten Stränden, Dünen

> **»Der Strand von Coney Island ist bedeckt mit Schaubuden aller Art, Verkaufsständen, Karussells, Schießbuden usw. Die beiden Piers sind 300 und 400 m lang.«**
> *(Baedeker's Nordamerika, 1904)*

und Hecken geprägten Gebiet wie Werke von Louis Begley und John Irving. Die Städtchen South Hampton, East Hampton sowie acht kleinere Dörfer sind die einzigen urbanen Zentren, ansonsten findet sich hier fantastische Natur. Das wissen auch die Superreichen zu schätzen: Nicht nur Steven Spielberg, Tiger Woods, Jennifer Lopez und Calvin Klein besitzen hier Sommerresidenzen.

Links: Long Island mit seinen langen Sandstränden ist das beliebteste Erholungsgebiet im Großraum New York. Das war schon 1955 so.

Das gibt's heute noch

Westbury House and Gardens Durch Alfred Hitchcocks Filmklassiker »Der unsichtbare Dritte« (1959) wurde der 1906 erbaute, von prächtigen Gärten umgebene Landsitz auf Long Island einem Millionenpublikum bekannt. Seine üppig ausgestattete 23-Zimmer-Villa ist heute Museum.
www.oldwestburygardens.org

Camden

RENDEZVOUS AM FELSENKAP

Bilderbuchhaft eingebettet zwischen waldigen Hügeln und dem nordatlantischen
Ozean lockt das einstige Industriestädtchen in Neuengland seit dem 19. Jahrhundert
vor allem betuchte Familien aus dem Nordosten des Landes als Sommerfrischeziel –
und dient immer wieder auch als Filmkulisse.

Mühlen, Sägewerke, kleine Fabriken und sechs Werften prägten noch Mitte des 19. Jahrhunderts das Bild des Hafenstädtchens an der Mündung des Megunticook River. Aber schon in den 1880er-Jahren begannen »rusticators« (Ausflügler mit einer Vorliebe für das Landleben), die natürliche Schönheit von Camden zu entdecken – und blieben teilweise wochenlang. Sie quartierten sich ein im neuen Bayview House Hotel, im Ocean House oder in Mrs. Hosmers Pension. Bald entstanden am Dillingham Point erste neu gebaute Sommerhäuser. Es dauerte nicht lange, und auch einige der wohlhabendsten und prominentesten Familien des Landes, aus Philadelphia, Boston, New York, Washington und sogar Chicago, erlagen dem Zauber Camdens. Sie ließen sich entlang der High Street, der Bay View Street und am Beauchamp Point weitläufige »Cottages« bauen. Die Camdener, die früher zur See gefahren waren, fanden nun bei den reichen Sommerleuten, die per Schiff oder Eisenbahn anreisten, Arbeit als Hausmeister, Gärtner oder Zimmermann.

ALTSTADT & HAFEN

Mit seinen traditionellen Herren- und Kapitänshäusern, gepflegten Gärten und der weiß getünchten, spitztürmigen Kirche bezaubert der historische Kern des ehemaligen Industriestädtchens um die von Läden, Galerien und Lokalen gesäumte Bay View Street. Von Camdens frühem Wohlstand künden bis heute auch das Opera House und die Public Library. Am Hafen ankert zudem eine beachtliche Flotte historischer Handelssegelschiffe; die Windjammern dienen inzwischen Freizeitkreuzfahrten.

MOUNT BATTIE

In breitem Zickzack führt vom Nordrand Camdens ein Wanderweg durch dichtes Waldgrün auf den gut 240 Meter hohen Hügel. Der Mount Battie Trail folgt dem Verlauf eines 1897 angelegten Kutschpfads, der vor dem ein Jahr später erbauten Summit House endete. Nach einem Waldbrand wurde das kleine Hotel, das sogar Theodore Roosevelt besuchte, abgerissen. Seit 1921 steht an seiner Stelle ein acht Meter hoher Steinturm. Die Aussicht vom Mount Battie besang schon die Poetin Edna St. Vincent Millay.

Links: Berühmt ist Camden nicht nur für seine bilderbuchgleiche Lage, sondern auch für seine Windjammer-Kreuzfahrten, die von hier starten.

Das gibt's heute noch

Camden Opera House Schon 1893, kurz nach dem großen Stadtbrand erbaut, beherbergte der eindrucksvolle Ziegelbau von Anfang an nicht nur das Theater, sondern auch Büros, Säle für geschäftliche Zusammenkünfte, das Postamt sowie zwei Ladenfronten. Sein heutiges Aussehen erhielt das Camden Opera House 1932. www.camdenoperahouse.com

Maine Lobster Festival Im benachbarten Fischerstädtchen Rockland, das sich auch »Schooner Capital of the World« nennt, dreht sich Anfang August alles um den Hummer. Zahllose Imbissbuden und Essensstände locken dann beim »Maine Lobster Festival« mit frischem Hummer aus dem Kessel. www.lamortella.org

Heute so gut wie damals

Atlantic City

UNDER THE BOARDWALK

Schon vor rund 100 Jahren lockten schöne Strände, frische Seeluft und luxuriöse
Hotels Besucher in die Küstenstadt zwischen New York und Washington. 1870 wird
ein befestigter Weg aus Holzdielen am Meeresufer errichtet – der erste Boardwalk
Amerikas, bis heute die größte Attraktion von Atlantic City.

Atlantic Citys frühe Sommerfrischler trugen noch Badekleider aus Wollflanell sowie Strümpfe, Segeltuchschuhe und große Strohhüte. Aufpasser wachten über den Grad der Selbstentblößung der Schwimmer und verhängten Strafen, wenn mehr Haut gezeigt wurde, als die Vorschrift erlaubte. Doch nichts konnte die Beliebtheit der ozeanischen Destination, die sich ab 1850 auf Absecon Island südlich der eigentlichen Stadt entwickelte, trüben. Bald säumte auch ein hölzerner Boardwalk das kilometerlange Sandband der Küste, damit der feine Sand nicht in die Restaurants, Geschäfte oder Hotellobbys getragen wurde. Schon 1881 lockte an der Uferpromenade auch die erste vergnügliche Attraktion: James Laffertys »Elephant Bazaar« mit einem riesigen begehbaren Holzelefanten, von dessen Rückensänfte aus sich ein prächtiger Ausblick bot. Aber erst im 20. Jahrhundert entwickelte sich Atlantic City zur echten Unterhaltungs- und Glücksspielstadt – quasi dem Ostküstenpendant zu Las Vegas.

BOARDWALK

Damit die Badegäste keinen Sand vom Strand in die Hotels und Eisenbahnwaggons trugen, wurde im Sommer 1870 der erste Abschnitt eines 2,50 Meter breiten Holzstegs von der Küste in die Stadt eröffnet. Als einzige Fahrzeuge auf dem bald um Vergnügungspiers erweiterten Boardwalk waren ab 1884 »Rolling Chairs«, eine Art Schiebe-Rikscha, zugelassen. Seit 1929 säumt den Boardwalk die gleichnamige Art déco-Veranstaltungshalle; sie beherbergt seit geraumer Zeit auch das Atlantic City Historical Museum.

CASINOS & GLÜCKSSPIEL

Schon während der Prohibition ab 1919 wurde in Atlantic City in den Hinterzimmern von Nachtclubs und Restaurants um Geld gespielt. Das erste legale Casino in Atlantic City eröffnete aber erst 1980 unter der Ägide der Besitzer der Chalfonte-Haddon Hall Hotels. Heute ist das »Borgata« direkt am Boardwalk das beliebteste Casino-Hotel der Stadt; es umfasst 2000 Zimmer, 200 Spieltische und 4000 Automaten. Zu den Top 3 der Glücksherbergen zählen auch das »Golden Nugget« und das »Hard Rock Hotel«.

Links: Ende des 19. Jahrhunderts erfand man in Atlantic City »Rolling Chairs« – Korbstühle, die von Helfern angeschoben wurden. Noch heute kann man sich so auf dem Boardwalk fortbewegen.

Das gibt's heute noch

Orgel der Atlantic City Boardwalk Hall Am 11. Mai 1932 wurde das aus rund 30 000 Pfeifen bestehende und damit weltweit größte Musikinstrument erstmals in einem öffentlichen Konzert gespielt. Seither wird die Orgel meist zur Untermalung von Unterhaltungsveranstaltungen genutzt. Mehrmals in der Woche gibt es halbstündige Mittagsvorführungen.

Die 228 Stufen zum Absecon Lighthouse emporsteigen Mit seinen 52 Metern ist der im Winter 1857 erstmals leuchtende, gemauerte Signalturm der dritthöchste seiner Art in den Vereinigten Staaten. Der nicht ganz mühelose Aufstieg zum Raum des Wächters und der Außengalerie wird mit einer atemberaubenden Aussicht auf die Skyline von Atlantic City belohnt.

Retro-Moment

Washington, D.C.

PRÄSIDENTENSUITE

Im späten 18. Jahrhundert auf dem Reißbrett geplant, lockte die neue Hauptstadt der USA zunächst vorwiegend europäische Reisende an, die neugierig waren, wie die noch junge demokratische Regierungsführung funktionierte. Vier Fünftel der Stadt- häuser aus dem 19. Jahrhundert stehen bis heute unter Denkmalschutz.

Als im 17. Jahrhundert die Europäer erstmals auf dem Gebiet des heutigen District of Columbia ankamen, war es noch vom Stamm der Nacotchtank-Indianer bewohnt. Zu dieser Zeit ahnte noch niemand, dass hier rund 100 Jahre später nach Vorbild europäischer Städte wie Mannheim oder Karlsruhe die neue Landesmetropole und der Regierungssitz des Präsidenten der Vereinigten Staaten entstehen sollte. Als 1810 einer der ersten Touristen aus Großbritannien Washington besuchte, war dort außer dem Weißen Haus (das seinen Anstrich aber erst 1814 erhielt) und dem – noch kuppellosen – Kapitol wenig zu sehen. Aber schon die Wahl von Präsident Andrew Jackson und seine Amtseinführung im Jahr 1829 lockte Tausende nach D. C. Ab den 1850er-Jahren konnte man dann bereits Reiseführer erwerben, die die wichtigsten Sehenswürdigkeiten der Stadt jenseits des Kapitols auflisteten. Inzwischen zählt auch das Cedar-Hill-Haus von Frederick Douglas zu ihnen, in dem der ehemalige Sklave seine letzten Lebensjahre verbrachte.

CAPITOL

Nach dem Weißen Haus war der Parlamentssitz das zweite große Bauwerk, mit dem Washington Furore machen sollte. Ein Stein im Boden der Rotunde des zweiflügeligen, ab 1793 auf einem Hügel errichteten Säulenbaus markiert den offiziellen Mittelpunkt der Stadt. Und auf der Spitze der ansehnlichen Kapitolskuppel reckt sich seit 1863 eine Frauenfigur mit verhülltem Schwert, Lorbeerkranz und dem Schild der Vereinigten Staaten mit 13 Streifen als Sinnbild der Freiheit. Unter ihr befinden sich mehr als 500 Räume. *www.visitthecapitol.gov*

LIBRARY OF CONGRESS

Mit rund 150 Millionen Medien – von Büchern und Karten bis zu Fotografien, Ton-

Ausflug nach Alexandria Am hier seenartig verbreiterten Potomac River gab es schon im 17. Jahrhundert eine Siedlung. Heute bildet die rasterförmig angelegte Old Town von 1749 mit ihren alten Stadthäusern, kleinen Läden, Galerien und Restaurants das historische Zentrum der Stadt, in der auch George Washington, der erste Präsident der USA, das Licht der Welt erblickte. Alexandrias Marktplatz ist einer der ältesten der Vereinigten Staaten; das Gadsby's Tavern Museum eine Kneipe aus der Zeit des Unabhängigkeitskriegs. Ein weiterer Publikumsmagnet ist das George Washington National Masonic Memorial. *visitalexandria.com*

dokumenten und Handschriften – ist die im Jahr 1800 eingerichtete Bibliothek die zweitgrößte der Welt! Sie umfasst auch die 6500 Werke der Privatsammlung von Thomas Jefferson, dem dritten amerikanischen Präsidenten und hauptsächlichen Verfasser der Unabhängigkeitserklärung. Zudem gehört eine Gutenberg-Bibel sowie die Bibel Abraham Lincolns zum Konvolut der Library of Congress. *www.loc.gov*

Links: Schon früh war der gesamte Regierungsdistrikt von Washington Anlaufziel für Touristen.

Unten: Vintage-Postkarte aus dem Jahr 1950.

Rechts: Die imposante John-Bull-Lokomotive im National Museum of History ist nur eines von vielen Ausstellungsstücken. Auch die Noten von Jazz-Legende Duke Ellington, der Zylinder von Abraham Lincoln oder Dutzende Kleider der First Ladies sind einen Besuch wert.

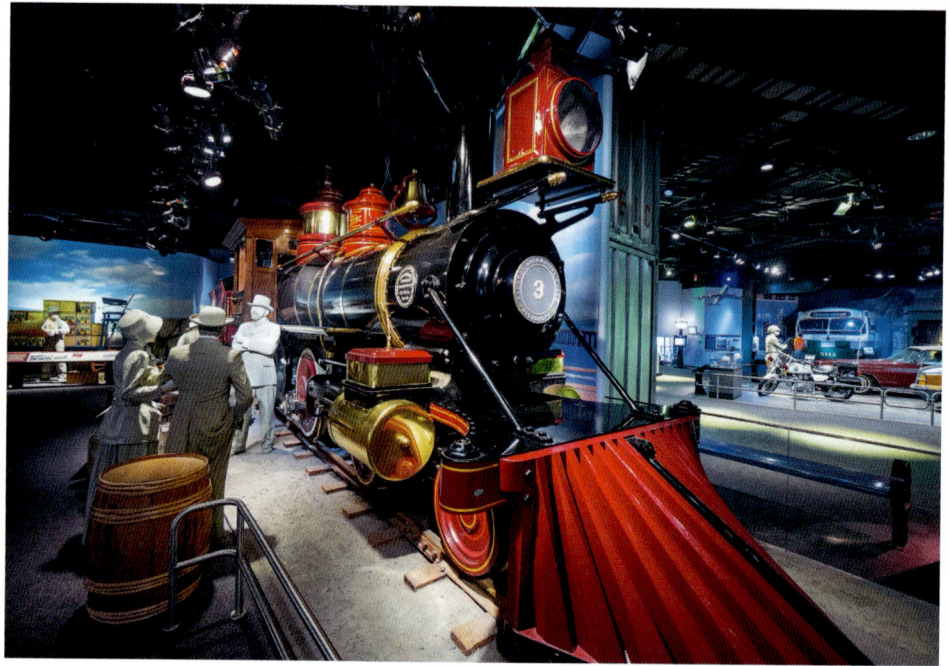

NATIONAL MUSEUM OF AMERICAN HISTORY

Ikonen der US-amerikanischen Alltagsgeschichte bilden den Kern der ursprünglich auf Technik spezialisierten Sammlung. Die roten Schuhe, mit denen Dorothy im »Zauberer von Oz« ihren Weg aus Kansas ging, gehören daher ebenso zu den Exponaten wie eine Lunchtheke, eine John-Bull-Lokomotive – und natürlich jene originale US-Flagge, die einst den Komponisten Francis Scott Key zur späteren Nationalhymne »The Star-Spangled Banner« inspirierte. Themenschwerpunkte sind zudem Familie, Medizin und Forschung.
americanhistory.si.edu

NATIONAL MUSEUM OF NATURAL HISTORY

Saurierskelette, Mondgestein, ein Schmetterlingsgarten, Fossilien und der »Hope-Diamant« – die Sammlung dieses Museums ist breit gefächert. Seit 1910 veranschaulicht sie mit inzwischen Hunderttausenden von Exponaten Naturgeschichte von Afrika bis zum tropischen Regenwald der Barro Colorado Island am Panamakanal – rund ums Jahr und bei freiem Eintritt. Gut 180 forschende Wissenschaftler gelangen zudem beim Studium der Objekte immer wieder zu neuen naturwissenschaftlichen Erkenntnissen.
naturalhistory.si.edu

»Außer Bier und dem wenig beliebten Wein kommen die in mannigfachster Verschiedenheit bereiteten American Drinks zum Ausschank.«

(Baedeker's Nordamerika, 1904)

Retro-Moment

Die Kommandokapsel von Apollo 11 im National Air & Space Museum bewundern

Ob Flugzeuge, Raketen, das SpaceShipOne oder der Zweitspiegel des Weltraumteleskops Hubble: Fast alle Ausstellungsstücke der 1946 gegründeten Sammlung sind weit gereist. Berühmtestes Exponat ist aber sicher die Kommandokapsel von Apollo 11 in der Destination-Moon-Abteilung des Museums. **airandspace.si.edu**

Abraham-Lincoln-Statue

Souvenir, Souvenir

Ob aus weißem Harz oder bronziertem Kunststein, als Büste oder als Sitzfigur: Amerikas 1861 gewählten ersten republikanischen Präsidenten gibt es im offiziellen Shop des Weißen Hauses in vielen Varianten. Und die Funktionen der Miniaturrepliken reichen vom Bleistiftspitzer bis zum Briefbeschwerer.

Hillwood Estate, Museum & Gardens *Für einen Holzmagnaten in den 1920er-Jahren erbaut, birgt die spätere Residenz der Kunstsammlerin Marjorie Merriweather Post (1887–1973), die zu einer der vermögendsten Frauen der USA zählte, ein reiches Konvolut dekorativer Kunst, vor allem aus dem Besitz der Zarenfamilie Romanow.* **hillwoodmuseum.org**

Das gibt's heute noch

DINER

Der Maler Edward Hopper verewigte die berühmte amerikanische »Raststätte« 1942 in seinem Gemälde »Nighthawks« (Nachtschwärmer) und auch das Kino setzte den American Diners mehrfach ein Denkmal, in »Pulp Fiction« zum Beispiel. Ihre Geschichte begann aber bereits 1872, als ein gewisser Walter Scott in Providence den Mitarbeitern der örtlichen Zeitung noch zu später Stunde Sandwiches, Kaffee, Kuchen und Eier aus einer Art Pferdebus servierte. Im Inneren gab es nur einen einfachen Ofen und eine Eisbox. Später wurden die mobilen Versorgungstationen komfortabler – und 1912 baute dann Jerry Mahoney in Bayonne, New Jersey, das erste stationäre Diner. Es hatte die Form eines Eisenbahnwaggons ohne Räder, bot Waschräume und Tische. Inzwischen ist das Diner für viele Amerikaner eine Art zweites Zuhause, eine Ikone mit kontaktförderndem langen Tresen und oft großen, in der Dunkelheit hell erleuchteten Fenstern.

Bild: Insbesondere in ländlichen Gegenden fungieren die berühmten Diners seit jeher nicht nur als Restaurants, sondern auch als soziale Anlaufstellen; Aufnahme aus den 1950er-Jahren.

Charleston

SÜDSTAATEN-FEELING

Von dezenter, aber farbenfroher Eleganz geprägt, gibt sich das von ehemaligen Plantagen umgebene Städtchen als echte Southern Belle. Dank der Tanzkunst seiner afrikanischen Sklaven ging es auch in die Musikgeschichte ein, wurde hier doch der berühmten Charleston-Tanz erfunden.

Von englischen Kolonialisten 1670 am West-ufer des Ashley River gegründet und zu Ehren ihres Königs Karl II. »Charles Town« genannt, entwickelte sich die Siedlung vor allem dank des Exports von Reis und spä-ter von hochwertiger, auf den vorgelagerten Inseln angebauter Baumwolle rasch zu einer der führenden Städte des Südens – und zu Amerikas »Hauptstadt der Sklaverei«. Die afroamerikanischen Plantagenarbeiter und Hausangestellten lebten ihre heimische Kul-tur allerdings meist auch in der erzwunge-nen Fremde weiter – und so kam auch der kongolesische Juba-Tanz nach Charleston, aus dem sich in den Roaring Twenties der beliebte »weiße Charleston« entwickelte. Die Stadt selbst verlor jedoch nach dem Bür-gerkrieg und im Zuge der Industrialisierung der USA ihre wirtschaftliche wie politische Bedeutung. Dennoch blieb ihr nahezu ge-schlossenes Stadtbild bis heute erhalten, das sich bestens von der eindrucksvollen Arthur Ravenel Bridge bewundern lässt.

ALTSTADT

Hausfassaden, die hinter Baumkronen meist nur zweistöckig in Maisgelb, Apricot, Mint oder Himmelblau leuchten; die Markthallen mit den umliegenden Läden, der alte Skla-venmarkt, das Zollhaus- und Handelsbör-sengebäude aus der Zeit des Unabhängig-keitskrieges, das Powder Magazine in der Cumberland Street: Sie alle erzählen in char-manter Weise von den Anfängen der klei-nen, von Aristokraten und wohlhabenden Kaufleuten geprägten Stadt an der Mün-dung von Cooper und Ashley River.

ARTHUR RAVENEL BRIDGE

Mit vier Kilometer Spannweite zählt die Schrägseilbrücke über den Cooper River zu den längsten ihrer Art in den Vereinigten Staaten. Sie verbindet seit etwa zwei Jahr-

» **Man hat nicht nur unterwegs bei den langen Fahrten mehr als bei uns mit Ermüdung zu rechnen, auch im Verkehrs- und Gasthaus-wesen erscheint durchaus nicht alles so praktisch und verständig, wie man vielleicht zu erwarten geneigt ist.«**

(Baedeker's Nordamerika, 1904)

zehnten die Innenstadt von Charleston mit der Stadt Mount Pleasant und den dahinter-liegenden Stränden und umfasst neben den Autospuren des Highway 17 auch Rad- und Fußwege. Der freie Blick auf den Hafen von Charleston ist unvergleichlich.

Links: Häuser in der Broad Street. Unten: Von Charleston aus trat der gleichnamige Tanz seinen welt-weiten Siegeszug an.

Oben: Die Magnolia Plantation & Gardens wurden schon 1900 von Karl Baedeker als besondere Attraktion Nordamerikas mit zwei Sternen ausgezeichnet – neben dem Grand Canyon und den Niagara-Fällen.

MAGNOLIA PLANTATION & GARDENS

Schon anno 1676 begründete Thomas Drayton Jr. das großzügige Anwesen am Ashley River. Es ist damit die älteste Plantage in South Carolina und der älteste Gutsgarten des Landes. Bereits 1760 gab es auf dem Areal fünf Reisplantagen; im Zuge der Gartengestaltung im 19. Jahrhundert wurden sie in Zierseen umgewandelt. Fünf Sklavenhütten erinnern heute noch an die einstige Bewirtschaftung. Das Haupthaus war ursprünglich ein Sommerhaus in Summerville und wurde 1873 mit einem Lastkahn nach Magnolia verlegt. Das ganze Gelände ist heute als Museum zugänglich. *www.magnoliaplantation.com*

MIDDLETON PLACE

Bereits im frühen 18. Jahrhundert begann die Geschichte dieser einstigen Reisplantage mit ihrer weiten, kunstvollen Gartenanlage. Von der landwirtschaftlichen Tätigkeit der Middleton-Familie zeugen noch die Mühle nahe den Butterfly Lakes und das zur Kühlung verwendete Springhouse; Eliza's House hingegen ist das um 1870 erbaute Domizil eines freigelassenen Sklaven. Der Stableyard mit Scheunenhof und Stall erhellt seit der Neuzeit als Open Air Museum weitere Aspekte. Oder man erfreut sich einfach an den idyllischen Spazierwegen und herrlichen Kamelien, Azaleen, Rosen und Magnolien. *www.middletonplace.org*

Das gibt's heute noch

Nathaniel Russell House

Von einem wohlhabenden Kaufmann 1808 erbaut, gilt das Museumshaus in der Meeting Street als eines der wichtigsten klassizistischen Domizile Amerikas. Bekannt ist es vor allem für seine »frei fliegende« Treppe, die sich ohne sichtbare Stützen über drei Stockwerke windet.

Retro-Moment

Eine Kutschfahrt durch die Stadt unternehmen

Pferde oder Maultiere ziehen die nostalgisch anmutenden Sammelgefährte, deren Lenker zumeist auch ein versierter Kenner der lokalen Historie ist. Eine gute Stunde dauert die informative Tour durch die charmante Altstadtkulisse von Charleston.

Heute so gut wie damals

Frittierte grüne Tomaten

Sogar zum Buch- und Filmtitel hat es der Südstaaten-Klassiker gebracht, für den die herb-säuerlichen Scheiben des Nachtschattengewächses in würziger Maismehlpanade gewendet und in Speckfett in der Pfanne ausgebacken werden. Serviert wird er mit Cream Gravy und ausgelassenem Speck.

VOM WINDE VERWEHT

Pompöse weiße Häuser mit prächtigen Säulen, die Zufahrten von Eichen oder Pekannuss-Bäumen flankiert: Spätestens seit Margaret Mitchells Romanlegende »Vom Winde verweht« (1936) gelten Antebellum Houses – wie sie vor Ort genannt werden – als architektonischer Inbegriff der Südstaatenromantik. Zwar gibt es jenes Anwesen schon lange nicht mehr, auf dem die Autorin als Kind ihre Ferien verbrachte und das sie zur Baumwollplantage »Tara« inspirierte, dennoch reklamieren viele Plantation Houses der Region, das Vorbild für den Roman zu sein; bei Charleston etwa, wo die Auffahrt zur Boone Hall Plantation angeblich dem Bild der Eichenallee von Tara entspricht. Zwar ohne Bezug zu dem Roman, aber weitgehend öffentlich zugänglich, sind die Rosemont Plantation in Woodville, wo der spätere Südstaatenpräsident Jefferson Davis aufwuchs, sowie die Plantagenpaläste von Natchez am Mississippi. Nicht minder erfolgreich wie das Buch »Vom Winde verweht« war übrigens auch die berühmte Verfilmung von 1939 mit Vivien Leigh und Clark Gable in den Hauptrollen. Der Filmklassiker brach nicht nur mit einer Laufzeit von fast vier Stunden alle Rekorde, sondern war auch mit vier Millionen US-Dollar der bis dato teuerste Film, der je gedreht wurde. 1940 wurde er mit acht Oscars sowie zwei Ehren-Oscars ausgezeichnet.

Bild: Die Plantage Boone Hall nahe Charleston wurde in den 1980er-Jahren auch durch die Erfolgsserie »Fackeln im Sturm« berühmt.

Palm Beach

EIN PLATZ AN DER SONNE

Ab dem späten 19. Jahrhundert entwickelte sich die Einwanderersiedlung am
Lake Worth zu einem beliebten Winterquartier der amerikanischen High Society.
Berühmte Familien wie die Fords, Astors, Kennedys und Huttons tummelten sich hier
ebenso wie die Windsors, Churchills und Faber-Castells.

Der Name Palm Beach rührt von den Kokos-nüssen her, die einst in einem Schiffswrack angespült und anschließend am Strand aus-gepflanzt wurden. Als erstes Hotel erinnert auch das 1880 eröffnete »Coconut Crove House« an diese Historie. Schnell sprach sich der besondere Charme des Ortes herum und bald entstanden weitere Unterkünfte für all jene, die den kalten Wintermonaten ihrer Heimatregionen entfliehen wollten. Auch Geschäfte und Restaurants sprossen aus dem Boden. Mit der Ankunft der Flo-rida East Coast Railroad im Jahr 1896 ver-größerte sich der Touristenzustrom weiter. Die Züge brachten die Passagiere direkt zum Meer, wo auf Höhe des heutigen West Palm Beach schon 1824 das »Royal Poinciana Ho-tel« erbaut worden war. Bald wurde es in »The Breakers« umbenannt, weil viele Gäste um ein Zimmer »unten bei den Brechern« baten. Als prächtiger Steinpalast ersetzt es seit 1925 seine beiden bei Bränden zer-störten Vorgänger. Bis heute ist seine Lage direkt am Palmenstrand und nahe des schon 1917 angelegten Country-Club-Golfplatzes unübertroffen.

FLAGLER MUSEUM

John Rockefellers Geschäftspartner, der Eisenbahn-Magnat Henry Morrison Flagler, ließ den Marmorpalast mit 55 Räumen 1902 als Hochzeitsgeschenk für seine Frau errich-ten. Ab den 1920er-Jahren diente die Winter-residenz des Paares für viele Dekaden als Hotel. Hinter der neoklassizistischen Fas-sade zeigt das zweistöckige Anwesen heute Möbel aus der Entstehungszeit sowie Erin-nerungsstücke aus dem Beginn des Eisen-bahnbaus. *www.flaglermuseum.us*

THE SOCIETY OF THE FOUR ARTS

Musik, Literatur, Malerei und Skulptur: Alle vier Künste sind in dem 1938 eröffneten Ensemble der gemeinnützigen Gartengesell-schaft am Atlantic Intracoastal Waterway vereint. Ursprünglich sollte es nur die Viel-falt der tropischen Pflanzen zeigen, die für die Landschaftsgestaltung im Klima Süd-floridas geeignet sind. Heute gibt es u. a. einen chinesischen, einen Rosen- und einen Skulpturengarten zu bewundern sowie zwei Konzertstätten und die O'Keffee-Kunst-galerie. Das Originalgebäude indes birgt eine Bibliothek. *fourarts.org*

Links: Palm Beach war ursprünglich ein reiner Winterferienort für den Jetset Amerikas, heute wird er ganzjährig besucht (Aufnahme von 1955).

Das gibt's heute noch

Über die Worth Avenue flanieren In direkter Nähe zum Ozean im Schatten hoher Palmen wandeln, vorbei an noblen Boutiquen internationaler Marken, Kunstgalerien und schicken Terrassenrestaurants – diese schon Anfang des 20. Jahrhunderts angelegte Straße gilt zu Recht als eine der schönsten der USA.

Fort Lauderdale

VENEZIANISCHE VERHÄLTNISSE

Seinen Ruf als »Venedig Amerikas« verdankt der Küstenort dem weiten, ab den
1920er-Jahren angelegten Netz von Kanälen. Mit dem Bau der ersten »Finger«-Inseln
entwickelte sich das einstige Mangrovengebiet dann rasch zum
internationalen Urlaubsziel.

Eine der Festungen, die im zweiten Semiolenkrieg (1855–1858) entstand, gab der einstigen Bauerngemeinde ihren Namen. Vom New River aus, einer natürlichen Drainage, die der Entwässerung der Everglades diente, wuchs auf dem Gebiet des Forts bereits ab Ende des 19. Jahrhunderts eine Siedlung, von der noch einige Gebäude erhalten sind. Mit dem Bau des Las Olas Boulevard im Jahr 1917 – davor hatte es nur eine unbefestigte Straße durch das sumpfige Feuchtgebiet bis zur vorgelagerten Insel gegeben –, begann schließlich der Boom von Fort Lauderdale. 1938 eröffnete die Elbo Room Bar, 20 Jahre später das heutige NSU Art Museum. Zu den prominenten Anrainern zählten die Künstlerin Gloria Vanderbilt sowie der Profi-Schwimmer und »Tarzan«-Darsteller Johnny Weissmüller. Heute flitzen Wassertaxis durch die von Villen gesäumten Kanäle von Fort Lauderdale, auch per Gondel und an Bord nostalgischer Schiffe lässt sich das venezianische Flair erleben.

FORT LAUDERDALE HISTORY CENTER

Drei der ältesten Gebäude der Stadt bilden diesen geschichtlichen Museumskomplex: Das »New River Inn« von 1905, ist ein ehemaliges Hotel, das neben Dioramen, Fotografien und anderen Artefakten auch den Nachbau eines typischen Zimmers jener Zeit präsentiert. Die Wohnatmosphäre um 1915 indes veranschaulicht das wenige Jahre zuvor erbaute King-Cromartie-Haus – während die Replik eines Schulhauses von 1899 das Thema Bildung und Pädagogik in Old Fort Lauderdale lebendig werden lässt. *fortlauderdalehistoricalsociety.org*

STRANAHAN HOUSE

Frank Stranahan kam 1893 aus Ohio nach Fort Lauderdale, um die Lager- und Fähr-

»Die beste Jahreszeit für einen Besuch Floridas liegt zwischen Dezember und April, wo alle Hotels geöffnet sind und der Fremdenverkehr in vollem Gange ist.«

(Baedeker's Nordamerika, 1893)

geschäfte seines Cousins zu leiten. Nach seiner Heirat ließ er 1901 das Stranahan House, das heute älteste noch erhaltene Haus von Fort Lauderdale, errichten: Das Erdgeschoss diente als Handelsposten, die obere Etage als Gemeindesaal. Strahanas Unternehmensportfolio wuchs weiter und so ließ er 1906 ein zweites Haus bauen. Heute beherbergt das Ursprungsgebäude das historische Museum der Stadt. *stranahanhouse.org*

Links: Taxiboote chauffieren Urlauber über die Kanäle. Unten: Johnny Weissmüller mit seiner Frau Bobbe Arnst 1931, kurz nach ihrer Hochzeit, in Florida. Der »Tarzan«-Star besaß in Fort Lauderdale ein Haus.

INTERNATIONAL SWIMMING HALL OF FAME

Vom mehrfachen Freistil-Olympiasieger und späteren »Tarzan«-Darsteller Johnny Weissmüller 1965 eröffnet, erinnert die ISHOF an berühmte Wassersportler diverser Disziplinen aus bislang mehr als 30 Ländern. Der wellenförmige Gebäudekomplex besteht aus einem Museum, einer Bibliothek und einem umfangreichen Archiv und zeigt die weltweit größte Sammlung an Memorabilia zum Thema Schwimmen, Wasserball und Wasserspringen. Zudem gibt es in dem Aquatic Complex auch zwei 50-Meter-Becken und einen Tauchpool.
www.ishof.org

MEL FISHER'S TREASURE MUSEUM

Schon in den 1960er-Jahren begann Mel Fisher sich mit der Erkundung gesunkener Schiffe der spanischen Silberflotte zu befassen, die zwischen dem 16. und 18. Jahrhundert regelmäßig zwischen Europa und Mittel- sowie Südamerika verkehrte. Ein Teil der Schatzfunde aus den Wracks der Hurrikankatastrophe von 1715 vor der Küste Floridas und aus dem Haupthafen der Galeone »Nuestra Señora de Atocha«, den Fisher 1985 entdeckt hatte, sind nun in seinem Museum in der Altstadt von Key West zu sehen.
www.melfisher.com/sebastian.html

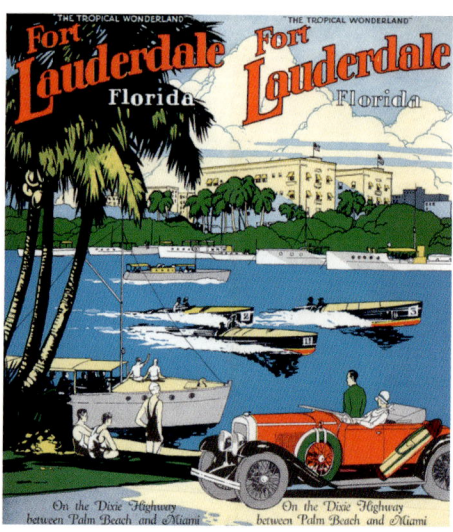

Oben: Zur International Swimming Hall of Fame gehören nicht nur Ausstellungsstücke wie wollene Badeanzüge aus den 1930er-Jahren, sondern auch ein großes Schwimmbecken.

Rechts: Titelblatt einer Reisebroschüre aus den 1920er-Jahren.

Bonnet House Museum and Gardens Plantagenartig erstreckt sich das Anwesen des Künstlers Frederic C. Bartlett und seiner ersten Frau seit 1920 auf einem Inselareal zwischen Atlantik und Intracostal Highway. Es vereint Kunst und exotische wie einheimische Pflanzenvielfalt. Auch Affen und Papageien leben hier.

Das gibt's heute noch

Swap Shop Man schrieb das Jahr 1966, als Betty und Preston Henn beschlossen, zusätzlich zu ihrem Thunderbird Drive-in-Theater einen Flohmarkt einzurichten. Bis heute ist der Swap Shop täglich geöffnet und umfasst ein weltrekordverdächtiges Angebot – nicht nur für Autofans.

Souvenir, Souvenir

Zitronen & Orangen vom Indian River Im Sunshine-Staat Florida gedeihen Zitrusfrüchte besonders gut – die Orange schmückt hier sogar das Autokennzeichen. Im Frühjahr laden zahlreiche kleine Familienfarmen zum Selberpflücken der unterschiedlichen Sorten direkt vom Baum ein.

Heute so gut wie damals

Eine Dampferfahrt auf der »Jungle Queen« In Jacksonville gebaut, kommt die »Urwald-Königin« 1935 als schlankes Boot mit Platz für 50 Passagiere nach Fort Lauderdale. Inzwischen hat sie einige jüngere Geschwister gleichen Namens bekommen, die auf dem New River verkehren – darunter auch einen doppelstöckigen Nostalgiedampfer.

Retro-Moment

MIAMI BEACH

Vom Mangrovensumpf zum Art-déco-Juwel: Die Geschichte der einstigen Sandbank am Südzipfel Floridas steckt voller Überraschungen. Ihr Entdecker, der Farmer Henry Lum, wollte ursprünglich aus ihr eine Kokosnussplantage machen. Aber Kaninchen fraßen die aus der Karibik angelieferten Pflanzen auf. Autopionier Carl Graham Fisher begann dann im jungen 20. Jahrhundert, das Gebiet in ein Ferienparadies umzugestalten. Unter anderem finanzierte er über die Bucht die längste Holzbrücke der Welt – heute der Venetian Causeway. Um den Ort berühmt zu machen, brachte Fisher zudem Elefanten an den Strand, ließ Badenixen posieren und über Präsident William Hardings Golfurlaub 1921 auf der Insel in einem Zeitungsartikel berichten. Schon sechs Jahre zuvor hatte mit dem »Browns Hotel« die erste touristische Herberge von Miami Beach ihre Pforten geöffnet. Das Gros der farbenfrohen Art-déco-Bauten – vor allem längs des Ocean Drive wie das »Clevelander« und das »Carlyle«, in denen später Szenen der TV-Serie »Miami Vice« gedreht wurden, entstand jedoch erst nach dem Hurrikan von 1926.

Bild: Auch die farbenfrohen Türme der Lifeguards am kilometerlangen Strand glänzen im Art-déco-Style.

Florida Keys

ISLANDS IN THE SUN

Fast 300 Kilometer weit erstreckt sich die legendäre Kette tropischer Inseln an
der Südspitze des Sunshine State zwischen dem Golf von Mexiko und dem
Atlantischen Ozean. Seit den 1930er-Jahren sind die Eilande ein beliebtes Sommerziel.
Ihr berühmtester Gast war Ernest Hemingway.

Angeln, Bootfahren, Schnorcheln und Tauchen: Die mehr als 1500 uralten Korallenriffe und Sandbänke des Archipels bilden ein wahres Paradies für Wasserfans. Und so wundert es nicht, dass die Keys schon seit Langem ein nicht nur US-amerikanisches Publikum anlocken. Schon früh verband die Insel eine Eisenbahnstrecke, die 1938 dann durch den berühmten Overseas Highway abgelöst wurde, eine der legendären Autorouten in den Vereinigten Staaten. Die Züge – wie später die ersten Automobile – brachten Gäste von Key Largo über Islamorada, Marathon und Big Pina bis ins einst aufgrund seiner Schwamm- und Schiffswracktaucher prosperierende Key West. Ernest Hemingway, der das Hochseefischen liebte, verbrachte zehn Jahre hier; auch viele Künstler anderer Sparten erlagen dem Zauber der Inselstadt unweit der Nordküste Kubas.

OVERSEAS HIGHWAY

Seit 1938 verbindet der gut 200 Kilometer lange südlichste Abschnitt des U.S. Highway 1 die Inseln der Florida Keys mit dem Festland. Der Bau der Straße begann schon 1923; nach der Zerstörung der Florida East Coast Railway durch einen Hurrikan wurde die Fahrbahn dann auf die ehemalige Gleisstrasse aufgesetzt. Die Orientierung entlang des 42 Brücken umfassenden Overseas Highway erfolgt über die Mile Marker; bis auf das Stadtgebiet von Marathon dienen diese Meilensteine auch als Hausnummern.

KEY LARGO

Tropische Hartholzwälder, gewundene Flüsschen und ein großer Teil des National Marine Sanctuary, das auch ein lebendes Korallenriff umfasst – all das findet sich auf der nördlichsten Insel der Florida Keys. Ihre Natur zu Lande und zu Wasser ist wahrlich atemberaubend. Kein Wunder, dass sie da-

Ausflug in die Everglades Zu Zeiten der spanischen Entdecker siedelten in dem weiten tropischen Marschland noch einheimische Stämme. Erst seit etwa 100 Jahren zeigt der »Grasfluss« zwischen Lake Okeechobee und der Südspitze der Florida-Halbinsel sein aktuelles Gesicht. Ein Teil ist als Nationalpark geschützt und UNESCO-Welterbe. Auf ausgebauten Wegen lassen sich die einzigartige Natur und Tiere wie Alligatoren, Kormorane und andere Vögel bestaunen. Besonders viele Erlebnisse bieten das Shark Valley und der Anhinga-Trail. Unabdingbare Begleiter in den Everglades sind übrigens Insektenschutzmittel und Moskito-Spray.

her auch als »Welthauptstadt des Tauchens« gilt und Hollywood die Insel als Drehort für viele Kinoklassiker entdeckte. Berühmt ist auch die »African Queen«, das Schiff aus dem gleichnamigen Film mit Humphrey Bogart und Katharine Hepburn (1951). Auf ihm kann man sogar Rundfahrten unternehmen – wenn es nicht gerade restauriert wird. *fla-keys.de/key-largo*

Links: Je weiter man auf dem Ocean Drive nach Süden fährt, desto stärker bewahrheitet sich der Satz, dass die Florida Keys mehr ein Lebensgefühl sind als ein Ort.

Unten: Erfrischung gefällig? Snack-Bus am Pier in Key West, 1975.

Oben: Viele Häuser in Key West sind geprägt durch den typischen Key-West-Stil: weiße Holzbauten mit Erkern und Balkonen zum Schutz vor der Sonne.

ISLAMORADA

Sechs kleine Inseln in den Florida Keys bilden diese als erstklassigen Angelplatz – auch für den bis zu 2,50 Meter langen Tarponfisch – bekannte, von Resorts und Strandcafés geprägte Gemeinde. Ihr kulinarisches Aushängeschild sind die frischen Meeresfrüchte und in tropischen Themenbars werden köstliche Cocktails serviert. Für kulturelle Abwechslung sorgen zahlreiche Galerien und die Musik im Morada Way Art and Cultural District. Zudem gibt es ein Tauchmuseum und Wanderpfade.
fla-keys.de/islamorada

KEY WEST

Palmengesäumte Straßen, Kolonialstilarchitektur und die typischen Conch-Häuser prägen das Bild der südlichsten Stadt der kontinentalen USA. Schon Berühmtheiten wie Ernest Hemingway und Tennessee Williams schätzten den Geist dieses vom kulturellen Erbe Kubas und der afrikanischstämmigen Einwanderer von den Bahamas beeinflussten subtropischen Paradieses. Zu den kulturell bedeutsamen Stätten von Key West gehört der 1860 angelegte afrikanische Friedhof neben einer Festung aus dem Bürgerkrieg.
fla-keys.de/key-west

» Sein mildes und gleichmäßiges Klima hat Florida zu einem Lieblingsaufenthalt von Personen gemacht, die den rauhen nordischen Winter zu meiden wünschen.«
(Baedeker's Nordamerika, 1893)

Im Southerman Point Guest House übernachten

Am ruhigen Ende der Duval Street in Key West 1894 von dem kubanischen Patrioten und Gründer der Key-West-Tabakfabrik Eduardo H. Gato erbaut, rollte das Domizil bald auf Baumstämmen zur anderen Straßenseite, weil dort nach Ansicht Gatos die Lichtverhältnisse besser waren. Heute ist das Anwesen ein Bed & Breakfast. **southernmostpoint.com**

Retro-Moment

Hemingway Home in Key West

Ein Onkel seiner zweiten Frau Pauline schenkte dem Schriftsteller und späteren Literaturnobelpreisträger 1931 das im französischen Kolonialstil erbaute Haus. Hemingway, der gern zum Hochseefischen ging, lebte hier etwa ein Jahrzehnt und schrieb unter anderem seinen berühmten Roman »Wem die Stunde schlägt«. **www.hemingwayhome.com**

Das gibt's heute noch

Curry Mansion

Floridas erster Millionär William J. Curry baute 1869 in Key West auf familiärem Grund ein erstes Herrenhaus. In der Küche des Anwesens soll der legendäre Lime Pie des Sunshine State erfunden worden sein. Seine heutige Gestalt verdankt Curry Mansion Williams Sohn, der es 1905 komplett neu errichten ließ. **www.currymansioninn.com**

Heute so gut wie damals

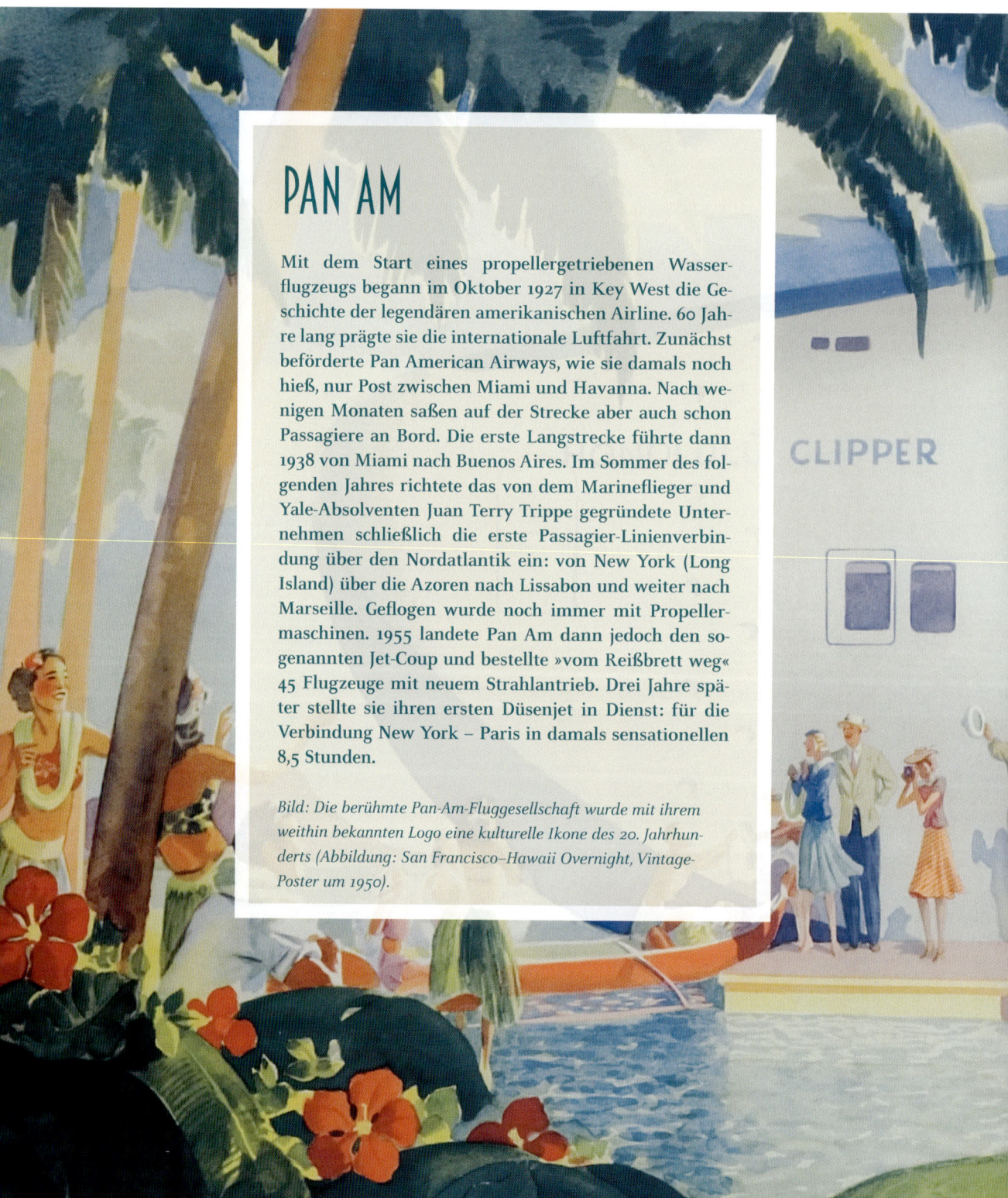

PAN AM

Mit dem Start eines propellergetriebenen Wasserflugzeugs begann im Oktober 1927 in Key West die Geschichte der legendären amerikanischen Airline. 60 Jahre lang prägte sie die internationale Luftfahrt. Zunächst beförderte Pan American Airways, wie sie damals noch hieß, nur Post zwischen Miami und Havanna. Nach wenigen Monaten saßen auf der Strecke aber auch schon Passagiere an Bord. Die erste Langstrecke führte dann 1938 von Miami nach Buenos Aires. Im Sommer des folgenden Jahres richtete das von dem Marineflieger und Yale-Absolventen Juan Terry Trippe gegründete Unternehmen schließlich die erste Passagier-Linienverbindung über den Nordatlantik ein: von New York (Long Island) über die Azoren nach Lissabon und weiter nach Marseille. Geflogen wurde noch immer mit Propellermaschinen. 1955 landete Pan Am dann jedoch den sogenannten Jet-Coup und bestellte »vom Reißbrett weg« 45 Flugzeuge mit neuem Strahlantrieb. Drei Jahre später stellte sie ihren ersten Düsenjet in Dienst: für die Verbindung New York – Paris in damals sensationellen 8,5 Stunden.

Bild: Die berühmte Pan-Am-Fluggesellschaft wurde mit ihrem weithin bekannten Logo eine kulturelle Ikone des 20. Jahrhunderts (Abbildung: San Francisco–Hawaii Overnight, Vintage-Poster um 1950).

Nashville

HI COWBOY!

Nashville ist zwar von wunderschöner Natur umgeben, allerdings hat nicht sie die Stadt legendär gemacht, sondern die Musik. Gilt das einstige Fort-Nashborough-Gebiet in Tennessee doch als Wiege der Country-Musik. Berühmt ist insbesondere die Grand-Ole-Opry-Bühne und die gleichnamige Radiosendung.

Bob Dylans »Nashville Skyline Rag«, Dolly Partons »Down on Music Row«, Bon Jovis »I Love This Town«: Viele berühmte Interpreten setzten der Music City am Cumberland River ein tönendes Denkmal. Elvis Presley nahm hier seine erste Goldene Schallplatte auf; in der Kneipe »Tootsie's« standen schon Hank Williams und George Jones am Tresen – und Paul McCartney trat als erster Nicht-Country-Musiker bei dem legendären CMA-Festival der Stadt auf. Diese selbst brachte eine Riege namhafter Sänger und Instrumentalisten hervor, auch in Sachen Jazz und Blues. Die Opernsängerin Sara Charles-Cahier erblickte ebenfalls in Nashville das Licht der Welt. Als die Mezzosopranistin bereits Karriere machte in Europa, erbaute man in ihrem Heimatort eine riesige, bald auch nichtkonfessionellen Klängen dienende Kirche – und die maßstabsgetreue Replik des Parthenon in Athen. 1957 reckte sich dann der erste Wolkenkratzer in Nashville in den Himmel – und in den Downtown-Clubs und Honky-Tonk-Bars vergnügte man sich bei Live-Musik.

COUNTRY MUSIC HALL OF FAME

Anfang der 1960er-Jahre zunächst virtuell gegründet, ehrt die Institution heute in einem eigenen Gebäude verdiente Persönlichkeiten der Country-Musik. Zudem widmet sich die Hall dokumentarischen und publizistischen Aufgaben. Zu den ersten ausgezeichneten Künstlern, Songwritern und Produzenten der Hall zählten Hank Williams, Jimmie Rodgers und Fred Rose. Für die Memorabilia-Sammlung stifteten viele Country-Stars ihre persönlichen Erinnerungsstücke. www.countrymusichalloffame.org

RYMAN AUDITORIUM

Ende des 19. Jahrhunderts von Thomas G. Ryman als Kirche mit 6000 Plätzen erbaut,

diente das neogotische Ziegelgebäude bald auch für Konzerte und politische Veranstaltungen. Von 1943 an übertrug WSM, einer der ältesten Radiosender der USA, von hier jeden Samstag die legendäre »Grand Ole Opry Show« in alle amerikanischen Haushalte. Heute finden in dem original erhaltenen Auditorium und Museum regelmäßig Auftritte führender Country-Musiker statt. www.ryman.com

CHEEKWOOD BOTANICAL GARDEN

In den 1930er-Jahren gebaut als Domizil von Mabel und Leslie Cheek, dient das große Anwesen seit fast einem Dreivierteljahrhundert der Öffentlichkeit als botanischer Garten, Arboretum und Ort der Kunst. Es umfasst ein gutes Dutzend verschiedene Grünanlagen sowie einen Skulpturenweg. Das Herrenhaus umfasst die Sammlung von Gemälden, Möbeln, Textilien, Silber, Papierarbeiten und Büchern der Cheek-Familie, darunter auch Porträts von Andy Warhol und dem New Yorker Künstler-Kollektiv The Eight. cheekwood.org

Links: Berühmt ist Nashville nicht nur für seine zahlreichen Musikkneipen, sondern auch für sein Country Music Festival, das jeden Sommer vier Tage und Nächte veranstaltet wird. Unter dem Namen »Fan Fair« wurde es 1972 erstmals ausgetragen, inzwischen ist es mit mehreren Bühnen und Hunderttausenden von Besuchern das größte Musik-Event seiner Art.

RCA Studio B *Elvis Presley nahm 1956 in dem gerade eröffneten Studio seinen Hit »Heartbreak Hotel« auf und in den folgenden zwei Jahrzehnten produzierten hier mehr als 60 berühmte Musiker. Das Studio am Roy Acuff Place gilt daher als Wiege des »Nashville Sound«.*

Das gibt's heute noch

MISSISSIPPI

Samuel C. Longhorne machte ihn durch seine Abenteuerromane mit Tom Sawyer und Huckleberry Finn weltberühmt. Der am Oberlauf des »Ol' Man River« aufgewachsene Autor entlehnte dem fast 4000 Kilometer langen Fluss auch sein literarisches Pseudonym. Er wählte es nach dem Kommando der Schiffer, wenn sie die Tiefe ausloteten: »markiere zwei«, auf Englisch: »mark twain«. Diese »zwei Faden« Wasser brauchten die Schaufelraddampfer mindestens unter dem Kiel zur gefahrenfreien Fahrt. Die Schiffe, auf denen man heute Kreuzfahrten buchen kann, transportierten einst vor allem Baumwolle für den Export nach Europa, denn im 19. Jahrhundert war der Mississippi ein wichtiger Handelsweg. An seinen ab dem 17. Jahrhundert von Franzosen und Engländern besiedelten Ufern entschied sich zudem im amerikanischen Bürgerkrieg das Schicksal der jungen Nation. Für die ersten spanischen Eroberer bildete der riesige Strom indes eine unüberwindbare Barriere auf dem Weg nach Westen, als sie 1541 das Goldland »Eldorado« suchten. Dem Fluss gaben sie damals den Namen Río de Espiritu Santo, Fluss des heiligen Geistes.

Bild: Ein einmaliges Mississippi-Erlebnis ist sicherlich eine Flusskreuzfahrt auf einem Schaufelraddampfer.

Memphis

ALWAYS ON MY MIND

»Stadt der drei Könige« nennen viele bis heute die Geburtsstätte des Rock 'n' Roll.
Denn Elvis Presley und B. B. King starteten hier ihre Musikkarriere. Zudem ist Memphis
eng mit dem Schicksal des von Sklaven abstammenden Bürgerrechtlers
Martin Luther King verwoben.

Träge fließt der Mississippi vorbei an dieser Stadt, die doch einst revolutionär brodelte; in der Menschen rassische, gesellschaftliche und wirtschaftliche Hindernisse überwanden, um die Musik zu schaffen, die das kulturelle Bild der Welt verändern sollte. Der Aufstieg des afroamerikanischen Schweißers Riley Benjamin King zu einem der einflussreichsten Blues-Gitarristen und -Sänger der Welt begann in den 1940er-Jahren in den Parks und einfachen Juke-Point-Kneipen von Memphis. Elvis' Weg zu »The King« startete dann mit der Aufnahme zweier Balladen in den jungen Sun Studios, die damals bereits vornehmlich schwarze R&B-Musiker vermarkteten, darunter auch B. B. King. Zentrum der schwarzen Musik war schon seit 1920 die Beale Street; in ihren Clubs traten Blues- und Jazzgrößen wie Louis Armstrong und Muddy Waters auf. Ein Museum erinnert hier heute an diese Zeit. Ein zweites, das National Civil Rights Museum, veranschaulicht die Geschichte der Bürgerrechtsbewegung bis zur Ermordung Martin Luther Kings in Memphis.

GRACELAND

Berühmt als Wohnsitz von Elvis Presley, gehörte das Anwesen aus dem 19. Jahrhundert ursprünglich dem Druckereibesitzer Stephen C. Toof, der es nach seiner Tochter Grace benannt hatte. »King« Elvis erwarb 1957 Teile des einstigen Farmgeländes vor den Toren von Memphis. Er baute das Herrenhaus mehrfach um und aus, änderte die Möblierung, ließ im Garten einen Wasserfall, einen Pool und eine Racquetball-Halle bauen. Bis zu seinem Tod 1977 lebte Elvis auf Graceland. *www.graceland.com*

MEMPHIS ROCK 'N' SOUL MUSEUM

Wie Delta-Blues sowie Country- und Gospelmusik mit den Klängen der Beale Street in Memphis einst verschmolzen und in den Sun, Stax und Royal Studios der Stadt neue Genres bildeten, ist Thema dieser Sammlung. Sie basiert auf den Ergebnissen einer Forschungsstudie und bietet neben Instrumenten, Outfits berühmter Interpreten, einer alten Jukebox auch die Möglichkeit, mehr als 100 Musikstücke zu hören – darunter natürlich auch von Legenden wie Muddy Waters und B. B. King.
www.memphisrocknsoul.org

Links: Am 17. August 1977 versinkt Graceland, der Wohnsitz von Elvis Presley, anlässlich seines plötzlichen Todes in einem Meer aus Blumen.

Das gibt's heute noch

Sun Studio In einem ehemaligen Heizungsreparaturladen an der Union Avenue eröffnete der Radiomoderator Samuel C. Phillips 1950 jenes Studio, in dem zahlreiche legendäre Rock'n'Roll-, Country- und Rockabilly-Musiker wie Elvis Presley, Johnny Cash und Jerry Lee Lewis ihre Songs aufnahmen.
www.sunstudio.com

New Orleans

THE BIG EASY

Als Wiege des Jazz und Schmelztiegel der Kulturen fasziniert die Stadt am Mississippi
mit ihrem afro-europäischen Mix sowohl kulinarisch wie auch architektonisch.
Ihr Spitzname »Big Easy« bezieht sich auf den verlangsamten Pulsschlag –
zumindest an heißen Sommertagen.

Von Franzosen 1718 gegründet, später von Spaniern, Schotten, Iren, Deutschen, Kanadiern und einer Vielzahl von »freien« Afrikanern besiedelt, entwickelte sich »Nouvelle Orléans« im Lauf der Jahrhunderte zu einer einzigartigen Metropole. Nach dem Verkauf des französischen Louisiana an die Amerikaner entstanden in der Umgebung viele Plantagen, und »Südstaaten-Aristokraten« bestimmten das Leben. Doch die Musik, insbesondere der neuartige »Jass«, brachte Schwarz und Weiß zusammen, zahlreiche Festivals und ein intensives Nachtleben bestimmten fortan den Rhythmus der Stadt. Kreolische und Cajun-Küche kitzeln bis heute den Gaumen, historische Straßenbahnen quietschen durch die geschichtsträchtigen Stadtteile. Vor allem in Uptown sind noch viele der prächtigen Kolonialbauten erhalten; die Viertel tragen hier Namen wie Garden District, Irish Channel, Riverside oder Black Pearl. Mark Twain setzte New Orleans und vor allem dem grünen, parkähnlichen Lafayette Cemetery in seinem Werk »Life on the Mississippi« ein literarisches Denkmal.

FRENCH QUARTER

Zwar prägten vornehmlich spanische Kolonisten den Architekturstil dieses ältesten Stadtteils von New Orleans, aber seine bekanntesten Bauwerke sind dem Vorbild des mondänen Paris des 19. Jahrhunderts entlehnt: die ziegelroten, mit filigranen Eisenbalkonen verzierten Pontalba Buildings. In den 1920er-Jahren eroberten dann Künstler und Intellektuelle das Viertel und verliehen ihm sein besonderes, trotz vieler Touristeneinrichtungen noch immer erhaltenes Flair.

GARDEN DISTRICT

Magnolien duften und Eichen beschatten die Straßen oder zumindest den Zugang zu prächtigen Südstaaten-Anwesen mit wei-

»Das Ganze ist in prächtig blühende halbtropische Bäume und Sträucher eingebettet und von einer französisch leichtlebigen Bevölkerung bewohnt.«

(Baedeker's Nordamerika, 1893)

ßen Säulenportalen und üppigen Gärten. Aber auch einstöckige Häuschen und der Lafayette-Friedhof mit seinen Mausoleen gehören zu diesem charmanten und wohl grünsten Viertel des Uptown-Gebietes. Durch die St. Charles Avenue führt zudem der berühmte Mardi-Gras-Umzug und rund um die Magazine Street locken Boutiquen und Antiquitätengeschäfte ebenso wie Gourmetrestaurants und gemütliche Cafés.

Links: Dass New Orleans als Geburtsort des Jazz gilt, merkt man in den Straßen der Stadt allerorten.

Unten: Besonders imposante Villen sind in der St. Charles Avenue anzutreffen.

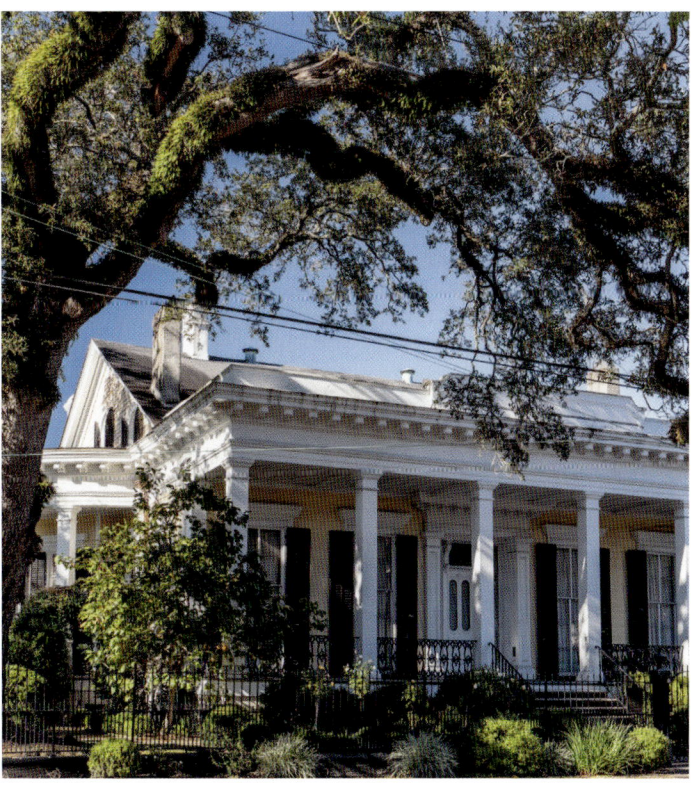

*Oben: Am Faschings-
dienstag zieht sich
ein endloser Zug aus
»marching bands«
und Festwagen durch
die Canal Street. Das
war schon 1961 so,
als diese Aufnahme
entstand.*

*Rechts: Die Karriere
von Ausnahmetalent
Louis Armstrong be-
gann in New
Orleans. Wer auf
seinen Spuren
wandeln will, findet
beispielsweise im New
Orleans Jazz Museum
sein erstes Kornett.*

PRESERVATION HALL

In den 1950er-Jahren eine Kunstgalerie,
deren Inhaber ab und an zu Jazz-Sessions
einlud, entwickelte sich das in den 1820ern

Jazz Anfang des 20. Jahrhunderts ver-
wandelten afrikanische und französisch-
kreolische Musiker in New Orleans die alten
Ragtime-Melodien mit einem vibrierenden
Mix aus Blechblasinstrumenten, Kontrabass
und Drums zu einer neuen Musikrichtung,
die anfangs »Jass« hieß. Gespielt wurde der
neue Stil vor allem in den Bars von »Story-
ville«, dem Vergnügungsviertel der Stadt.
Nach 1917 gingen aber viele Interpreten,
darunter auch Louis Armstrong, nach New
York. Von hier aus eroberte der in New
Orleans geborene Jazz dann die Welt.

erbaute kreolische Wohnhaus im French
Quarter bald zur festen Konzert-Location
vor allem für die älteren Musiker der Stadt
– und zu einem Treffpunkt für Schwarz und
Weiß. Seither hat sich wenig geändert an
Raum, Atmosphäre und Konzept; auch die
hauseigene Band gibt es noch. In diversen
Formationen jammt sie schon ab 17 Uhr, der
letzte Auftritt beginnt meist gegen 21 Uhr.
www.preservationhall.com

MARDI GRAS

Grellbunt, schräg und ohrenbetäubend laut
ist der auf die französische Kolonialzeit zu-
rückgehende Karneval von New Orleans.
Höhepunkt ist der Mardi Gras, der »fette
Dienstag«. Dann steigen auch Prominente
auf die prächtig geschmückten Umzugs-
wagen und es »regnet« von ihrer Höhe nicht
mehr wie einst Mehltüten auf die Zuschauer, sondern Bonbons und Glasperlenketten.
Wer sich für den Bau der Festwagen interessiert, ist richtig bei den Kern Studios von
1932, die heute Blaine Kern's Mardigras-
world heißen.
mardigrasworld.com

Jambalaya *Wohl von der spanischen Paella inspiriert, gilt der würzige Reiseintopf als Klassiker der Cajun-Küche. Grundbestandteile sind Fleisch, Fisch oder Meeresfrüchte, mitgeschmort werden Zwiebeln, Gemüsepaprika und Staudensellerie. Country-Musiker Hank Williams widmete dem Jambalaya sogar ein Lied.*

Heute so gut wie damals

Retro-Moment

Mit einer historischen Straßenbahn fahren *Knapp zehn Kilometer umfasst heute die Strecke des seit 1835 verkehrenden St. Charles Streetcar. Es ist damit die älteste durchgehend betriebene Straßenbahnlinie der Welt. Durch das Carrollton-Viertel führt ihr Weg in Richtung Mississippi und dann nahe des Deichs in die St. Charles Avenue.*

Café du Monde *Hausgemachte Beignets und ein Kaffee, für den die gemahlenen Bohnen mit gerösteten Chichoreewurzeln vermischt werden, begründeten den Ruhm des 1862 am Rand des French Quarter eröffneten Cafés. Mehr als 100 Jahre servierte es nur diese beiden Spezialitäten.* **shop.cafedumonde.com**

Das gibt's heute noch

ASPEN

Während des Silberbooms in Colorado als Bergbaulager gegründet und später wegen der Fülle an Espenbäumen in der Gegend nun »Aspen« genannt, erlebte die Stadt in den 1880er-Jahren einen regelrechten Boom. Er endete 1893 mit dem Zusammenbruch des Silbermarktes. Erst nach dem Zweiten Weltkrieg erholte sich Aspen wieder, als die Aspen Skiing Company die benachbarten Berghänge zum Skiparadies erschloss. Heute zählen die bis zu 3800 Meter aufragenden Aspen Mountains mit ihren vier Pistenarealen zu den berühmtesten und teuersten Wintersportzielen der Welt. Die Stadt entwickelte sich überdies zu einem beliebten Rückzugsort für Prominente. John Denver schrieb, nachdem er sich hier in den 1970er-Jahren niedergelassen hatte, sogar zwei Songs über das »St. Moritz Amerikas«. Insbesondere im Dezember und Januar ist Aspen ausgebucht. Hollywoodstars feiern hier Weihnachten und Silvester und die Besserverdienenden schweben mit dem Privatjet ein.

Bild: Seit den 1950er-Jahren rauscht – wer etwas auf sich hält – in Aspen auf Skiern zu Tale; damals noch mit Steghose und Strickpullover versteht sich (Aufnahme von 1966).

Santa Fe

STADT DER KÜNSTLER

Seit Langem eines der bedeutendsten Kunstzentren Nordamerikas, beeindruckt das einst spanisch-mexikanische Städtchen vor allem durch seine Architektur im Pueblo-Stil. Schon im frühen 20. Jahrhundert bekannt als Luftkurort, lockte es später auch Anhänger der Hippie-Bewegung.

»The City Different«, wie die älteste Landesmetropole der USA sich gerne nennt, liegt an den Ausläufern des Sangre-de-Cristo-Gebirges und brachte schon 1921, kurz nach der Eröffnung ihres ersten Hotels, mit den »Cinco Pintores« die erste Künstlergruppe hervor. Inzwischen gibt es in der 1610 als spanische Kolonie gegründeten Stadt rund 250 Galerien und Kunsthändler sowie vier Museen, die sich mit Kunst beschäftigen – von der traditionellen indigenen bis zur modernen. Eines der Sammlungshäuser ist hauptsächlich dem Werk von Georgia O'Keeffe gewidmet, die sich ab den 1930er-Jahren regelmäßig in New Mexico aufhielt und nördlich von Santa Fe, in Abiquiú, ein Haus besaß. Durch seine Vermischung der Kulturen und die daraus resultierende Bereitschaft Fremde aufzunehmen zog Santa Fe auch immer wieder Menschen an, die Neues ausprobieren wollten, künstlerisch wie sozial. So kamen in den 1960er-Jahren auch viele Hippies; ihr experimenteller Geist ist bis heute präsent, wie viele Läden von Santa Fe zeigen.

DOWNTOWN
Auf der zentralen Plaza markiert eine gravierte Steinplatte den Endpunkt des historischen Santa-Fe-Trails – und im nahen Gouverneurspalast übte ab September 1878 der General und Schriftsteller Lew Wallace das Regentenamt aus. Doch es blieb ihm dabei genügend Zeit, um weiter an seinem Romanklassiker »Ben Hur« zu arbeiten. Auch der Cathedral Park, das Lensic Performing Arts Center von 1931 und die Burro Alley erzählen in der von Lehmsteinbauten geprägten Altstadt die Geschichte von Santa Fe.

NEW MEXICO HISTORY MUSEUM
Bücher, Devotionalien, Gemälde, Alltagsgegenstände: Die rund 20 000 Exponate der

Sammlung umfassen ein breites Spektrum. Sie spiegeln die Besetzung der Region durch indigene Völker wider und reichen über die spanische Kolonisierung, die mexikanische Verwaltung und die amerikanische Besiedlung bis zur Gegenwart.
www.nmhistorymuseum.org

BOTANICAL GARDEN
Eingebettet in eine Pinien-Wacholder-Waldlandschaft kombiniert die Anlage am Museum Hill Natur und Kunst. Seine drei Hauptabschnitte umfassen ein Orchideenareal, einen Obstgarten mit Staudenrabatten, Rosen und Lavendel, Wiese und Xeric-Garten sowie den ethnobotanischen Part Ojos y Manos mit Nutzpflanzen sowie Gewächsen mit traditioneller Verwendung etwa zum Heilen, Färben oder Weben.
santafebotanicalgarden.org

> **Dürres und eintöniges Land. Die seltsame Yucca-Palme tritt nun häufiger auf.«**
> (Baedeker's Nordamerika, 1893)

Links: Aufgrund des ganzjährig angenehmen Höhenklimas ließen sich schon ab den 1920er-Jahren viele Künstler in Santa Fe nieder und machten das Städtchen zu einem der größten Kunstzentren der USA – was nicht nur an den zahlreichen schönen Galerien in der Altstadt zu erkennen ist.

Hotel La Fonda Im Pueblo Revival Style 1920 eröffnet, wurde das Haus rasch zur Architektur-Ikone. Der Patio ist noch original erhalten; alte Buntglasfenster und handgeschnitzte Balken entzücken das Auge ebenso wie das Speisenarrangement im Restaurant. Dort wirkte sogar schon der einstige Koch von Kaiser Wilhelm II.
www.lafondasantafe.com

Das gibt's heute noch

GRAND CANYON

Fast sechs Millionen Jahre brauchten Wind und Wasser, um die spektakuläre Schluchtenlandschaft zu formen. Erste Menschen lebten hier bereits vor gut 10 000 Jahren. Im 19. Jahrhundert entwickelten sich die Steilufer des einst vor allem zum Holztransport genutzten Colorado River dann zum beliebten Reise- und Ausflugsziel. Schon 1901 kam der erste Zug der Santa Fe Railway am Südrand des rund 450 Kilometer langen Grand Canyon an. Vier Jahre später öffnete mit dem »El Tovar« im Grand Canyon Village ein erstes Hotel seine Pforten; die »Grand Canyon Lodge« nahe dem North Rim gibt es immerhin schon seit 1928. Seitdem boomt der Tourismus in der berühmtesten Schlucht der Erde. Wer im Nationalpark übernachten will, muss heute bereits Monate im Voraus eine Unterkunft buchen. Besonders beliebt sind Maultierritte in den Canyon, geführte Wanderungen oder Wildwasserfahrten. Sogar mit kleinen Sportflugzeugen kann man den Canyon überfliegen.

Bild: Der Ausblick über den Grand Canyon aus der »Grand Canyon Lodge« überwältigt Reisende bereits seit dem Jahr 1928, denn so lange gibt es das Hotel schon.

Las Vegas

SIN CITY

Spätestens seit den 1940er-Jahren fasziniert die von der kargen Wüstenlandschaft Nevadas umgebene »Stadt der Sünde« mit ihren Casinos und Glücksspielpalästen. Berühmte Entertainer wie Frank Sinatra und Elvis Presley adelten die Metropole mit ihren Show-Auftritten. Vieles ist hier erlaubt, was anderswo in den USA verboten ist.

Als der Mexikaner Rafael Rivera 1829 als Kundschafter einer Handelskarawane auf dem Old Spanish Trail nach Los Angeles eine Alternativroute suchte und in der Wüstenregion das von artesischen Quellen gespeiste Gebiet der heutigen Spielermetropole erreichte, nannte er es freudig »die Auen«. Etwa drei Jahrzehnte später errichtete die US-Armee hier das Fort Baker. Und bald avancierte Las Vegas zu einem wichtigen Zwischenstopp für Wagentrecks und Eisenbahn auf dem Weg zwischen Kalifornien und New Mexico. Farmergrundstücke wurden versteigert an Investoren, 1905 die Stadt Las Vegas offiziell gegründet. Mit dem Bau des Hoover-Staudamms ab 1931 (Tausende fanden damals auf der Großbaustelle und in Las Vegas Arbeit) und der im selben Jahr erfolgten Legalisierung des Glücksspiels in Nevada begann das schnelle Wachstum. Schon 1941 öffnete mit dem »El Rancho Vegas« das erste Hotelcasino; kurz danach das »New Frontier« am Strip, der heute weltberühmten Unterhaltungsmeile.

THE STRIP

Eigentlich liegt der berühmte, knapp sieben Kilometer lange »Streifen« schon außerhalb der Stadtgrenzen, auf dem Gebiet von Paradise und Winchester. Doch das tut seinem Ruhm keinen Abbruch. Dicht gesäumt von Luxushotels und Spielcasinos zieht sich dieser Abschnitt des legendären Las Vegas Boulevard vom südlichen Mandalay Bay Resort an der Russell Road nordwärts bis zum Stratosphere Tower an der Sahara Avenue, dem mit 350 Metern höchsten frei stehenden Aussichtsturm der USA.

THE VENETIAN

Italiens berühmte Lagunenstadt stand Pate bei der Planung dieses Luxushotels am Strip in Paradise. Es verfügt über Nachbildungen

The Voice & The King Frank Sinatra, auch »The Voice« genannt, galt lange als einflussreichster Künstler in Las Vegas. Schon in den 1960er-Jahren trat Sinatra – als Mitglied von »The Rat Pack«, einer Gruppe von Schauspielern und Entertainern, zu der auch Sammy Davis Jr., Dean Martin und Judy Garland gehörten, im »Sands Hotel« in Las Vegas auf, ab 1968 dann im »Caesars Palace«. Ein Jahr später feierte »The King«, Elvis Presley, im neuen International Hotel sein Comeback mit großen Arrangements alter Songs und einer Neufassung von »Suspicious Minds«.

zahlreicher Wahrzeichen der »Serenissima« sowie natürlich einen Kanal für Gondelfahrten. Bei der Eröffnung umfasste »The Venetian« neben einem riesigen Casino rund 3000 Suiten in einem 35-stöckigen Turm. Durch einen zweiten, kleineren Turm erhöhte sich die Zimmerzahl auf rund 4000.

Links: Warum Las Vegas auch den Beinamen »Stadt der Lichter« trägt, wird einem bei einem Besuch schnell klar. Hunderte von beleuchteten Reklametafeln laden ein zu Glückspiel und Restaurantbesuch. Auch Heiratswillige sind in Las Vegas gern gesehen: Fast 100 000 Paare heiraten jedes Jahr in Las Vegas, am liebsten in der Little White Chapel.

Sich vor dem Schild »Welcome to Fabulous Las Vegas« fotografieren lassen

Auf seinen zwei hellblauen Pfahlbeinen steht der nachts teilweise beleuchtete historische Willkommensgruß im Populuxe-Style seit 1959 unübersehbar auf dem Mittelstreifen des Las Vegas Boulevard. Im Laufe der Zeit mutierte es zum beliebten Fotomotiv.

Retro-Moment

San Francisco

CALIFORNIA DREAMIN'

»The City« gehört zu den faszinierendsten Sehnsuchtsorten der Welt. Ihre Lage auf 43 Hügeln an der Spitze einer Halbinsel zwischen San Francisco Bay und Pazifik ist an sich schon einmalig, dazu kommt noch ein unverwechselbares mildes Klima, die berühmteste Hängebrücke der Welt und ein legendäres Summer-of-Love-Feeling.

Golden Gate Bridge, Cable Cars und farbenfrohe viktorianische Häuser: Dieser hübsche historische Dreiklang machte die hügelige kalifornische Hafenstadt schon früh zum Traumziel vieler Reisender. Um ihnen auch die anderen Sehenswürdigkeiten wie die Twin Peaks, den Botanischen Garten oder das Gebiet von Fort Mason nahezubringen, wurde bereits 1938, anlässlich der bevorstehenden Golden Gate International Exposition, der 49-Mile Drive eröffnet. Start- und Zielpunkt der 80 Kilometer lange Sightseeing-Strecke liegen noch immer nahe der Civic Centre Plaza. Südlich dieser Grünanlage, im Mission District, illustrieren Wandmalereien die Geschichte der Stadt, nördlich davon, an der Kreuzung von Broadway und Columbus Avenue, erzählen das Beat-Museum und »fliegende Bücher« vor einer bemalten Hausfassade von San Franciscos literarischer Vergangenheit. Auch das Flair der Gegenkulturen, wie der Flower-Power-Bewegung der 1960er-Jahre, ist mancherorts noch spürbar – und paart sich nun lässig mit zeitgenössischem Hightech.

GOLDEN GATE BRIDGE

Sie ist die bekannteste Hängebrücke der Welt – und war bei ihrer Einweihung 1937 mit gut 2700 Metern auch die längste. Seit gut einem Vierteljahrhundert trotzt das in der Farbe »International Orange« gestrichene Bauwerk der salzigen Meeresgischt, Erdbeben und Verkehrsstaus. Mit ihren sechs Fahrstreifen und zwei Geh- und Radwegen spannt sich die Brücke über die in Anspielung auf die Zeit des Goldrauschs »Golden Gate« genannte Meerenge zwischen Pazifik und der Bucht von San Francisco.

FISHERMAN'S WHARF

Geprägt von italienischen Fischern, die sich im späten 19. Jahrhundert im nahen North-

If you're going to San Francisco Als »sensible, emotionale Ballade« beschrieb das Billboard-Musikmagazin den späteren Millionenhit der Flower-Power-Bewegung kurz nach seinem Erscheinen 1967. Gesungen von Scott McKenzie, geschrieben von John Phillips, der auch die Leadgitarre und die Sitar spielte, verherrlicht der Song die Hippie-Kultur, die durch das Human Be-In im Golden Gate Park wenig Monate zuvor populär geworden war. »Wenn du nach San Francisco kommst, sei sicher, ein paar Blumen im Haar zu tragen« lautet es stimmungsvoll in der ersten Liedstrophe.

Links: In zehn Haarnadelkurven führt die berühmte Lombard Street durch Hortensienbüsche den Hügel hinab.

Unten: Die Farbgebung der Golden Gate Bridge ist eine Lebensaufgabe: Tagtäglich sind Arbeiter dabei, das »International Orange« instand zu halten.

Beach-Gebiet niederließen, ist die Wharf noch immer ein wichtiger Part für die lokalen Fischerei-Aktivitäten. Inzwischen locken neben zahlreichen Spezialitäten-Restaurants, darunter das schwimmende »Forbes Island« am Pier 39, drei Museen und ein historisches Handelsschiff. Auch als Filmkulisse wurde Fisherman's Wharf schon genutzt; Roger Moore hatte hier 1985 seinen letzten Auftritt als James Bond im Streifen »Im Angesicht des Todes«.

CABLE CARS

Als 1873 der erste Kabelwagen durch San Francisco fuhr, wurde er noch von Pferden gezogen. Wenig später trieb Dampf die Schienenfahrzeuge an. Bis zum großen Erdbeben im April 1906 waren sie das Hauptverkehrsmittel der Stadt. Heute sind nur noch drei Linien in Betrieb: California Street, Powell-Hyde und Powell-Mason. An der Endstation der Powell-Linien werden die historischen Kabelwagen, die nicht wendefähig sind, auf einer Drehscheibe, dem Cable Car Turnaround, wieder in die Gegenrichtung gesetzt.

ALAMO SQUARE

Dank seiner prachtvollen Häuserzeilen wie den »Painted Ladies« zählt der Stadtteil mit seinem gleichnamigen, sich über vier Hügel erstreckenden Park zu den berühmtesten Adressen nicht nur Kaliforniens, sondern der gesamten Vereinigten Staaten. Angelegt wurde das Alamo-Areal ab 1856; die Anwesen in der Steiner Street spiegeln vor allem den sogenannten Queen Anne Style wider.

>> *Das chinesische Viertel ist eine der größten Sehenswürdigkeiten von San Francisco und verdient in hohem Grade einen Besuch. Des abends gehe man in Begleitung eines Geheimpolizisten, der in den Hotels zu erfragen ist.«*

(Baedeker's Nordamerika, 1893)

Oben: Die Cable Cars sind Kult und ein nostalgisches Fortbewegungsmittel in der hügeligen Stadt.

Rechts: In Reih und Glied: Die »Painted Ladies« am Alamo Square sind eine der am meisten fotografierten Wohnstraßen Amerikas.

Haight-Ashbury *Spätestens ab dem Summer of Love, 1967, entwickelte sich dieser Stadtbezirk zum Mekka der Flower-Power-Bewegung. Auch Janis Joplin lebte zeitweise hier: Mit einer Freundin teilte sich die Königin des Blues-Rock-'n'-Roll ein Altbau-Zimmer in der Ashbury Street 635.*

Das gibt's heute noch

Levi's 501 *Zur Zeit des großen Goldrausches hatte der Bamberger Auswanderer Levi Strauss in San Francisco die Idee, für die Goldgräber stabile und bequeme Hosen mit nietenverstärkten Taschen für Werkzeug herzustellen. 1873 ließ er sich seine Levi's-Jeans patentieren; die Nummer erhielt sie erst später.*

Souvenir, Souvenir

Sich gruseln in Alcatraz *Anfang der 1930er-Jahre auf einer Insel in der Bucht vor San Francisco errichtet, galt Alcatraz bis 1963 als eines der berüchtigtsten Hochsicherheitsgefängnisse der USA. Inzwischen gilt das ehemalige Fort als Touristenattraktion, der Film »Flucht von Alcatraz« (1979) mit Clint Eastwood setzte dem Gefängnis auf der Leinwand ein Denkmal.* **mwww.useovetro.visitmuve.it**

Retro-Moment

Santa Barbara

VON DER SONNE GEKÜSST

Nicht nur wegen ihres mediterranen Flairs gilt die fast 250 Jahre alte Stadt an der Pazifikküste als »Cannes der kalifornischen Riviera«. Wie ihre europäische Schwester zog sie viele Schöne und Reiche an; zudem punktet sie mit Inseln vor ihrem Küstensaum und einem bergigen Hinterland.

Im Frühling überzieht ein Teppich aus Wildblumen die Anhöhen um Santa Barbara, und im Santa Barbara Channel können Wale und Delfine gesichtet werden. Außerdem liegt vor der Küste des Städtchens ein Nationalpark-Archipel, der ein seltenes Meeresökosystem schützt. Santa Barbara selbst lässt sich bequem zu Fuß – oder im Sattel eines Beachcruisers – entdecken. Häuser mit weißem Stuck und roten Ziegeldächern sowie charmante, autofreie Paseos zeugen im Zentrum vom spanisch-kolonialen Erbe der Stadt. Wer in den exklusiven Vierteln wohnt, hat Oprah Winfrey oder Brad Pitt als Nachbarn. Viele kleine Cafés säumen die Straßen, Parks laden zum Entspannen ein. Auch die breite Holzpier Stearns Wharf aus dem 19. Jahrhundert bietet Gelegenheit für eine Pause. Nur einen Steinwurf entfernt steht das wie eine andalusische Burg anmutende MOXI, ein modernes Museum für Wissenschaft und Künste. Ein paar Minuten weiter erzählt das Historical Museum von der Entwicklung Santa Barbaras von der Missionsstation zum Urlaubsort.

MISSION SANTA BARBARA

Um den Stamm der Chumash zum Christentum zu bekehren, ließen sich spanische Missionare am 4. Dezember 1786, dem Festtag der heiligen Barbara, auf einer Anhöhe unweit der heutigen Stadt nieder. Als einzige Mission weltweit wird sie seit dem Tag ihrer Gründung von Franziskanern geleitet. Das Gelände umfasst neben Kirche und Bibliothek auch ein Museum. Um Messwein zu erzeugen, pflanzten die Missionare die ersten Rebstöcke Kaliforniens.
www.santabarbaramission.org

CHANNEL ISLANDS

Die Gruppe aus acht Inseln liegt vor der Küste Südkaliforniens zwischen Santa Barbara und San Diego; fünf von ihnen, darunter auch Santa Barbara Island, wurden 1980 zum Nationalpark erklärt. Neben diesem kleinsten Eiland des Quintetts umfasst das gut 1000 Quadratmeter große Parkareal – von dem gut die Hälfte unter Wasser liegt – die Inseln San Miguel, Santa Rosa, Santa Cruz und Anacapa. Zum Archipel gehören zudem Santa Catalina, San Nicolas und San Clemente. Er ist weitgehend per Boot oder Flugzeug erreichbar.

> *» Santa Barbara gilt als einer der angenehmsten Winteraufenthaltsorte Kaliforniens. Auch wegen der herrlichen Rosen und anderer Blumen, des vorzüglichen Badestrands und der guten Gesellschaft. «*
> *(Baedeker's Nordamerika, 1893)*

Links: Rote Ziegeldächer und weiß getünchte Fassaden – Santa Barbara verströmt mexikanisches Flair.

Retro-Moment

Sich auf dem Highway Number 1 der Stadt nähern

Ob aus Richtung San Francisco oder Los Angeles: Der berühmte Pacific Coast Highway fasziniert in seinem Verlauf mit oft atemberaubenden Panoramen. Einer der besten Aussichtspunkte ist die 1932 im Art-déco-Stil erbaute Bixby Bridge; vor Santa Barbara säumen dann viele Villen die Traumstraße.

SURFIN' USA

Auf Hawaii gehörte das Wellen-reiten schon im 18. Jahrhundert zum Alltag. Männer, Frauen, Kinder – alle surften. Auch Duke Paoa Kaha-namoku (1890–1980), der allgemein als Begründer des modernen Wellen-reitens gilt, lernte es früh. Er mach-te zwar vor allem als Schwimmer von sich reden, führte aber 1912 bei Santa Monica auch seine Surfkünste auf einem selbst geschnitzten tradi-tionellen Langbrett vor. Zuschauer und Medien waren begeistert. Die ersten Kalifornier machten sich auf nach Hawaii, um dort das Wellenrei-ten zu lernen; neue Boards wurden entwickelt. Schon ab den 1950er-Jah-ren stand das Surfen bei der ame-rikanischen Jugend für ein neues Lebensgefühl. Alles drehte sich um den Strand und seine Wellen, um Spaß und um Rebellion gegen eine konservative Gesellschaft. Malibu war dabei einer der ersten Orte, an denen sich die moderne Surfkultur entwickelte, aber auch Santa Cruz und Santa Barbara wurden zu be-rühmten Spots an der kalifornischen Küste.

Bild: Ab den 1950er-Jahren boomte der Surfsport in Kalifornien. Begleitet wurde der Trend von jeder Menge Lebensfreude.

Santa Monica

BAYWATCH LÄSST GRÜßEN

US-Ferienatmosphäre in Reinform verspricht dieses entspannte historische Küstenparadies – ungeachtet seines TV- und Kino-Ruhms. Schon um 1900 entstand an der Santa Monica Pier ein kleiner Vergnügungspark mit Achterbahn und Vintage-Karussells. Auch die berühmte Route 66 endet hier.

Skater sausen über die Strandpromenade, Jogger absolvieren ihr Pensum im Schatten der Palmenallee, im Hintergrund kreist das große Riesenrad, schmale Designerhäuser mit schrillen Farbakzenten vervollständigen die Kulisse. Eine berühmte Kulisse, wurde sie doch schon für Kino- und TV-Produktionen wie »Forrest Gump« oder »Baywatch« auf Leinwand gebannt. Was wohl die Mutter des heiligen Antonius, die Pate stand für den Namen der Stadt, sagen würde zu diesem Freizeitgetümmel? Zu den Straßenkünstlern und hippen Stores, den trendigen Restaurants und coolen Cocktailbars, den Surfern in den windgepeitschten Wellen? Medien-Tycoon William Randolph Hearst, das ist sicher, fühlte sich wohl in Santa Monica. Zumindest in jenem der 1920er-Jahre: Er ließ damals für die Schauspielerin Marion Davies eine Strandvilla mit 110 Zimmern bauen. Hollywood-Stars wie Charlie Chaplin, Clark Gable und Greta Garbo zählten zu ihren Gästen. Heute ist das Beach House eine öffentliche Strand- und Eventanlage – der Ursprungsbau wurde abgerissen.

STADT & STRAND

In der Umgebung der autofreien Third Street Promenade locken exquisite Geschäf-

>> **Viel besuchtes Seebad. Hat einen schönen, sandigen Strand mit vorzüglichem Wellenschlag.«**

(Baedeker's Nordamerika, 1893)

te ebenso wie Straßenkünstler, in der Main Street viele Kunstgalerien. Auch an Bars und Restaurants mangelt es nicht in der Stadt; viele von ihnen liegen an der fast sechs Kilometer langen, teils von Palmen und Grünflächen sowie Sportarealen gesäumten Promenade. Nur wenige Schritte von ihr und der berühmten Pier stehen das Kunstmuseum SMAM und das History Museum. Ebenfalls in Downtown gibt es ein Comedy Theatre.

SANTA MONICA PIER

»Route 66 – end of the trail« verkündet ein Schild an dem mehr als 100 Jahre alten Wahrzeichen der Stadt. Die breite Pleasure Pier umfasst neben Angelplattform, Bars, Restaurants und Souvenirläden auch einen Vergnügungspark mit Riesenrad, Aquarium und dem 1916 erbauten Looff Hippodrome – einem Karussell mit 44 handgeschnitzten Pferden, die ihre Runden zu Musikklängen drehen.

Links und unten: Berühmt ist Santa Monica nicht nur für seine lange Strandpromenade (unten), sondern auch für den sogenannten Muscle Beach, dessen Turngeräte heute noch existieren. Ab den 1930er-Jahren konnte man hier Ringer, Akrobaten und Turner bei ihren fantastischen Übungen beobachten (Aufnahme von 1965).

Oben: Großer Gartenhof mit Springbrunnen – passend zu seiner Antikensammlung ließ sich J. Paul Getty beim Bau seiner Galerie von der Villa dei Papiri am Golf von Neapel inspirieren.

Unten: Die legendäre Route 66 ist Anziehungspunkt für Nostalgiker.

ROUTE 66

Sie gilt als Mutter aller Straßen der USA und als eine der ersten durchgehend befestigten Straßen zur Westküste. 1926 eröffnet, führt sie über 3940 Kilometer von Chicago nach Los Angeles. Bis Oklahoma City ist die historische Route noch immer durchgehend befahrbar. Im Abschnitt zwischen Flagstaff und Kingman scheint es, als sei die Zeit stehen geblieben. Endpunkt der legendären Verbindung, auf der mitunter kaum zwei Fahrzeuge aneinander vorbeikommen, ist der Strand von Santa Monica.

GETTY VILLA

Nach seinem Wohnhaus baute der Ölmagnat J. Paul Getty auf seinem 1945 erworbenen Grundstück direkt an der Pazifikküste bald auch eine Galerie für seine rasch wachsende Kunstsammlung. Als diese Präsentationsmöglichkeit ebenfalls zu eng wurde, plante er ein eigenes Ausstellungsgebäude und ließ dafür die Villa dei Papiri von Herculaneum nachbauen. Inzwischen ist die Getty Villa in Pacific Palisades einer der beiden Standorte des J. Paul Getty Museum. Sie birgt den antiken Part der Kollektion. *www.getty.edut*

Mulholland Drive Ihren Namen verdankt die gut 30 Kilometer lange, kurvige Panoramastraße dem Ingenieur William Mulholland, der Anfang des 20. Jahrhunderts die Trinkwasserversorgung der Stadt Los Angeles organisierte. Der größte Abschnitt der als Landerschließungsprojekt konzipierten Strecke wurde 1924 dem Verkehr übergeben. Die durchweg zweispurige Straße beginnt in den Hollywood Hills und führt bis zur pazifischen Küste.

Eames House

Im Rahmen des Case-Study-House-Programms der Zeitschrift »Arts & Architecture« baute das berühmte Möbeldesignerpaar Charles und Ray Eames 1949 ein Refugium oberhalb des Strandes von Pacific Palisades. In freier Beziehung zu Erdboden, Bäumen und Meer spiegelt der filigrane Bau den modernen Alltag jener Zeit. eamesfoundation.org

Das gibt's heute noch

Rollschuhe

Ihren Boom erlebten sie in den 1970er- und 1980er-Jahren; im Golden State gehören sie aber nach wie vor zum Alltagsbild. An San Diegos Mission Beach Boardwalk ebenso wie an der Promenade von Santa Monica oder in San Franciscos Golden Gate Park. Echt retro ist der 1956 angelegte Moonlight Rollerway von Glendale!

Heute so gut wie damals

Am Ocean Front Walk mit seinen hübschen Beach-Häusern spazieren gehen

Gut einen Kilometer zieht sich die Strandpromenade Santa Monicas, gesäumt von einem Band unterschiedlichster Freizeit-Behausungen, entlang: mit Holzschindeln gedeckt, schneeweiß mit vielen Glasflächen, aus Ziegelstein oder mit Fachwerkbalken. Ein Stück lebendige Architekturgeschichte.

Retro-Moment

Los Angeles

TRAUMFABRIK

Glanz und Glamour, Stars und Sternchen, Popmusik und die Luxusadresse Beverly Hills: Wer hätte gedacht, dass aus dem 1781 gegründeten spanischen »Dorf der Königin der Engel« einmal das riesige Wirtschafts-, Geschäfts- und Kulturzentrum Kaliforniens werden würde?

Viele eigenständige kleine Siedlungen, damals noch zusammengehalten von Straßenbahnlinien, wuchsen Anfang des 20. Jahrhunderts allmählich zum Stadtgebiet von L. A. zusammen. Heute erstreckt es sich auf einer Fläche von mehr als 1200 Quadratkilometern und übertrifft damit alle anderen Metropolen der Vereinigten Staaten. An die spanische Vergangenheit des ursprünglich landwirtschaftlichen Gebietes erinnern heute nur noch die Union Station und die Olivera Street. In Beverly Hills wichen die Bauern, die hier noch vor 80 Jahren Lima-Bohnen anbauten, allmählich den Luxusvillen von Michael Jackson, Madonna oder Halle Berry. Heute ist die Dichte der Reichen und Schönen nirgendwo in den USA höher als in dem Hügelgebiet, das sich wie eine eigenständige Insel in die Stadt Los Angeles einfügt. Und die nicht nur mit berühmten Bewohnern aufwarten kann, sondern auch mit der Vergnügungsmeile Sunset Strip sowie der teuersten Einkaufsstraße der Welt, dem Rodeo Drive.

BEVERLY HILLS

Seine prominenten Bewohner, prächtigen Häuser und schicken Hotels sowie die gehobene Einkaufsstraße Rodeo Drive machten das Gebiet zwischen West Hollywood und dem Nordostrand von Los Angeles weltberühmt. Mit dem »Greystone Mansion« im Tudor Style, dem märchenhaften »Witch House« von 1921, dem Beverly Gardens Park und dem von tropischen Gärten umgebenen »Beverly Hills Hotel« diente es als Kulisse für viele Kino- und Fernsehfilme, darunter »Pretty Woman«, »Beverly Hills Cop« oder »Lady Killers«.

HOLLYWOOD

Im Jahr 1853 stand in dem Gebiet, das heute Hollywood umfasst, nur eine Lehm-

Paramount Pictures & Universal Studios Beide Filmproduktionsstätten entstanden in den ersten Jahren des 20. Jahrhunderts, die erste – Universal – auf dem Gelände einer ehemaligen Hühnerfarm im heutigen Hollywood, Paramount Pictures unmittelbar am Stadtrand von Los Angeles. Der ikonische Paramount-Haupteingang, das gewölbte Bronson Gate an der Melrose Street, diente selbst mehrfach als Filmkulisse. Auf dem weitläufigen Grundstück sind zudem viele Kino- und TV-Sets zu sehen. Universal bietet überdies einen eigenen Vergnügungspark.

ziegelhütte. Aber schon um 1900 gab es ein Postamt und ein Hotel sowie 500 Einwohner. Und wenig später wurde mit »In Old California« hier der erste Hollywoodstreifen gedreht. Um noch mehr Siedler anzulocken, stellte eine Maklerfirma den Schriftzug HOLLYWOODLAND in den Hügeln auf. Die Menschen kamen, die letzten vier Buchstaben verschwanden und die verbliebenen künden seither von der cineastischen Traumfabrik der USA.

Links: Schauspieler und Radiomoderator Les Tremayne mit seiner Ehefrau Eileen Palmer auf einer Fahrradtour in den Hollywood Hills, Aufnahme aus den 1950er-Jahren.

Unten: Das »Beverly Wilshire Hotel« diente schon als Kulisse für zahlreiche Kinoproduktionen, berühmt ist es insbesondere als Schauplatz von »Pretty Woman« (1990) mit Julia Roberts und Richard Gere. Auch Elvis Presley, Warren Beatty John Lennon und der japanische Kaiser Hirohito gehörten zu seinen Gästen.

> **Die Stadt, namentlich die Wohnungsviertel, ist in tropischer Vegetation fast vergraben. Rasch wachsende Eukalypten, zierliche Pfefferbäume, hier und da Palmen.«**
>
> *(Baedeker's Nordamerika, 1893)*

SANTA CATALINA ISLAND

Zwei Mal entdeckt, über Jahrhunderte Basis von Schmugglern, Otterjägern und Piraten diverser Nationen, schließlich Zwangsheimat seefahrender Indios, gelangte das kleine Felseneiland 1891 in Privatbesitz und wurde zum Urlaubsziel umgewandelt. Allerdings können nur das mediterran wirkende Hafenstädtchen Avalon und das wesentlich kleinere Two Harbors ohne Einschränkungen besucht werden; für den weitgehend unerschlossenen Rest der Insel gelten besondere Bedingungen.

Oben: Unter der Sonne Kaliforniens – die Villen am Newport Beach im wärmenden Abendrot.

NEWPORT BEACH

Nachdem 1905 die ersten Strandbesucher mit der Eisenbahn anreisten, entwickelte sich der Pazifikhafen und seine Umgebung rasch zum schicken Star des Orange County. Ältestes Gebäude der Stadt ist der hölzerne Balboa-Pavillon von 1906 mit seinem Festsaal und einem Restaurant. Den fast fünf Kilometer langen Küstenuferweg säumen ebenfalls charmante historische Häuser – und Luxusvillen von so manchem Hollywoodstar. Newport Beach selbst gelangte durch zahlreich TV-Serien ebenfalls zu filmischem Ruhm.

Sterne im Griffith Observatory bewundern

Retro-Moment

Südkaliforniens Tor zum Kosmos öffnete sich erstmals im Mai 1935. Der weiße, maurisch anmutende Kuppelbau steht auf der Südseite des Mount Hollywood und diente schon häufig als Filmkulisse. Sein Planetarium liefert wunderbare nächtliche Himmelsbilder.

Walk of Fame

Das gibt's heute noch

Mehr als 2500 Sterne aus roséfarbenem Terrazzo leuchten aus dem dunkel gepflasterten Weg zu beiden Seiten des Hollywood Boulevard. Sie alle ehren Künstler aus den Bereichen Film, TV, Theater, Musik und Radio. Der erste Stern wurde 1960 für den Filmregisseur und -produzenten Stanley Kramer verlegt.

Lieder der Beach Boys

Heute so gut wie damals

Mit »Surfin' USA« landete die kalifornische Band 1961 ihren ersten Hit, Dutzende folgten. Ob »California Girls« oder »Good Vibrations« – sie wurden zu ewigen Hymnen der amerikanischen Jugend. Immer wieder spielte (und spielt) das Quintett seine Songs auch live in der 1922 erbauten Open-Air-Arena Hollywood Bowl.

Honolulu

ALOHA OE

Hawaiis Hauptstadt an der Südküste der Insel O'ahu verbindet man vor allem mit dem berühmten Waikiki Beach. Halbmondförmig und von Palmen bestanden erstreckt sich der legendäre Surfstrand vor der Kulisse des Vulkankraters Diamond Head. Von Honolulu kann man auch perfekt auf die anderen Inseln des Hawaii-Archipels starten.

Blauer Himmel, weißer Sand und legendäre Wellen: Mit diesem Image punktet Honolulu, das Tor zur hawaiianischen Inselkette. Sein berühmtester Botschafter, der 1890 in Honolulu geborene, dreimalige Schwimm-Olympiasieger und Pate des modernen Surfsports, Duke Paoa Kahanamoku, grüßt als Bronzestatue am Waikiki Beach – natürlich gemeinsam mit seinem Brett. Sogar Prinz Edward von Wales nahm 1920 Unterricht im Wellenreiten bei dem hawaiianischen Pionier. Heute halten die Waikiki Beach Boys das Erbe des Duke aufrecht. Wer auch die anderen sechs zugänglichen Hawaii-Inseln bereisen möchte (insgesamt besteht der Archipel aus 137 Inseln und Atollen!), kann dies nur per Flugzeug tun, da inzwischen kaum noch Fährverbindungen zwischen den einzelnen Inseln existieren. Hat man ein Ticket ergattert, erwartet den Reisenden das Paradies auf Erden: tieforangefarbene Sonnenuntergänge, das Rauschen des Meeres, die sanften Klänge der Ukulele. Und das Lachen der Hula-Tänzerinnen, die elegant ihre Hüften von rechts nach links schwingen. Denn Hawaii ist zwar der 50. Staat der USA, aber doch ganz anders als der Rest des Landes. Ein wunderschönes Fleckchen Erde am anderen Ende der Welt.

WAIKIKI BEACH

Berühmt ist das lebhafte Viertel, in dem 1901 das erste Hotel gebaut wurde, besonders für seinen weiten Surfstrand. Im Jahrhundert zuvor war das Gebiet vor allem der Tummelplatz hawaiianischer Monarchen. An der Hauptstraße Kalakaua Avenue und in ihrer Umgebung finden sich heute Designerboutiquen, (Gourmet-)Restaurants – und eine Vielzahl von Hotelresorts. Das pulsierende Nachtleben spielt sich in den Cocktailbars am Wasser ab und am Strand werden regelmäßig vom Theater Kuhio Hula-Shows inszeniert.

>> *Hawaii ist der einzige Ort, an dem man mit Blumen bestreut wird, während man noch lebt.«*

(Will Rogers, amerikanischer Entertainer)

IOLANI PALACE

König David Kalakaua, der ab 1874 20 Jahre lang Hawaii regierte, ließ den Palast als Versprechen an die Moderne erbauen. Er hatte das erste elektrische Licht der Inselkette, Toiletten mit Wasserspülung und Haustelefone. Von 1882 bis 1893 war das prächtige Bauwerk in Downtown die offizielle Residenz des Monarchen und seiner Schwester. Erhalten sind sowohl der Thronsaal, die Privatgemächer der Regenten als auch der Empfangs- und der Speisesaal.

Links: Schon im Jahr 1908 eröffnete der weltweit erste Surfclub am Waikiki Beach. Die Tradition des Surfsports dauert bis heute an; Aufnahme von 1962, im Hintergrund der erloschene Vulkan Diamond Head.

Links: Die Airline Pan Am flog Hawaii schon in den 1950er-Jahren regelmäßig an.

PEARL HARBOR MEMORIAL

Fünf Stätten erinnern an der Mamla Bay an den japanischen Angriff auf die hier vor Anker liegende Pazifikflotte der USA am 7. Dezember 1941. Mehr als 1000 Besatzungsmitglieder fanden dabei den Tod. Über dem Rumpf des gesunkenen Schiffes »USS Arizona« wurde 1962 ein Mahnmal erbaut. Es ist nur per Boot vom Museumskomplex am Hafenufer erreichbar. Zu diesem zählen zwei Hangars, die den Angriff auf Pearl Harbor überstanden, das Road to War Museum und das Attack Museum. *www.nps.gov/perl/index.htm*

Surfen Polynesische Höhlenmalereien aus dem 12. Jahrhundert zeigen bereits Menschen, die über das Meer gleiten. Um 1720 gelangte die Kunst dieser Fortbewegung durch Seefahrer aus dem Südpazifik nach Hawaii. Bald nutzten die Bewohner des Archipels auch Binsenbüschel, Baumstämme und Holzbretter. Sogar der König surfte. Noch lange nach seinem Tod rühmte man das Geschick von Kamehameha I. beim Ritt auf dem Ozean. Kapitän James Cook und Literaten wie Mark Twain berichteten der Welt von dem neuen Sport.

HO'OMALUHIA BOTANICAL GARDEN

Auf einer Fläche von mehr als drei Quadratkilometern erstreckt sich das vor mehr als 40 Jahren angelegte Grünareal im fruchtbaren Ostteil O'ahus. Neben einheimischen Pflanzen wie Palmen oder Helikonien wachsen hier tropische Blumen und Sträucher aus Afrika, Indien und Sri Lanka. Zwischen grünen Wiesen und unberührtem Regenwald liegt zudem ein großer Süßwassersee. Er wurde zwar künstlich angelegt, wirkt aber ganz natürlich in der ihn umgebenden Flora. *www.honolulu.gov/parks/hbg*

Oben: Eine Straße, die sich im Grün verliert. Üppige Pracht herrscht im Ho'omaluhia Botanical Garden.

Hawaiihemd Schon um 1840 trugen Männer in Honolulu erstmals weite bunte Hemden, deren gerader Saum locker über die Hose hing. Aber erst in den 1920er-Jahren begann ein Tanzkurs-Tourist aus Samoa das ursprüngliche Arbeiterhemd mit traditionellen Südseemustern schneidern zu lassen.

Souvenir, Souvenir

Aloha Tower Seit 1926 begrüßt der fast 60 Meter aufragende weiße Viereckturm an der Pier 9 des Hafens von Honolulu die Schiffe. Prägnante Merkmale des damals höchsten Inselgebäudes sind die beiden großen Uhren. Über ihnen liegt auf allen vier Turmseiten eine Aussichtsterrasse mit dem Schriftzug »Aloha«. *alohatower.com*

Das gibt's heute noch

Hula-Tanz Er gilt als »Herzschlag des hawaiianischen Volkes«. Bestimmte Schrittfiguren folgen dem Takt der Musik oder des (Sprech-)Gesangs; mit anderen Teilen des Körpers wird eine Geschichte erzählt. Getanzt wird Hula zu vielen Gelegenheiten; es gibt alte und neue Varianten.

Heute so gut wie damals

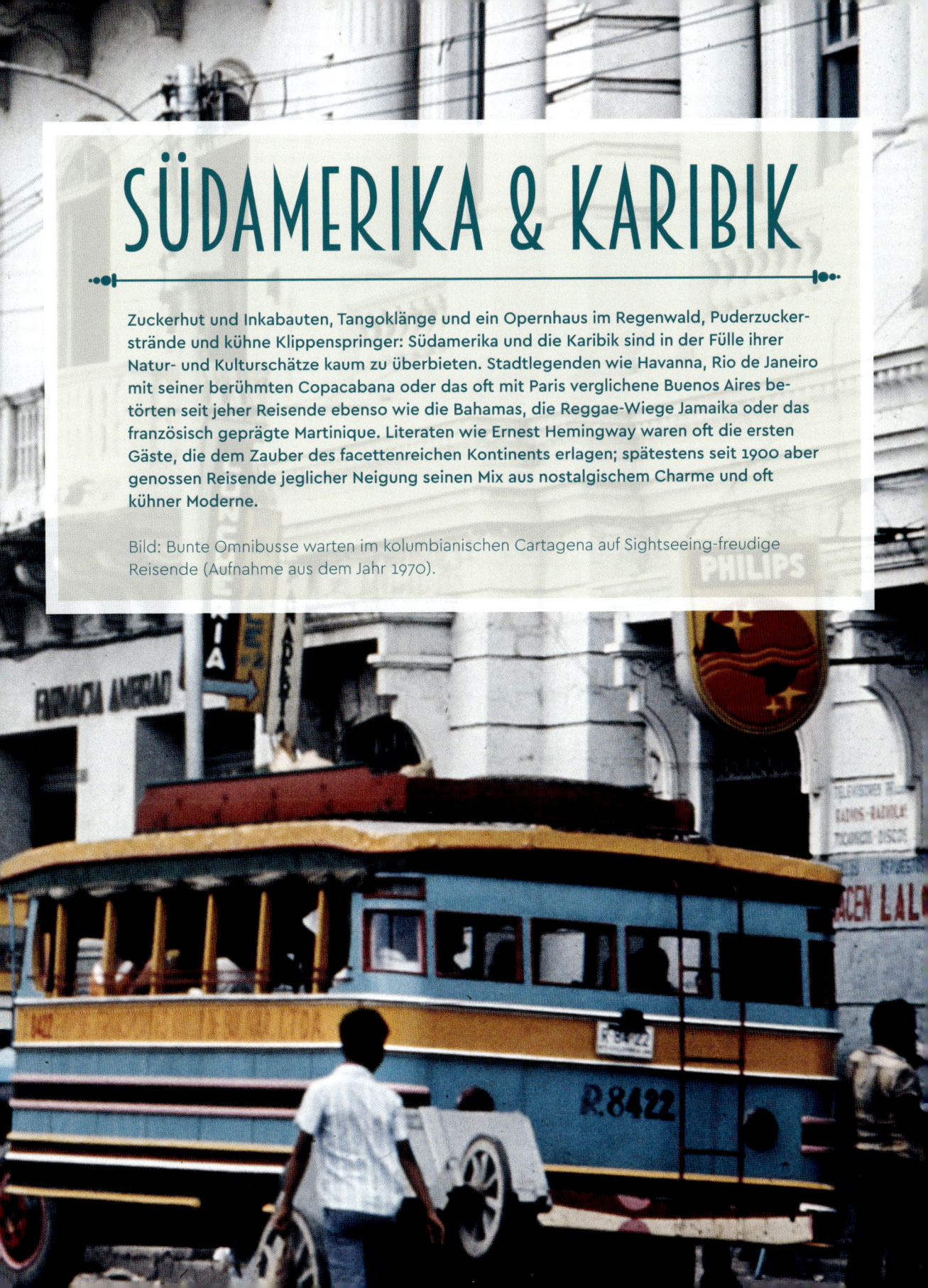

SÜDAMERIKA & KARIBIK

Zuckerhut und Inkabauten, Tangoklänge und ein Opernhaus im Regenwald, Puderzucker-strände und kühne Klippenspringer: Südamerika und die Karibik sind in der Fülle ihrer Natur- und Kulturschätze kaum zu überbieten. Stadtlegenden wie Havanna, Rio de Janeiro mit seiner berühmten Copacabana oder das oft mit Paris verglichene Buenos Aires be-törten seit jeher Reisende ebenso wie die Bahamas, die Reggae-Wiege Jamaika oder das französisch geprägte Martinique. Literaten wie Ernest Hemingway waren oft die ersten Gäste, die dem Zauber des facettenreichen Kontinents erlagen; spätestens seit 1900 aber genossen Reisende jeglicher Neigung seinen Mix aus nostalgischem Charme und oft kühner Moderne.

Bild: Bunte Omnibusse warten im kolumbianischen Cartagena auf Sightseeing-freudige Reisende (Aufnahme aus dem Jahr 1970).

DIE KLIPPENSPRINGER VON ACAPULCO

Sie leben vom Risiko. Oft schon in der dritten, vierten Generation. Als Touristenattraktion springen die professionellen »clavadistas« seit 1934 mehrmals täglich, oft aus einer Höhe von mehr als 30 Metern, in die nur knapp ein Drittel so breite Schlucht der Quebrada-Klippe nahe der mexikanischen Stadt Acapulco. Das Meer ist hier in steter Bewegung. Es gilt also für die kühnen Sportler, den richtigen Moment für den Absprung zu kalkulieren. Ebenfalls unabdingbar: das kurze Gebet an der blauen Grotte zu Ehren der Jungfrau von Guadalupe. Jeder »clavadista« küsst die Marienfigur, bevor er an der Felskante Aufstellung nimmt, sich dann abstößt, um mit ausgebreiteten Armen wie ein Flugzeug, im Salto mit doppelter Drehung oder raubvogelgleich pfeilschnell senkrecht hinabzustürzen in die nur etwa vier Meter tiefen Fluten. Die Zuschauer schaudert es wohlig. Gern sind sie bereit, den Mut der Klippenspringer in barer Münze zu honorieren. »El ídolo de Acapulco«, ein Film von 1963 mit Elvis Presley in der Hauptrolle, machte die »clavadistas« weltweit bekannt. Es war jedoch ein Double, das statt des berühmten Sängers von der Quebrada sprang.

Bild: Einst waren es gläubige Fischer, die sich von den Klippen in die Fluten stürzten, heute machen es die »Todesspringer« professionell in angekündigten Shows – vor allem für die zahlenden Touristen.

Havanna

ELDORADO FÜR NOSTALGIKER

Rumba und Revolution, afrikanisches Erbe und Art déco, Lebensfreude und morbider
Charme, Hemingway und Che Guevara: Kubas Metropole ist noch immer ein Mythos.
Ihr historischer Kern zwischen Hafen und Kapitol zählt inzwischen zum
Welterbe der UNESCO.

Ernest Hemingway und Che Guevara: Beide Namen erinnern bis heute an jene Zeiten, in denen die Welt bei Havanna nicht nur an teure Zigarren dachte. Der amerikanische Literaturnobelpreisträger verbrachte fast zehn Jahre in der pittoresk-morbiden Kulisse der Stadt; der argentinische Arzt und Revolutionär Che Guevara ehelichte 1959 hier seine zweite Frau und wohnte nahe der Festung San Carlos de la Cabaña in einem kleinen Haus. Am gegenüberliegenden Ufer des Canal de Entrada schlägt das historische Herz Havannas, mit seinen teils aufwendig restaurierten Kolonialbauten, dem Kapitol, der barocken Kathedrale und der Plaza Vieja, deren Gebäude den lebendigen architektonischen Mix der Stadt bestens widerspiegeln. Am Malecón, der berühmten Küstenstraße, blättern indes noch immer die Fassaden, aber in so manchen der uralten Palacios, auf deren Treppenabsätzen Wäsche an weiten Leinen flattert, werden nur ein paar Stufen weiter, auf einer Dachterrasse coole Drinks gereicht. Und auf der Mauer des Malecón sitzen Poeten und Musiker ebenso wie Angler, Straßenverkäufer – und nostalgisch gestimmte Touristen.

EL MALECÓN & ALTSTADT

Havannas berühmte Uferpromenade ist die Lebensader der Stadt. Hier wird getanzt, gehandelt, geangelt, promeniert und geflirtet. Alt und Jung flanieren in den Abendstunden oder an Sonntagnachmittagen hier – oder man sitzt auf der Kaimauer, hört Musik und schaut aufs Meer. Der Malecón schirmt auch den Stadtteil Havanna Vieja, die Altstadt, die sich zwischen Hafen und Capitolio erstreckt, gegen die Atlantikwellen ab. Schachbrettartig angelegt, mit weiten Plätzen, bunten Fassaden und prächtigen weißen Zuckerbäcker-Palästen spiegelt die – inzwischen an vielen Stellen restaurierte – Altstadt mehr als 500 Jahre Geschichte.

Oldtimer Sie leuchten in sattem Rot oder Türkis, in kühnem Pink oder strahlendem Azur, verkehren als Limousine oder Cabriolet: Etwa 60 000 amerikanische Straßenkreuzer aus der Zeit vor der kubanischen Revolution im Jahr 1959 fahren auf der Insel umher. »Almendrones« nennen sie die Einheimischen; sie nutzen sie als Sammeltaxis oder für individuelle Touristenrundfahrten – und sorgen erfindungsreich für das stete Weiterleben dieser einzigartigen Flotte. Ihre schicksten Exemplare warten meist am Zentralpark von Havanna.

MUSEO DE LA FARMACIA HABANERA

Stuckverzierungen, große Deckenleuchten mit floralen Motiven und dunkle Regalwände voller Porzellandosen und Medikamentenfläschchen: Die drei Räume dieser 1886 eröffneten »farmacia« in Havannes Altstadt erzählen eindrucksvoll vom traditionellen pharmazeutischen Wissen in Kuba. Sogar alte Rezepturbücher sind erhalten. Und weil die Apotheke nicht nur musealen Wert hat, werden hier auch nach wie vor Heilmittel verschiedenster Art verkauft.

Links: Die aufgrund fehlender finanzieller Mittel nur zaghaft angegangenen Modernisierungsversuche haben Havanna das Schicksal erspart, das die meisten westlichen Großstädte im Laufe des 20. Jahrhunderts ereilte. So gibt es hier keine Neonbeleuchtung, keine Fastfoodketten und nur relativ wenig Autoverkehr. Und wenn man Autos sieht, dann meist nur wunderbare Oldtimer.

Unten: Vintage-Postkarte aus Havanna, 1950.

»Nie sah ich ein schöneres Land, noch freundlichere Menschen.«

(Christoph Kolumbus)

Unten: Reger Trubel herrscht tagtäglich in El Floridita. Und auch Hemingway ist an der Bar noch zu finden – als Bronzefigur, die jeden Tag von den Barkeepern einen Daiquiri vorgesetzt bekommt.

EL FLORIDITA

Eröffnet wurde Kubas wohl berühmteste Bar schon 1817 – allerdings unter dem Namen »La Piña de Plata«. Einheimische und bald auch nordamerikanische Touristen liebten die »silberne Ananas«, schlugen dem Inhaber aber 1914 die Namensänderung vor. Der neue Besitzer – ein experimentierfreudiger Katalane – kreierte im »El Floridita« stets neue Drinks. So auch den legendären Fro-zen Daiquiri. Selbst Hemingway schmeckte er bestens. Von ihm stammt der Ausspruch: »My Mojito in La Bodeguita, my Daiquiri in El Floridita«.

AUSFLUG NACH VARADERO

Fast 20 Kilometer ragt die schmale, weitgehend von Palmenstränden gesäumte Halbinsel Hicaco im Norden Kubas hinaus ins Meer. Einziger Ort hier: das beliebte Badeziel Varadero, das viele Einwohner Havannas am Wochenende zum Erholen aufsuchen. Dutzende Hotels und Resorts sind hier vertreten. An der Ostspitze der Landzunge erstreckt sich das Naturschutzgebiet Varahicacos mit einer alten Grabhöhle.

Souvenir, Souvenir

Zigarren Hergestellt in mühsamer Handarbeit, sorgten die »Havannas« schon früh für Kubas Renommee in der Tabakwelt. Die erste Manufaktur eröffnete bereits 1799; Traditionsmarken wie Cohiba, Romeo & Julieta (die Winston Churchill bevorzugte) und Montecristo gibt es bis heute.

Das gibt's heute noch

Hotel Nacional de Cuba *Acht Etagen und Ausblick auf den Malecón sowie die Bucht von Havanna: Schon bei ihrer Eröffnung 1930 beeindruckte die fast 500 Zimmer und Suiten umfassende Luxusherberge. Im Lauf der Zeit logierten hier Prominente wie Buster Keaton, Marlene Dietrich, Juri Gagarin und Ernest Hemingway.*
hotelnacionaldecuba.com

Heute so gut wie damals

Domino *Anzahl und Wert der Steine mögen sich unterscheiden in Kubas Regionen – aber die Leidenschaft für das traditionelle Spiel ist überall gleich. Domino gehört seit Langem zur Kultur der Insel; gespielt wird meist zu viert, oft treten die Gegner paarweise gegeneinander an.*

HEMINGWAY AUF KUBA

»Mein Heimatland« nannte der amerikanische Schriftsteller und Journalist Ernest Hemingway (1899–1961) Kuba in einem seiner Briefe. Die Insel war seine große Liebe. Er verbrachte auf ihr fast die Hälfte seines Lebens, schuf hier einige seiner berühmtesten Werke. Auf dem Weg nach Key West ging er 1928 erstmals in Havanna an Land. In den beiden nächsten Jahren tourte er dort durch die Bars entlang der Calle Obispo; ab 1932 wohnte er für sieben Jahre in Zimmer 511 des Hotels »Ambos Mundos«. Dann kaufte er auf Wunsch seiner dritten Frau Martha Gellhorn die Finca Vigía im nahen San Francisco de Paula. In dem von einem exotischen Park umgebenen Herrenhaus von 1886 lebte Hemingway mit einigen Unterbrechungen bis 1960. Seine Feste hier lockten Berühmtheiten aller Sparten. Beschauliche Stunden verbrachte der Autor und passionierte Fischer auf dem Meer bei Cojímar. In dem Dorf zogen 1945 Einheimische einen sechs Meter langen Weißen Hai an Land – ein Ereignis, das Hemingway, so heißt es, zu seiner Novelle »Der alte Mann und das Meer« inspirierte.

Bild: Als würde der Meister gleich zurückkehren: Das Haus von Hemingway in San Francisco de Paula ist noch originalgetreu eingerichtet.

Cienfuegos

DIE PERLE KUBAS

Von französischen Einwanderern im frühen 19. Jahrhundert gegründet, gilt die
hübsche Hafenstadt an der Bahía de Jagua dank ihrer Lage und prächtigen
Art-déco-Architektur als ein Schmuckstück aus der Kolonialzeit.

Eingebettet zwischen den Bergen der Sierra de Escambray und den Ufern einer großen natürlichen Bucht, entwickelte sich Cienfuegos nach seiner Gründung rasch zu einer der reichsten Gemeinden Kubas. Bis heute spiegelt sich der einstige Reichtum in der prächtigen neoklassizistischen Architektur der Altstadt, die inzwischen zum UNESCO-Welterbe zählt. Nahe ihres Hauptplatzes, dem Parque Jose Marti mit dem prächtigen Theater, liegt an der Westspitze von Cienfuegos auch der schon 1837, knapp zwei Jahrzehnte nach der Gründung der Stadt, angelegte Cementerio de la Reina. Er ist der einzige Friedhof auf Kuba, auf dem auch entlang der Wände bestattet wurde, da der Grundwasserspiegel hier zu hoch liegt. Nur ein paar Schritte sind es von hier zur königlichen Mole und zur Flaniermeile El Prado, die gemeinsam mit der Uferstraße Calle 35 die Stadt mit der schmalen Landzunge Punta Gorda verbindet, auf der teils palastartige Villen aus der Zeit um die Jahrhundertwende und der Kolonialära stehen.

ALTSTADT

Herzstück des historischen Stadtkerns ist die Plaza de Armas, der ehemalige Waffenplatz. Inzwischen trägt er den Namen des kubanischen Schriftstellers und Freiheitshelden José Martí. Prachtvolle Gebäude aus dem 19. Jahrhundert umrahmen ihn: der Regierungspalast, die Catedral de la Purísima Concepción, das Theater, die Casa del Fundador, Wohnsitz des Stadtgründers Don Louis de Clouet, das Kunstmuseum sowie Kubas einziger, 1902 errichteter Triumphbogen – heute ein Symbol der Unabhängigkeit des Landes.

TEATRO TOMÁS TERRY

Aus dem Nachlass eines venezolanischen Zuckerbarons finanziert und mit einer Auf-

führung von Verdis »Aida« 1895 eröffnet, standen bald berühmte Sänger wie Enrico Caruso oder Sarah Bernhardt auf der Bühne dieses fast 1000 Zuschauer fassenden Musentempels. Seine prächtigen Deckenmalereien, Vertäfelungen und Schnitzarbeiten sind bis heute ebenso unverändert erhalten wie die historische Holzbestuhlung. Für wenige Pesos lassen sich hier Konzerte und Tanzaufführungen genießen.

> **»Drum o Mensch, sei weise, pack die Koffer und verreise.«**
>
> *(Wilhelm Busch)*

Links: Der 1917 fertiggestellte Palacio de Valle, eine Prunkvilla am Ende des Paseo del Prado, der Flaniermeile der Stadt, eint diverse Stilrichtungen. Heute beherbergt das Architekturjuwel ein Restaurant.

Heute so gut wie damals

Mojito *Weißer Rum, Limettensaft, frische Minze, Rohrzucker und Sodawasser: Aus diesen Zutaten wird der kubanische Traditionsdrink heute gemixt. Francis Drake, der spanische Freibeuter, soll mit dem – auf der Basis von Zuckerrohrschnaps hergestellten – Vorläufer einst sogar seine Magenbeschwerden kuriert haben.*

Nassau

AM WENDEKREIS DES KREBSES

»It's better in the Bahamas« sang der amerikanische Musiker Perry Como schon in den 1980ern. Da hatte es die Hauptstadt der tropischen Inselkette mitsamt ihren vorgelagerten Eilanden als Kulisse für viele Abenteuer von James Bond aber schon längst zu Filmruhm gebracht.

Schon der Name Nassau verströmt etwas Legendäres. Nicht nur weil James Bond hier schon im Auftrag seiner Majestät unterwegs war, die Hauptstadt der Bahamas auf der Insel New Providence glänzte auch schon früh in Sachen elitärem Tourismus. So begann der Aufschwung der Stadt im Jahr 1940, als der Herzog von Windsor, der abgedankte englische König, Generalgouverneur der Bahamas wurde und Nassau zu einem skandalumwitterten Treff von Prominenz und Geldadel avancierte. Heute fasziniert Nassau durch seine Gegensätze. Im historischen Kern verströmt es karibischen Charme: viktorianische Villen und koloniale Holzbauten mit pastellfarbenen Fensterläden, zahlreiche alte Kirchen und Befestigungsanlagen. Im Kontrast dazu stehen mondäne Spielcasinos und Bankniederlassungen. Bereits früh florierte auch der Kreuzfahrttourismus. Besonders beeindruckt der Wachwechsel vor dem 1801 errichteten Government House, der seit jeher wie in London mit viel Pomp abgehalten wird.

ALTSTADT

Pastellbunt mit schneeweißen Akzenten präsentiert sich die historische Architektur von Downtown Nassau. Holzhäuser und noble Kolonialzeitvillen versprühen in den Straßen um das Parlamentsgebäude von 1801 karibisches Flair; kunstvolle Wandgemälde und lebendige Märkte setzen zeitgenössische Akzente. Im Piratenmuseum am Hafen wird die Epoche der berühmten Freibeuter lebendig, und auch an Kunst und kulinarischer Abwechslung fehlt es nicht in den 20 Blocks, die das Herz Nassaus bilden.

PARADISE ISLAND & ROSE ISLAND

Feinkörnige Sandstrände und türkisblaues Meer: wahrlich ein paradiesisches Ambiente. Delfine tummeln sich hier ebenso

Mit Schweinen schwimmen Segler, heißt es, hätten sie auf der unbewohnten Insel Big Major Cay zurückgelassen, als Proviant für ihre Rückfahrt. Eine andere Legende erzählt von einem Schiffsunglück, das ein Teil der vierbeinigen Fracht überlebte. Wie dem auch sei: Längst sind die »swimming pigs« eine Touristenattraktion des Exuma-Distrikts. Boote bringen neugierige Ausflügler an den Strand, an dem die Tiere leben; wer will, darf sie füttern und mit ihnen ins Wasser gehen.

wie Spitzenköche. Auch ein Casino und ein Zentrum für Kunsthandwerk hat Paradise Island zu bieten. Auf ihrer kleinen, östlich liegenden Schwester geht es etwas ruhiger zu. Hier gibt es lediglich die ein oder andere einsame Strandbar und natürlich ganz viele Möglichkeiten zum Schnorcheln und Sonnenbaden. Fast 20 Kilometer lang und nadeldünn, diente Rose Island einst für den Ananas-Anbau.

Treppe der Königin Sklaven schlugen die 66 Stufen in den Jahren 1793 und 1794 als direkte Verbindung zwischen dem Fort Fincastle und der Stadtmitte in den Kalkstein des Festungsbergs. Erst im Jahrhundert darauf erhielt die Treppe zu Ehren der damaligen britischen Regentin Victoria ihren Namen.

Das gibt's heute noch

MEIN NAME IST BOND

»Thunderball« (1965), »Der Spion, der mich liebte« (1977), »Sag nienals nie« (1983) – Nassau und die Bahamas waren schon mehrfach Kulisse von James-Bond-Filmen. So trinkt der britische Geheimagent alias Sean Connery am Strand des »British Colonial Hilton Nassau« in »Sag niemals nie« einen Wodka Martini, als Barbara Carrera sprichwörtlich in seinen Armen landet, auf Paradise Island tanzt 007 mit Claudine Auger in »Thunderball« auf der Terrasse des »Café Martinique«, und rund um Rose Island wurden zahlreiche spektakuläre Unterwasseraufnahmen gedreht, darunter auch die berühmte Kampfszene in der Thunderball-Grotte. Sowohl Hotel, Café als auch Grotte sind heute noch existent, im Hilton in Nassau gibt es sogar eine »James Bond Suite«, in der man übernachten kann. Neueren Datums ist die Szene mit Daniel Craig in »Casino Royale« (2006), die am Cabbage Beach des »Ocean Club« auf Paradise Island gedreht wurde. Auch Lobby und Bar des Hotels sind zu sehen. Noch heute kann man hier den wahrscheinlich berühmtesten Drink der Welt probieren – den echten Vesper Martini, den einst James-Bond-Erfinder Ian Fleming für seinen 1953 erschienenen Roman »Casino Royale« kreierte. »Geschüttelt, nicht gerührt« versteht sich.

Bild: Sean Connery und Claudine Auger am »Love Beach« nahe Nassau in »Thunderball«.

Jamaika

SUN IS SHINING

Alte Plantagenhäuser, blaue Kaffeeberge, Bilderbuchstrände, türkisgrünes Meer –
und natürlich der Sound des Reggae, der über allem schwebt, machten die Karibik-
insel schon früh zu einem beliebten Urlaubsziel nicht nur für Musikfans oder
Schriftsteller wie Ian Fleming.

Nine Mile heißt der Ort, der eine Legende gebar: Bob Marley kam hier 1945 im Haus seines Großvaters zur Welt – als Sohn eines weißen Armeehauptmanns und einer dunkelhäutigen Sängerin. Nach dem Tod des Reggae-Superstars entwickelte sich das kleine Dorf im Inselinnern zu einer regelrechten Wallfahrtsstätte. Noch immer strömen jährlich Tausende zu Marleys Grab und besuchen das ihm gewidmete Museum. Etwa 100 Kilometer weiter südlich, am Rand der Inselhauptstadt Kingston, schuf Musikproduzent Chris Blackwell in den 1990er-Jahren eine zweite Reggae-Institution, indem er in dem legendären Strawberry Hill Resort ein Museum der Musikgeschichte einrichtete. Schriftsteller Ian Fleming (1908–1964) indes gebar an der Nordküste Jamaikas seinen James Bond; alle der 14 Bücher um den legendären Agenten 007 sind hier entstanden: im »Goldeneye«, einem 1946 erworbenen Haus, in das der Autor regelmäßig vor dem lichtlosen Londoner Winter flüchtete und für das er sogar einen die Bucht verschattenden Felsen sprengen ließ.

KINGSTON

Zum Bild von Jamaikas fröhlich-quirliger Hauptstadt zählen Kolonialbauten, viele Kirchen ebenso wie Wolkenkratzer und zahlreiche Parks. Der zentrale Saint William Grant Park mit seiner heutigen eindrucksvollen Brunnenanlage diente einst als Paradeplatz. 1694 wurde hier eine Befestigungsanlage erbaut, deren Kanonen auf den Hafen gerichtet waren. An der Nordseite des Platzes steht das 1912 eröffnete Ward Theatre mit seiner schaumgebäckartigen Fassade.

BOB MARLEY MUSEUM

Sein persönliches Aufnahmestudio, sein Schlafzimmer, Lieblingskleidung, sein Grammy Lifetime Award, eine große Aus-

»Meine Musik wird für immer weitergehen. Vielleicht sagt das ein Narr, aber wenn ich die Fakten kenne, kann ich Fakten sagen. Meine Musik wird für immer weitergehen.«

(Bob Marley)

wahl an Gold- und Platin-Schallplatten sowie die Kostüme seiner Background-sänger, der I-Threes: All das ist in den Räumen des Kolonialstilhauses an Kingstons Hope Road, in dem Marley während seiner sechs letzten Lebensjahre wohnte, zu sehen. Sogar ein lebensgroßes Hologramm der Reggae-Legende vom »One Love Peace«-Konzert 1987 gehört zu den Exponaten des Museums. *www.bobmarleymuseum.com*

Links: »Vogue«-Fotograf John Rawlings (1912–1970) am Strand von Montego Bay, 1950.

Ikone und aus Jamaika nicht wegzudenken: Bob Marley und seine Reggae-Musik.

MONTEGO BAY

Weiße Strände, türkisfarbenes Meer, Club-Resorts und von Bougainvilleen umbauschte Kolonialstyle-B&Bs: Zwischen seiner Bucht, dem britischen Fort, dem Hip Strip und dem hügeligen Hinterland hat »MoBay«, wie das Küstenstädtchen liebevoll genannt wird, viel zu bieten. Es ist das traditionelle touristische Zentrum Jamaikas. Sein historischer Kern erstreckt sich um den kopfsteingepflasterten Sam Sharpe Square mit seinen bunten Hausfassaden und die St. James Parish Church aus dem 18. Jahrhundert.

DUNN'S RIVER FALLS & BLUE HOLE

Badesachen, Wasserschuhe und ein Handtuch – mehr braucht es nicht für den Kaskadenspaß bei Ocho Rios. Die Dunn's-River-Fälle ergießen sich hier im tropischen Regenwald aus etwa 180 Meter Höhe über diverse flache Kalksteinfelsen bis ins Meer. Weiter landeinwärts bildet der White River, hoch in den Hügeln von St. Mary, natürliche Schwimmbecken und Höhlen sowie die Blue-Hole-Fälle zum Klettern, Seilschwingen und Springen. Einige Szenen von »James Bond jagt Dr. No« (1962) wurden an dem Fluss gedreht.

Oben: Bereits ab 1900 gewann Montego Bay Bedeutung als Winterurlaubsort für wohlhabende Amerikaner. Auch der Strand von Doctor's Cave war schon damals beliebt.

Rechts: In Kaskaden rauscht das Wasser der Dunn's River Falls in vielen Stufen Richtung Meer. Sowohl für Einheimische als auch Reisende ein nasses Vergnügen.

Devon House *George Stiebel, Jamaikas erster schwarzer Millionär, erfüllte sich mit dieser prunkvollen Villa im späten 19. Jahrhundert seinen Wohntraum. Das Anwesen an Kingstons Hope Road umfasst heute einen Erholungspark mit Steak- und Crêpe-Haus, zwei Bars und Bäckerei.*
www.devonhouseja.com

Das gibt's heute noch

Souvenir, Souvenir

Kaffee *Leicht nussig, mit den Aromen von Süßgebäck und Zitrusfrüchten: So schmeckt Jamaikas legendärer Blue-Mountain-Kaffee. Das besondere Mikroklima der Berge lässt die Kaffeekirschen nur langsam wachsen, und ausschließlich vollreife Bohnen werden geerntet – per Hand natürlich.*

Retro-Moment

Die Klippenspringer von Ricks Café bewundern *Am Abend ist das West End von Negril einfach »the place to be«. Vor allem auf den Terrassen des 1974 von Richard Hershman eröffneten Küstencafés lassen sich Einheimische und Touristen ihren Sundowner schmecken. Und staunen dabei über die mutigen »cliff hoppers«, die sich von den Felsen ins Meer stürzen.*
www.rickscafejamaica.com

Heute so gut wie damals

Reggae *Er gilt als Herzschlag der Jamaikaner. Seine Wurzeln liegen jedoch in den Trommelrhythmen afrikanischer Sklaven auf Jamaika. Über den Ska und den Rocksteady entwickelte sich der Reggae dann zur jener Musik, die auch für sozialkritische Texte taugt. Mobile Discos machten ihn ab den 1960ern weltberühmt.*

Martinique

INSEL ÜBER DEM WIND

Kolumbus brauchte vier Anläufe, bevor er auf Madinina, der Blumeninsel, 1502 endlich
an Land ging. Bis heute lockt sie mit einer zauberhaften tropischen Kulisse,
kreolischer Lebensfreude – und einem gewissen französischen Etwas.

Wie viele der Kleinen Antillen ist auch Martinique vulkanischen Ursprungs. Das bescherte dem Eiland eine üppige, facettenreiche Natur. So beherrschen im bergigen Norden, wo 1913, also gut 60 Jahre nach Abschaffung der Sklaverei, auch der Schriftsteller, Politiker und Mitbegründer des Négritude-Konzepts Aimé César geboren wurde, Tropenwald und Flüsse das Landschaftsbild. Zudem reckt sich hier der Mont Pelée in die Höhe, dessen Feueratem 1902 die damalige Hauptstadt St. Pierre nahezu komplett zerstörte. Inzwischen wiedererbaut, trat dennoch das einige Kilometer weiter südlich gelegene Fort-de-France seine Nachfolge als Kapitale an. Im Park La Savane stand hier bis vor Kurzem die – allerdings schon kopflose – Statue von Joséphine de Beauharnais, der ersten Gemahlin Napoleons. Nach wie vor eine Attraktion Martiniques sind indes die weißen Strände im Osten und Süden von Fort-de-France, etwa bei den beliebten Ferienorten Trois-Ilets, Anses-d'Arlet, Sainte-Anne, Sainte-Luce oder Le Marin.

BALATA-GÄRTEN

Als Jean-Philippe Thoze 1982 auf den Spuren seiner Kindheit in das kreolische Haus seiner Großeltern zurückkehrte, erhielt seine Leidenschaft für Botanik neue Nahrung. In vier Jahren schuf er auf dem Areal oberhalb von Fort-de-France einen üppigen Garten voller Poesie. Mehr als 3000 tropische Pflanzenarten lassen sich hier bestaunen – von prächtigen Farnen und hohen Palmen bis hin zu uralten Mahagoni-Bäumen und allerlei farbenfrohen Blütenwundern. *www.jardindebalata.fr*

MONT PELÉE

Knapp 1400 Meter ragt der »kahle Berg« im Norden Martiniques in den Himmel. Ein unübertroffener Riese – hinsichtlich sei-

Zuckerrohranbau Schon Mitte des 17. Jahrhunderts hatten holländische Juden Zuckerrohr nach Martinique gebracht. Um die immer zahlreicheren Plantagen für die in Europa begehrte Süßpflanze zu bewirtschaften, holten die Großgrundbesitzer Sklaven auf die Insel. Mit der Peitsche beaufsichtigt, schufteten sie auf den Habitations für die Herstellung der wertvollen Zuckerkristalle und von Rum. Heute gibt es nur noch knapp ein Dutzend Brennereien auf der Insel und eine einzige Sucrerie.

ner Schönheit und seiner Kraft. Denn der Mont(agne) Pelée ist ein aktiver Vulkan. Sein letzter Ausbruch geht zwar zurück auf das Jahr 1929; doch schon 1902 verwüstete er mit einer glühenden Aschewolke die damalige Gouverneurs- und Handelsmetropole St. Pierre.

Links: Hängematte gespannt und einfach mal abhängen: Auf Martinique werden Karibikträume war.

Bibliotheque Schoelcher

Errichtet 1886/87 im Pariser Jardin des Tuilleries und in Einzelteile zerlegt nach Fort de France verschifft, präsentiert der Metallskelettbau seit 1893 den Rest jener Büchersammlung, die der französische Politiker und Sklavereigegner Victor Schoelcher (1804–1893) aufgebaut und Martinique übereignet hatte.

Das gibt's heute noch

AQUATIC CLUB, BARBADOS.

Barbados

LITTLE ENGLAND

Sonne, Surfen und Sand – dank dieses Dreiklangs entwickelte sich die einst reichste britische Kronkolonie in der Karibik zum exklusiven Tourismusklassiker. Insbesondere betuchte Engländer entspannten sich an den Puderzuckerstränden, aber auch der erste Präsident der Vereinigten Staaten zählte zu ihren Gästen.

»Little England« nennen die Einwohner von Barbados ihre Insel gern, denn tatsächlich ist allerorts zu spüren, dass Großbritannien hier jahrhundertelang das Zepter führte. So wurde die ehemalige britische Kolonie zwar schon 1966 vom Vereinigten Königreich unabhängig, blieb aber souveräner Mitgliedsstaat des Commonwealth of Nations. Erst seit 2021 ist Barbados eine eigenständige Republik. Noch heute aber wird hier Englisch gesprochen, die englischen Sitten – wie das berühmte English Breakfast oder der Fünf-Uhr-Tee – gepflegt. So wundert es nicht, dass britische Reisende schon seit den Anfängen des Tourismus auf der Insel anzutreffen sind. Der Name der Insel rührt übrigens vom portugiesischen Kapitän Pedro a Campos. Als dieser mit seinem Schiff 1535 in einen Sturm geriet und auf dem damals noch komplett mit Regenwald bedeckten Eiland strandete, erinnerten ihn die frei herabhängenden Wurzeln vieler Bäume an »barbas«, Bärte – und er gab seiner Entdeckung den Namen Barbados.

BRIDGETOWN

Barbados' Hauptstadt gilt als herausragendes Beispiel britischer Kolonialarchitektur auf den Kleinen Antillen. Ihr historischer Stadtkern mit Gebäuden im viktorianischen Stil wie das große Mutual Building, mit dem auf das 17. Jahrhundert zurückgehenden Synagogenareal und der aus Steinkorallen-Kalk erbauten Michael's Cathedral von 1798 am zentralen National Hero Square zählt inzwischen, zusammen mit der Barbados Garrison in der Gemeinde Christ Church, zum Welterbe der UNESCO.

CARLISLE BAY

Puderzuckerstrand und Meerespark: Die Hauptstadtbucht, benannt nach dem 1627 eingesetzten, zweiten britischen Lord Pro-

prietor von Barbados, James Hay Earl of Carlisle, ist ein Paradies für Taucher. Auf dem Meeresboden finden sich hier eine Vielfalt von Relikten gesunkener Schiffe einer im 17. Jahrhundert von den Briten zurückgeschlagenen niederländischen Flotte, darunter Anker und Kanonenkugeln. An der Carlisle Bay steht auch das Needham's Point Lighthouse, einer der historischen Leuchttürme der Insel.

>> *In der Kühle des Abends ritten wir auf dem Land und waren völlig entzückt von der wunderschönen Landschaft, die sich uns von allen Seiten bot. Die Zuckerrohr- und Maisfelder, Obstbäume in herrlichem Grün.«*
(George Washington)

Links: Den berühmten »Aquatic Club« in Bridgetown gibt es tatsächlich heute noch (Aufnahme von 1920).

Unten: Schauspieler David Niven mit Ehefrau Hjördis Genberg 1964 auf Barbados.

HUNTE'S GARDENS

Im hügeligen Nordosten von Barbados mangelt es nicht an üppigem Grün. Einiges davon ist aber auch Menschenhand zu verdanken: der Flower Forest etwa mit seiner tropischen Blütenpracht, oder die Castle Grand Plantation. Antony Hunte, der 1966 auch die Blumenshow zu Ehren der Herzöge von Kent im Queen's Park mitgestaltete, legte das kunstvolle Gartenreich mit majestätischen Palmen und exotischer Flora in einer durch den Einsturz einer großen Kalksteinhöhle entstandenen Schlucht an.
www.huntesgardens-barbados.com

Oben: Pflanzenpracht auf kleinstem Raum – Hunte's Gardens ist wie in einem natürlichen Erdloch eingekesselt und hat so ein ganz eigenes Klima entwickelt.

Rechts: Höhlen in der Karibik sind äußerst selten – Barbados kann sich jedoch eines prächtigen Exemplars rühmen.

HARRISON'S CAVE

Schon 1795 wurde das Höhlensystem im zentralen Hochland von Barbados erstmals schriftlich erwähnt. Aber erst knapp zwei Jahrhunderte später entdeckte ein gewisser Jack Pebbles das durch Wassererosion im Kalksteinfels entstandene Naturwunder wieder. Inzwischen können Besucher an Bord einer kleinen Bahn durch das gut zwei Kilometer lange, fantastisch beleuchtete Höhlenreich fahren und seine eindrucksvollen, noch immer weiter wachsenden, Stalaktiten- und Stalagmitenformationen bewundern.

Mauby Leicht bitter schmeckt der traditionsreiche Erfrischungstrunk auf Basis von Rindenstücken eines in der Karibik heimischen Kreuzdorngewächses. Der Rindensud wird mit Wasser verdünnt, Zimt und Anis, zuweilen auch Nelken, Muskatnuss oder Schalen von Zitrusfrüchten sorgen fürs Aroma.

Souvenir, Souvenir

Das gibt's heute noch

Andromeda Gardens Nahe des Dörfchens Bathsheba lässt sich auf verschlungenen Pfaden die tropische Pflanzenwelt dieser gut zwei Hektar großen Gartenanlage erkunden. Seit 1956 dient sie sowohl dem Vergnügen wie auch botanischen Zwecken. Sogar Monarchfalter lassen sich in ihren Grün entdecken.
www.andromedabarbados.com

Retro-Moment

Besuch des Herrenhauses St. Nicholas Abbey Auch Rum lässt sich verkosten auf dem riesigen Gelände der historischen Zuckerrohrplantage, die heute mit ihrem jakobinischen Hauptgebäude aus dem frühen 17. Jahrhundert sowohl als Museum fungiert als auch eine noch aktive Brennerei beherbergt.
www.stnicholasabbey.com

Curaçao

THERE'S A PLACE CALLED KOKOMO

»Dushi Korsou« heißt die alphabethisch letzte der ABC-Inseln in der Kreolsprache
Papiamento. Dushi bedeutet süß, nett oder Schatz. Tatsächlich gilt Curaçao mit
seiner UNESCO-Welterbe-Hauptstadt Willemstad als Highlight des Trios. Berühmt ist
die Insel auch für ihre Orangenliköre – und für den Kokomo Beach.

Nicht wundern, wenn man auf Curaçao in so manchem Lokal »frikandel« bestellen kann, eine Art holländische Bulette, oder die Hauptstadt Willemstad sehr an Amsterdam erinnert – das Karibik-Eiland vor der Küste Venezuelas gehört bis heute zum Königreich der Niederlande, entsprechend ist viel Niederländisches allerorten auf der Insel zu finden. Doch auch Südamerika ist präsent. Latinoschnulzen und Sambahits schmettern aus den Radios, auf den Märkten der Insel bieten Gemüsehändler aus Venezuela ihre Waren feil. Und auch Afrika ist vertreten. Das dunkle Kapitel des Sklavenhandels hat bis heute seine Spuren hinterlassen, sei es durch die großen Plantagenvillen auf der Insel oder durch die prägnante Tambu-Musik, die in vielen Bars zu hören ist. Schon früh wurde der Kreuzfahrttourismus zu einem wichtigen wirtschaftlichen Standbein der Insel: Bereits im Jahr 1901 konnte Curaçao das erste Kreuzfahrtschiff in Willemstad begrüßen, die »Prinzessin Victoria Luise« aus New York. Wegen der schmalen Hafenzufahrt ankerten die Schiffe in den ersten Jahren allerdings noch vor der Küste. Ab den 1960er-Jahren kamen dann auch die ersten Reisenden per Flugzeug.

WILLEMSTAD

Curaçaos Hauptstadt bezaubert mit pastellfarbener Kolonialarchitektur, die stark an das historische Amsterdam erinnert, und beeindruckt zudem durch die Mikvé-Israel-Emanuel-Synagoge mit ihrem Sandboden. Die auf Pontons ruhende Königin-Emma-Brücke verbindet die beiden zum UNESCO-Welterbe zählenden Altstadtviertel Punda und Otrobanda. Direkt am Wasser steht das 1827 erbaute Waterfort; in den Bögen seiner einstigen Munitionskammern sind heute Restaurants untergebracht. Einen ganz besonderen Glanz bekommt Willemstad, wenn sich seine Häuserzeile abends im Wasser spiegelt.

> **»Einmal im Jahr solltest du einen Ort besuchen, an dem du noch nie warst.«**
>
> *(Dalai Lama)*

KOKOMO

»There's a place called Kokomo, that's where you wanna go ...« Schon die Beach Boys verewigten 1988 den berühmten Kokomo Beach westlich von Willemstad in einem ihrer Songs. Zwei Schaukeln im türkisfarbenen Wasser laden hier zum Relaxen ein, zudem kann man Leguane und Schildkröten beobachten. Und für Taucher und Schnorchler ist der Strand sowieso ein Place to be.

Links: Allein die hübsch gestreiften Schirme waren im Jahr 1970 Anreiz, sich in dem Café auf dem Da Costa Gomezplein in Willemstad niederzulassen.

Souvenir, Souvenir

Curaçao-Likör
Bitterorangen, die die Spanier im 16. Jahrhundert auf Curaçao anzubauen versuchten, waren die Eltern jener durch Verwilderung entstandenen Frucht, deren getrocknete Schalen besonders aromatisch sind und die traditionell die Basis bilden für den berühmten Curaçao-Likör.

ESTATE CHOBOLOBO
CURAÇAO LIQUEUR
Senior & Co. Inc.
Visitors are Welcome

Panama-Stadt

OH, WIE SCHÖN IST PANAMA

Berühmt vor allem durch den legendären Panamakanal, der von hier aus die Mitte des Landes durchbricht, beeindruckt die lebhafte pazifische Hafenstadt mit einer Mischung aus Kolonialflair und modernem Bankenwesen. Zudem gilt die Stadt als touristisches Tor zu vielen tropischen Rückzugsorten.

Schon der Anflug auf Panama-Stadt ist spektakulär. Schier ewig fliegt man über nichts als grünen Dschungel. Urwald, so weit das Auge reicht. Und dann, ganz plötzlich, ist man in der Zivilisation. Eine riesige Metropole taucht auf, weiße Wolkenkratzer säumen die Bahia de Panama. Panama City wirkt ein bisschen wie Miami, das plötzlich in den Dschungel Mittelamerikas verlegt wurde. Es ist die einzige Hauptstadt der Welt mit tropischem Regenwald im Stadtgebiet. Heute gilt Panama-Stadt als eines der wichtigsten Bankenzentren weltweit. In kaum einem anderen Ort gibt es mehr Bankfilialen als hier. Ein großer Wirtschaftsfaktor ist auch der Schiffsverkehr durch den großen Seehafen im Westen der Stadt. In Panama City trifft man auf acht der zehn größten Hochhäuser Lateinamerikas, allein 22 Wolkenkratzer mit über 200 Meter Höhe haben Panama eine imposante Skyline verschafft. Doch auch viel Traditionelles ist hier noch zu finden, die koloniale, UNESCO-prämierte Altstadt etwa, die ein wenig an Kubas Havanna erinnert.

CASCO VIEJO

Casco Viejo wurde 1997 zum Weltkulturerbe erklärt – zu Recht. Nachdem es lange dem Verfall überlassen worden war, erkannte man das touristische Potenzial und begann, kräftig zu renovieren und das alte koloniale Flair wieder aufleben zu lassen. Besonders beeindrucken die schlichte Kathedrale, das Nationaltheater sowie der Präsidentenpalast aus dem 17. Jahrhundert. Zahlreiche Rooftop-Bars laden abends zu einem Besuch, und auch der Mercado de Mariscos – der Fischmarkt – ist einen Abstecher wert.

PANAMA LA VIEJA

Kirchturm, Klostermauern, Brückenrelikte: Die Ruinen der 1519 gegründeten ersten

Panamakanal Fast drei Jahrzehnte dauerte es, bis die berühmteste Abkürzung der Welt 1914 eröffnet werden konnte. Gut 80 Kilometer lang und rund 150 Meter breit, durchschneidet sie die Landenge von Panama, sodass Schiffe nur noch ca. zwölf Stunden brauchen, um vom Pazifik in den Atlantik zu gelangen, und nicht mehr um das gefährliche Kap Hoorn fahren müssen. Wer das moderne Wunderwerk mit seinen Schleusen hautnah erleben möchte, kann in Panama eine Half- oder Fulltransit-Passage auf einem Ausflugsschiff buchen.

Stadt lassen bis heute deren Struktur gut erkennen. Sie bestand mehr als 150 Jahre und barg innerhalb ihrer aus Holz und Erde konstruierten Mauern Gebäude der königlichen Verwaltung, die Casas Reales. Zudem gab es einfache Wohnhäuser sowie zahlreiche klerikale Bauten. Bei einem Angriff englischer Piraten wurde Panama La Vieja 1671 vollständig zerstört. Ein Museum auf dem archäologischen Gelände erhellt seine Geschichte. *www.patronatopanamaviejo.org*

Links: Vom Dschungel in die City – die Lage von Panama-Stadt am Rand des Regenwalds ist einmalig.

Unten: Der Panamakanal wird oft als achtes Weltwunder bezeichnet, denn das Projekt war eines der größten und aufwendigsten Meisterwerke der Ingenieursbaukunst. Im Bild: Bauarbeiter kurz vor Fertigstellung des Kanals im Jahr 1914.

>> *Wenn man auf Reisen geht – weit weg von da, wo man mal war. Immer der Nase nach, dann findet man nach Panama.«*

(Janosch)

ISLA TABOGA

Nachdem er 1877 kurze Zeit selbst beim Bau des Panamakanals mitgeholfen hatte, zog es den französischen Impressionisten Paul Gauguin auf das ruhige, bewaldete, rund 20 Kilometer vor Panama-Stadt gelegene Inselchen, um zu malen. Einige seiner farbenfrohen Werke entstanden auf der »Blumeninsel«. 30 Minuten braucht heute die Fähre vom Amadorviertel für die Überfahrt.

Unten: Panama-Stadt hat viele vorgelagerte Inseln. Eine davon ist die Isla Taboga, die Blumeninsel.

Am Ziel San Pedro de Taboga, dem einzigen Ort des Eilands, reihen sich ein paar bunte Häuser in eine verträumte, von einem einzigen langen Sandstrand gesäumte Bucht; die Hälfte Tabogas ist Vogelschutzgebiet.

AUSFLUG ZU DEN PERLENINSELN

Etwa 200 Eilande bilden diesen Archipel im Osten des Golfs von Panama; nur ein Bruchteil ist bewohnt, El Rey etwa, die größte. Weite Sandstrände, Regenwaldflair und schöne Tauchgründe lockten schon in den 1960er-Jahren Touristen auf die Insel, die ihren Namen dem einstigen Reichtum an Muschelperlen verdankt, mit denen die indianischen Einwohner noch zu Zeiten der spanischen Eroberer handelten.

Panamahut *Schon im 17. Jahrhundert flochten die Ecuadorianer Kopfbedeckungen aus feinen Toquilla-halmen. Weil aber ein solcher »sombrero« für Napoleon per Schiff von Panama aus nach Frankreich gelangte, begann die Welt den mittelamerikanischen Staat fälschlicherweise als Wiege der Jipijapas zu betrachten.*

Souvenir, Souvenir

Das gibt's heute noch

La Fortuna – Der Schneider von Panama *Als José Abadí 1951 sein Maßatelier eröffnete, ahnte er wohl kaum, dass er einmal zur Inspirations-quelle für eine Romanfigur werden würde: John Le Carrés »Der Schneider von Panama«, später verfilmt mit Daniel Radcliffe. Mit José Abadí macht »La Fortuna« nun in dritter Generation die Kunden glücklich.* www.lafortunapanama.com

Faultieren in den Bäumen beim Relaxen zusehen *Haupt-sächlich hängen die Meister der Entschleunigung im Darien-Regenwald oder schaukeln ihren Rücken entspannt in den Wäldern längs der Karibikküste. Aber auch im Nature Center von Panama-Stadt lassen sich die haarigen Klammerer beim Relaxen bestaunen.*

Heute so gut wie damals

Mit der Aerial-Tram durch die luftigen Höhen des Soberania-National-parks fahren *Wer die abwechslungsreiche Flora und Fauna des Nationalparks nicht zur Fuß erkunden möch-te, schwingt sich im Gamboa Resort in eine Art Cabrio-Gondel und schwebt bequem zwei Stunden lang durch den Regen-wald.* www.gamboaresort.com

Retro-Moment

Cartagena

GRANDE DAME DER KARIBIK

Imposante Festungsanlagen und eine Fülle gut erhaltener kolonialzeitlicher
Baudenkmäler brachten der kolumbianischen Hafenstadt den Beinamen
»Perle der Karibik« ein. Den Literaturnobelpreisträger Gabriel García Márquez
inspirierte sie zu seinen wichtigsten Werken.

Sie gilt als eine der schönsten Kolonialstädte Südamerikas: Cartagena las Indias, wie die Hauptstadt Kolumbiens offiziell heißt. Dank ihrer günstigen Lage entwickelte sie sich rasch zum florierenden Handelszentrum für Gold und Sklaven. Als sich die Piratenüberfälle häuften, wurde sie befestigt. Im 18. Jahrhundert hielt ihr Wall – damals die größte Stadtmauer der Neuen Welt – einem Angriff der Engländer stand. Seither wird Cartagena auch »La Heroica«, die Heldenhafte, genannt. Ihre Altstadt zählt inzwischen zum UNESCO-Welterbe. Munteres Treiben herrscht in ihren kopfsteingepflasterten Gassen, Salsamusik erklingt aus vielen Bars und Cafés, mächtige Kirchen erinnern an die koloniale spanische Vergangenheit. Auch die Familie des Schriftstellers Gabriel García Márquez besaß in Cartegena ein Haus; er selbst fand im Innenhof des früheren Klosters La Merced, heute Teil der Universität, seine letzte Ruhestätte. Seine Liebe zu der Stadt, die ihn so beeinflusste, begann im April 1948. »Kaum war ich innerhalb der Festungsmauern, lag die Stadt im malvenfarbenen Sechs-Uhr-Abendlicht in alter Pracht vor mir, und das Gefühl überkam mich, wiedergeboren zu sein«, schrieb Márquez in seinen Memoiren.

ALTSTADT

Durch die Bögen der Puerta de Reloj, das von einem Spitzturm gekrönte Uhrentor, geht es hinein in den ummauerten historischen Kern Cartagenas mit der Kathedrale und dem Palacio de la Inquisición. Herrschaftliche Häuser mit blumengeschmückten Innenhöfen und schöne Plätze wie die Plaza Domingo mit ihren Lokalen oder die Plaza de los Coches, an der einst Sklaven gehandelt wurden, prägen das architektonische Bild. Exquisite Objekte präkolumbianischer Goldschmiedekunst lassen sich im Zenu-Museum entdecken.

CASTILLO SAN FELIPE DE BARAJAS

Schon 1639 beauftragt, aber erst fast 20 Jahre später fertiggestellt, gilt die von Sklaven erbaute Festung auf dem San-Lazaro-Hügel als herausragendstes Werk spanischer Militärbaukunst in Amerika. Zerstört und wiedererbaut, hielt sie 1741 dem Angriff der englischen Truppen unter Admiral Edward Vernon stand. Ihr heutiges Aussehen geht auf die Erweiterung des Jahres 1762 zurück.

Links: Alt und Neu liegen in Cartagena nah beieinander.

Unten: Auch wenn nicht mehr in real, begegnet man Gabriel García Márquez in Cartagena noch immer auf Schritt und Tritt.

»Man entdeckt keine neuen Erdteile, ohne den Mut zu haben, alte Küsten aus den Augen zu verlieren.«

(André Gide)

gründet, entwickelte sich das Stadtviertel im Laufe der Zeit zu einem der lebhaftesten und vielseitigsten »barrios« von Cartagena. Viele seiner Kolonialgebäude beherbergen heute trendige Hotels, farbenfrohe Wandmalereien zeugen von der Präsenz junger Künstler – und sowohl Einheimische als auch Touristen schätzen den Mix aus hippen Ausgehmöglichkeiten und traditionellem Charme, der vor allem rund um die Plaza de la Trinidad zu finden ist.

ISLAS DEL ROSARIO

Etwa eine Bootsstunde von Cartagena entfernt, bietet der aus 28 Eilanden bestehende kleine »Rosenkranz«-Archipel Karibikträume in Reinform mit Puderzuckerstränden und türkisfarbenem Wasser. Taucher und Schnorchler treffen hier eine einmalige Vielfalt an Fischen und Korallen an, an Land locken kleine Hotels, etwa auf der Isla Grande, der Isla del Sol oder auf El Encanto. Alle der 28 Inseln sind vollkommen verschlafen, Zeit scheint hier eine Unbekannte zu sein und keine Rolle zu spielen.

GETSEMANI

Im 16. Jahrhundert als Wohngebiet für versklavte Afrikaner und indigene Völker ge-

Oben: Paradiesische Zustände herrschen auf den Islas del Rosario.

Rechts: Obst- und Gemüseverkäufer in Getsemani. Das Viertel ist auch für seine sehenswerte Street-Art-Kunst bekannt.

Heute so gut wie damals

»Hundert Jahre Einsamkeit« von Gabriel García Márquez *Sechs Generationen einer Familie in der fiktiven Welt des Dorfes Macando begleitet Márquez in seinem Hauptwerk. 1982 erhielt er für den Roman den Nobelpreis für Literatur. Es ist eines der meistgelesenen Werke spanischer Sprache.*

Retro-Moment

Einen Abendspaziergang auf der elf Kilometer langen Stadtmauer machen *Fast zwei Jahrhunderte dauerte der Bau des 1796 beendeten, imposanten Verteidigungswalls mit seinen Bollwerken und Festungsanlagen. Vor allem zur Zeit des Sonnenuntergangs ist er ein beliebtes Flanierziel.*

Souvenir, Souvenir

Smaragd *Kleine »esmaraldas«, wie die grünen Edelsteine auf Spanisch heißen, bieten viele Geschäfte in Cartagena an. Kolumbien ist die weltweit wichtigste Smaragdfundstätte; die hochwertigsten Steine stammen aus der Muzo-Mine im Norden des Landes.*

Manaus

DAS TOR ZUM REGENWALD

Mitten im brasilianischen Regenwald, an der Mündung des Rio Negro in den Amazonas, erblühte im 19. Jahrhundert dank des Kautschuk-Booms das kleine portugiesische Fort São José da Barra do Rio Negro zum imposanten »Paris der Tropen«.

Eine Kirche und 300 Einwohner, das Gros davon indigene: Das war Manaus anno 1787. 100 Jahre später gilt die Siedlung am Encontro das Aguas, dem Zusammenfluss des dunklen Rio Negro mit dem schlammbraunen Rio Solimões, bereits als die am weitesten entwickelte Stadt Brasiliens. Sie ist damals die einzige des Landes, die elektrisches Licht sowie ein Trinkwasser- und Abwassersystem vorweisen kann. Um 1900 entstanden auch Gebäude wie der Justizpalast oder das Teatro Amazonas, an denen sich noch heute der damalige Reichtum erahnen lässt. Manaus wurde zu einer kosmopolitischen Stadt; Fremde aus den unterschiedlichsten Regionen der Welt kamen und ließen sich hier nieder. Im Zuge dieser Entwicklung nahm 1899 auch die erste elektrische Straßenbahn Brasiliens ihren Betrieb auf. Kurze Zeit später wurde der Porto Flutuante, der Hafen mit seinen schwimmenden Docks, gebaut. Er steht heute unter Denkmalschutz und ist Anlegestelle der traditionellen, mehrstöckigen Amazonasschiffe.

TEATRO AMAZONAS

Finanziert durch Einnahmen aus dem Kautschukabbau, gestaltet von Baumeistern und Künstlern aus ganz Europa, wurde das prächtige Opernhaus im Januar 1897 mit einer Aufführung von »La Gioconda« eingeweiht. Bereits 1907 endete der Spielbetrieb – und die Natur begann dem Gebäude kräftig zuzusetzen. In den 1980er-Jahren, nach einer Komplettrenovierung, rückte Werner Herzogs Film »Fitzcarraldo« das Opernhaus im Regenwald auch in Europa erneut in den Fokus; 1990 wurde es schließlich wiedereröffnet. *teatroamazonas.com.br*

AMAZONAS

Er fließt fast durch den ganzen südamerikanischen Kontinent und bildet das größte Flusssystem der Erde. Nach 6400 Kilometern schließlich schiebt er seine Wassermassen in den Atlantik. Jahr für Jahr überschwemmt er aber auch für Monate seine Ufer. Sinkt der Wasserpegel nach der Regenzeit wieder, verwandelt sich das Amazonasgebiet in eine traumhafte, fruchtbare Landschaft. Vor allem Passagiere von Flusskreuzfahrten (viele davon starten in Manaus) entdecken dann die Exotik der Amazonas-Strände.

> **Reisen ist besonders schön, wenn man nicht weiß, wohin es geht. Aber am allerschönsten ist es, wenn man nicht mehr weiß, woher man kommt.«**
>
> *(Laotse)*

Links: Ein Großteil der Baumaterialien des Teatro Amazonas wurde aus Europa importiert. Die Kacheln für die Kuppel kamen aus Deutschland, der Marmor aus Carrara, die Leuchter aus Murano.

Das gibt's heute noch

Palacio Rio Negro
Ursprünglich Schloss Scholz genannt, nach seinem Erbauer, einem deutschen Kautschukhändler, diente das Herrenhaus von 1903 fast 100 Jahre als Gouverneurssitz und -residenz. Inzwischen fungiert es als Museum und Kulturzentrum.

Cusco

INDIANA JONES LÄSST GRÜßEN

Eingebettet in einem weiten Tal liegt die ehemalige Hauptstadt des Inkareichs auf einer Höhe von 3340 Metern mitten in den Anden. Schon die spanischen Eroberer waren geblendet vom Reichtum und der Grandiosität der Metropole. Auch ist Cusco der perfekte Ausgangspunkt, um die Ruinen von Machu Picchu zu besuchen.

In Form eines Pumas, so heißt es, legten die Inka die berühmte Andenstadt an, die heute zu den attraktivsten Touristenzielen ganz Südamerikas zählt; sein Kopf bildete das heutige Viertel San Blas. Kanäle zu den Flüssen Saphi und Tullumayu versorgten die Einwohner mit frischem Wasser. Bis heute künden in Cusco zahlreiche archäologische Stätten von der Hochkultur seines Gründervolkes – gepaart mit den eindrucksvollen baulichen Zeugnissen der spanischen Kolonialzeit. So steht die barocke Klosteranlage Santo Domingo auf den Relikten des Sonnentempels Coricancha, und auf den Grundmauern des Palastes des Inkaherrschers Huayna Capac erbauten Jesuiten 1571 die Kirche La Compañía. Bei einem Erdbeben 1950, das Teile Cuscos zerstörte, kamen weitere Reste von Inkabauwerken zutage. Für die Nachfahren der Inka ist die Bedeutung der Stadt, die inzwischen auch zum UNESCO-Welterbe zählt, ungebrochen. Mit farbenprächtigen Zeremonien erinnern sie an die Sitten und Bräuche ihrer Vorfahren.

ALTSTADT

Herz des historischen Kerns von Cusco ist die Plaza de Armas, einst Mittelpunkt des Inkareichs. Alle bedeutenden Zeremonien wurden auf dem weiten Areal abgehalten. Heute ist es teilweise begrünt und umgeben von eindrucksvollen Kolonialbauten mit Laubengängen. Vor allem aber recken sich hier die Kirche La Compañia und die Kathedrale in die Höhe, zu deren prächtiger Ausstattung auch ein Abendmahlgemälde zählt – allerdings mit einem gebratenen Meerschwein auf dem Speiseteller und Maisbier statt Wein in den Bechern.

SACSAYHUAMÁN

Selbst als Ruine beeindruckt die Inkafestung noch immer. »Zufriedener Falke«

bedeutet ihr Name und ihre großen, aus Felsblöcken gefügten Mauern sind eine der intaktesten antiken Konstruktionen in ganz Peru. Staunen machen auch die Chinkanas, ein weit verzweigtes Tunnellabyrinth unter dem Festungsgelände. Weil viele Menschen hofften, durch die geheimnisvollen unterirdischen Gänge zu großen Schatzkammern zu gelangen und dabei oft verlorengingen, wurde das Gros der Einstiege geschlossen.

Das gibt's heute noch

Sonnentempel Für die Inka einst wichtiger Ort religiöser Zeremonien, von den Spaniern jedoch bis auf die Grundmauern zerstört und mit einer Kirche überbaut, kamen die Tempelrelikte bei einem Erdbeben im 17. Jahrhundert wieder ans Licht. Fast alle Kolonialbauten indes stürzten ein.

San Blas Schon zur Inkuzeit lebten in T'oqokachi, wie die Siedlung damals hieß, viele Baumeister und Künstler. Inzwischen zeugen Kunsthandwerksläden und Galerien vom kulturellen Geist des Viertels. Außerdem bieten sich von seiner Höhe tolle Ausblicke ins Cusco-Tal.

Heute so gut wie damals

MACHU PICCHU

Am 24. Juli 1911 entdeckte der amerikanische Archäologe Hiram Bingham hoch in den Bergen der Anden eine verwunschene Stadt: Machu Picchu. Niemand konnte zu diesem Zeitpunkt ahnen, dass die damals überwucherten Ruinen zu einer der bekanntesten Attraktionen in Peru werden würden. Noch immer gibt die »Stadt der Wolken« aber Rätsel auf. Es heißt, dass die Inka sie im 15. Jahrhundert erbauten. Als politisches Zentrum ihres Reichs? Oder als Zufluchtsstätte während der Zeit der spanischen Eroberer? Als reine Wohnstadt oder als Heiligtum und astronomisches Zentrum? Ihre Struktur mit den Einraum-Häusern und Innenhöfen um einen zentralen Platz ist noch gut erkennbar. Zu den markantesten Gebäuden zählen der Tempelturm (Torreón) und der Sonnentempel Sintihuatana, zu dem 78 Felsstufen hinaufführen. Machu Picchu ist auch eine wichtige Station des Inka-Trails, eines historischen, teilweise noch erhaltenen Wege- und Straßensystems durch die Anden, von Chile über Bolivien und Peru bis nach Ecuador. Jährlich brechen rund 10 000 Wanderer auf, um den Camino Inca zu beschreiten.

Bild: Touristen vor der Ruinenstadt, die bis heute von vielen Geheimnissen umrankt ist (Aufnahme von ca. 1960).

Rio de Janeiro

TANZE SAMBA MIT MIR

Nur wenige Städte der Welt verfügen über eine vergleichbar atemberaubende Lage und Kulisse. Wer einmal vom Zuckerhut oder dem Corcovado hinab auf Rio und seine berühmten Atlantikstrände schaute, wird diesen Anblick niemals vergessen. Und über allem schwebt der Sound des Bossa Nova.

Als am 1. Januar 1502 die Schiffe des portugiesischen Seefahrers André Gonçalvez in die weite Bucht von Guanabara einliefen, dachte dieser, auf eine Flussmündung gestoßen zu sein, und nannte den vermeintlichen Fluss »Rio de Janeiro« – Januarfluss. Obwohl man es später besser wusste, blieb der Name erhalten und wurde auch zu der dort angelegten Siedlung. Seit ihrer Gründung ist sie berühmt für ihre Schönheit: »Von den sieben Tagen, die Gott brauchte, die Erde zu erschaffen, habe er allein zwei für Rio de Janeiro gebraucht« – so erzählen es sich die Cariocas, Rios Bewohner. Mit der »Belle Époque brasileira« setzte ab 1889 – nahezu parallel zur europäischen Belle Époque – eine städtebauliche und die Kultur beeinflussende Bewegung ein, die u. a. im Bau zahlreicher pompöser Theater, elektrischer Beleuchtung sowie Straßen- und Seilbahnen mündete. Seine größte Blütezeit erlebte Rio von den frühen 1920er-Jahren bis in die 1950er-Jahre. Mit der Errichtung von mehreren Grandhotels wurde es zu einem exotischen Reiseziel für viele Hollywood- und Filmgrößen. Ein letzter kultureller Höhepunkt dieser Epoche war die Entstehung des Bossa Nova ab 1957, der durch Lieder wie »The Girl from Ipanema« weltberühmt wurde.

CORCOVADO

Seit 1931 trägt der »Bucklige« eine schwere Last: Auf dem knapp rund 700 Meter hohen Berg steht die monumentale Statue des Cristo Redentor, das zweite Wahrzeichen Rios neben dem Zuckerhut. Eine Serpentinenstraße und die 1884 eröffnete Corcovado-Zahnradbahn erschließen ihn bis nahe seines Gipfels. Über Treppenstufen und inzwischen auch mit Panorama-Aufzügen erreichen Besucher die Aussichtsplattform mit der 30 Meter hohen Christus-Figur. Von hier schweift der Blick weit über die Stadt.

The Girl from Ipanema Antônio Carlos Jobim komponierte die Hymne auf das Mädchen mit der goldenen Haut und dem herrlichen Hüftschwung an Rios berühmtem Strand im Jahr 1962. Auch Frank Sinatra sang das Lied, 1981 verewigte es Ella Fitzgerald auf Vinyl. Vinícius de Moraes, der den portugiesischen Ursprungstext schrieb, widmete das Lied, das zu einem der weltweit bekanntesten Bossa Novas wurde, aber nicht nur den weiblichen Schönheiten von Ipanema, sondern auch dem Künstlerviertel selbst.

ZUCKERHUT

Henrietta Carstairs, eine Engländerin, bestieg 1817 erstmals den Gipfel des legendären Bergs. Ab 1913 überwand dann eine

Ganz links: Einmalig ist der Panoramablick vom Corcovado auf Rio, Aufnahme um 1960.

Links: Von New York mal schnell nach Rio – mit der BOAC Qantas schon in den 1960er-Jahren kein Problem.

> **Es gibt keine schönere Stadt auf Erden, und es gibt kaum eine unergründlichere, unübersichtlichere. Man wird nicht fertig mit Rio de Janeiro.«**
>
> (Stefan Zweig)

1859 verband eine von Eseln gezogene Straßenbahn Santa Teresa mit dem tiefer gelegenen Stadtteil Lapa. Seit 1896 fährt die »Bonde« mit Strom. Wer gut zu Fuß ist, nimmt die 215 Stufen der Fliesentreppe von Jorge Selarón, um zu den Musikclubs, zum Kunstmuseum, zum Teresa-Kloster oder zur Aussichtsplattform des Parque das Ruínas zu gelangen.

JARDIM BOTANICO

Schon 1808 begründet von dem damaligen portugiesischen Prinzregenten und späteren König Brasiliens João VI., ist die Anlage sowohl berühmt für die Fülle ihrer Spezies als auch für ihre landschaftliche Schönheit. Das Areal umfasst mehrere Themengärten, darunter auch einen japanischen, kunstvolle Gewächshäuser mit Bromelien und fleischfressenden Pflanzen sowie Springbrunnnen, Statuen und ein kleines Museum in den Relikten einer historischen Pulverfabrik, von der auch noch das Eingangsportal erhalten ist. *www.gov.br/jbrj/pt-br*

Unten: Die gelbe Straßenbahn von Santa Teresa, die auch einfach nur »Bonde« heißt, ist eines der Wahrzeichen der Stadt. Neben der Straßenbahn in Braunschweig ist sie die weltweit letzte mit einer Spurweite von 1100 Millimetern.

Seilbahn die knapp 400 Höhenmeter. In der Landessprache heißt das Wahrzeichen Rios übrigens »Pão de Açúcar«, also Zuckerbrot, denn seine Form, so heißt es, erinnere an die brotlaibartigen Gefäße, in denen das weiße Gold einst transportiert wurde. Andere Quellen leiten den Namen vom indianischen Begriff »Pau-nd-Acuqua« ab, der »hoher, spitzer, isolierter Gipfel« bedeutet.

SANTA TERESA

Mit seinen Kopfsteinpflasterstraßen, Gärten und Villen einstiger Kaffeebarone versprüht das auf einem Hügel gelegene Künstlerviertel den Charme vergangener Zeiten. Schon

Karneval Portugals »Entrudo«-Festival gilt als Geburtshelfer des bunten Riesenspektakels, bei dem heute bis zu zwei Millionen Menschen täglich die Straßen der Stadt bevölkern. Bei dem ersten Maskenumzug 1840 erklangen noch Polkas und Walzer, Afrikaner brachten dann die typischen Samba-Rhythmen mit.

Heute so gut wie damals

Pitú Bereits 1938 entwickelten Ferrer de Morais und Cândido Carneiro an der Nordostküste Brasiliens diese Marke des landestypischen Cachaça. Gebrannt aus Zuckerrohrmost, bildet er den Hauptbestandteil des berühmten Caipirinha. Er schmeckt aber auch pur oder auf Eis.

Souvenir, Souvenir

Das ehemalige Hotel Gloria bewundern Erbaut 1922, zum 100-jährigen Jubiläum der Unabhängigkeit Brasiliens, gilt die Nobelherberge als erstes Stahlbetongebäude Südamerikas. Ursprünglich umfasste sie 180 Zimmer, ein Theater, Ballsäle und ein Casino. Heute beherbergt sie Luxusapartments.

Retro-Moment

Teatro Municipal Vergoldete Kuppeln, Dachstatuen und stattliche neoklassizistische Säulen zieren das 1909 an der Praça Floriano eröffnete Opernhaus. Auf seiner Bühne faszinierten schon Sarah Bernhardt, Maria Callas und Igor Strawinsky das Publikum.

Das gibt's heute noch

DER BERÜHMTESTE STRAND DER WELT

Als »Treffpunkt der Reichen und Schönen« galt das vier Kilometer lange Sandband der Copacabana vor der Kulisse Rios schon in den 1930er- und 40er-Jahren. Fred Astaire und Ginger Rogers hatten damals im Hotel »Copacabana Palace« ihren ersten gemeinsamen Tanzauftritt. Bis heute ist »La Copa«, wie die Einheimischen sagen, der Inbegriff des brasilianischen Lebensgefühls, eine Bühne für Sport und Körperkult mit Trainingsgerüsten, Massageliegen und Beachvolleyballfeldern. Bespielt wird sie von Tagesanbruch bis weit nach Sonnenuntergang. Morgens lassen sich mitunter ein paar Fischer entdecken, die ihren Fang an Einheimische verkaufen. Ansonsten wird flaniert und gejoggt, flitzen Schönheiten jeden Geschlechts auf Inlinern über die Promenade mit ihrem berühmten Wellenmuster aus schwarzem und weißem Marmor – oder am Wochenende, gemeinsam mit unzähligen Radfahrern, auch auf einer gesperrten Fahrspur der breiten Uferstraße Avenida Atlantica. 2006 versetzten die Rolling Stones bei ihrem Gratiskonzert am Copacabana Beach mehr als eine Million Musikfans in Ekstase.

Bild: »Princesinha do Mar« (Kleine Meeresprinzessin) wird die Promenade der Copacabana auch genannt. In den 1930er- bis 1950er-Jahren erlebte sie ihr goldenes Zeitalter.

Búzios

BADEN WIE BRIGITTE BARDOT

Auf einer schmalen, hügeligen Halbinsel, umgeben von einer Vielzahl kleinerer und größerer Buchten, lockt Búzios, das Saint-Tropez Brasiliens. Brigitte Bardot machte das einstige Fischerdorf in den 1960er-Jahren berühmt.

Urlaub wie aus dem Bilderbuch – das bietet, so meinen auch die Einwohner des nur 180 Kilometer entfernten Rio de Janeiro, die kleine Küstengemeinde am Südatlantik. Mehr als 200 Sonnentage, dazu gemäßigte Temperaturen von durchschnittlich 26 Grad und eine Fülle von Stränden ganz unterschiedlichen Charakters. Berühmt wurde das ehemals kleine Fischerdorf durch eine Französin, genauer gesagt durch Brigitte Bardot. Als die Femme fatale des französischen Films 1964 erstmals nach Rio de Janeiro kam, flüchtete sie bald vor den aufdringlichen Fotografen in das knapp drei Autostunden entfernte Búzios. Mehrmals kehrte sie für längere Aufenthalte in das anfänglich noch verschlafene Fischerdorf zurück. Bald folgte ihr jedoch der internationale Jetset. Heute sind in Búzios viele Restaurants, Sushiläden und sogar die Promenade nach dem Mythos »B. B.« benannt.

ALTSTADT

Dank strenger Bauvorschriften hat Búzios viel von seinem ursprüngliche Charme bewahrt. Da kein Gebäude mehr als zwei Etagen umfassen darf, versprüht der historische Ortskern noch immer mediterranes Flair. Dennoch bietet er erstklassige Restaurants, hippe Bars und luxuriöse Geschäfte ebenso wie kleine, aber feine Unterkünfte. Zentrale Ader der Altstadt ist die kopfsteingepflasterte Rua das Pedras; ein beliebtes Ziel zum Bummeln oder für einen Drink zum Sonnenuntergang.

STRÄNDE

Rings um die hügelige Halbinsel mit dem Ortszentrum von Búzios liegen gut zwei Dutzend Strandbuchten. Nahe der Pier beginnt schon die Praia do Canto; ebenfalls als stadtnah gelten die Praia da Armazao und die Praia dos Ossos. Am beliebtesten ist jedoch die Praia de João Fernandes an der Spitze der Peninsula. Am weitesten dehnt sich der Geribá-Strand – und für den Sonnenuntergang sind die Praias Azeda und Azedinha der beste Spot. Beide sind aber nur zu Fuß erreichbar.

Links: Ferienfeeling in den 1980er-Jahren.

Oben: Brigitte Bardot mit Bob Zaguri, 1964 in Búzios.

Auf der Orla Bardot zum Fischerdorf Ossos spazieren

Streifentop, lange Hose und Ballerinas: So sitzt die B. B. in Bronze gegossen an der nach ihr benannten Uferpromenade. Gesäumt von Lokalen, Shops und Gärten und mit tollem Blick auf das aquamarinblaue Wasser schlängelt sich der Boardwalk von Búzios entlang der Praia Armação bis zum Strand von Ossos.

Retro-Moment

Punta del Este

DAS MONACO SÜDAMERIKAS

Vor allem im Winter, wenn auf der Nordhalbkugel Kälte, Eis und Schnee vorherrschen, ist die Küstenstadt in Uruguay an der Mündung des Río de la Plata für die Reichen und Schönen der Welt »the place to be«. Und auch Fürst Rainier von Monaco war natürlich schon da.

Begonnen hat der Aufstieg des einstigen Fischerdorfs Villa Ituzaingó zum noblen Touristenziel im Jahr 1907. Zwar umfasste die Gemeinde an der Spitze einer Halbinsel damals nur 50 Häuser, aber immerhin schon ein Hotel. Und es gab bereits die Societá Balneario Punta del Este, eine Bädergesellschaft. Anlässlich der Namensänderung des Ortes in Punta del Este hatte ihr Vorstand eine Gruppe von Familien aus Argentinien und Montevideo zum Urlaub eingeladen. Sie reisten an Bord des Dampfers »Golondrina« an: der Beginn einer langen Tourismushistorie. Heutzutage kommt die High Society der Nachbarländer meist mit der eigenen Jacht; und viele der prominenten Gäste ließen sich nahe der beiden Strandzonen eigene Sommerresidenzen bauen. In Punta del Este herrsche ein ganz besonderes Flair, sagen sie. Es sei ein Seebad mit Etikette – und zudem sicher. Punta del Este sei der einzige Platz auf der Welt, wo sie ohne Bodyguard auf die Straße gehen könne, soll die Onassis-Erbin Athina einmal gesagt haben.

HAFEN

Am Vormittag gibt es am Uferkai frischen Fisch direkt vom Kutter. Das freut auch die Möwen und Seelöwen, die sich vor der Kulisse nobler Segeljachten und traditioneller Fischerboote über die Reste des vor Ort ausgenommenen Fangs freuen. Wenige Schritte weiter reihen sich die Schätze des Meeres dann appetitlich in der Auslage der Kioske am Fischmarkt oder liegen auf den Tellern der nahen Fischrestaurants. Vom Hafen aus starten auch Bootstouren zu den Inseln Gorriti und de Lobos.

PLAYA MANSA

Als weitläufiger goldfarbener Streifen zieht sich dieser Strand an der Westküste von Punta del Este entlang. Mit seinem weichen Sand und dem ruhigen, warmen Wasser macht er seinem Namen – »mansa« bedeutet sanftmütig – alle Ehre. Vor allem Familien mit Kindern und Schwimmer, die hohe Wellen scheuen, lieben ihn. Zahlreiche Bars und Imbissstände flankieren die Uferpromenade, auf der auch die Einheimischen gern flanieren.

ISLA GORRITI & ISLA DE LOBOS

Zwei Strände liegen am Saum der kleinen Pinienwaldinsel Gorriti in der Bucht von Maldonado. Einst hinterließen Kapitäne hier unter einem Kreuz Nachrichten für andere Schiffsbesatzungen. Heute lockt das Wrack eines 1809 gesunkenen Schiffes viele Taucher an. Auf der ebenfalls unbewohnten Isla de Lobos reckt sich ein weißer Leuchtturm in den meist blauen Himmel; Besucher

> **Ich glaube, der glücklichste Moment im Leben eines Menschen ist eine Abreise in unbekannte Länder.«**
>
> *(Sir Richard Francis Burton)*

Links und unten: Zwischen diesen Bildern liegen gut 100 Jahre: Schon 1920 badete man an der Playa Brava im damals noch kleinen Punta del Este. Heute gilt der Ort als eines der wichtigsten Urlaubsziele Südamerikas und wird entsprechend rege frequentiert.

PUNTA BALLENA

Westlich von Punta del Este liegt das kleine Örtchen Punta Ballena mit seinem extravaganten »Casapueblo«, dem ehemaligen Wohnsitz des Künstlers Carlos Páez Vilaró. Der gesamte Gebäudekomplex ist im Stil griechischer Inseldörfer gehalten und erinnert in seiner Kaskade aus weiß getünchten Mauern, Terrassen und Türmchen ein wenig an Santorini. Heute sind hier ein Museum und eine Kunstgalerie untergebracht. *casapueblo.com.uy*

MUSEO RALLI PUNTA DEL ESTE

Schwerpunkt des 1987 in einem Parkgelände errichteten Museums ist die Kunst Lateinamerikas. Die Exponate umfassen Gemälde, Zeichnungen und Skulpturen, darunter Werke des Kolumbianers Fernando Botero oder des Uruguayers Manuel Pailós. Ergänzend sind Arbeiten europäischer Künstler ausgestellt – von Salvador Dalí etwa oder dem für seine lebensgroßen Bronzefiguren bekannten Engländer John Robinson. *museorallipuntadeleste.business.site*

Oben: Als Hommage an seinen Sohn, der nach einem Flugzeugabsturz zwei Monate in den Anden überlebte, schuf der uruguayische Künstler Carlos Páez Vilaró die Anlage Casapueblo. Das ein wenig an das griechische Santorini erinnernde »Hausdorf« birgt neben Hotel und Restaurant auch ein Museum.

Rechts: Nicht nur Besucher aus Bronzeguss bevölkern den Garten des Museo Ralli, auch Reisende aus Fleisch und Blut erfreuen sich an der Ausstellung.

kommen aber vor allem wegen derjenigen Wesen, die der Insel einst ihren Namen gaben: Das felsige Eiland beherbergt Südamerikas größte Kolonie von Seehunden, Seelöwen und Seeelefanten.

Semana criolla *Jedes Jahr in der Osterwoche ist ganz Uruguay auf den Beinen. Denn dann startet die Semana criolla, die Rodeo-Woche, in der Gauchos aus dem ganzen Land zusammenkommen, um ihr Können und ihre akrobatischen Reitkünste auf dem Pferd zu zeigen. Die Tradition existiert bereits seit dem 19. Jahrhundert.*

Das gibt's heute noch

Souvenir, Souvenir

Mate-Tee *Er steht symbolisch für das Temperament und das Lebensgefühl der Uruguayos. Getrunken wird der Yerba-Mate traditionell mit einem silbernen Siebhalm aus der calabaça, einem runden Becher – und zwar nicht nur zuhause und in den Kaffeehäusern – sondern auch unterwegs und zu allen Tageszeiten.*

Von der Rambla General José Artigas aus den Sonnenuntergang bewundern *Sowohl im Abschnitt des Río de la Plata als auch am Atlantiksaum verläuft die Küstenstraße von Punta del Este. Ihr schönster Teil liegt zwischen dem Mansa-Strand und dem Hafen. Viele Paare und Familien flanieren auf der Rambla vor allem in den Abendstunden, kurz bevor die Dämmerung eintritt.*

Retro-Moment

Ein Foto vor der Mano de Punta del Este machen *Ein chilenischer Künstler schuf die nur teilweise aus dem Sand der Playa Brava ragenden riesigen fünf Finger einer menschlichen Hand 1982 während des ersten Internationalen Treffens für moderne Outdoor-Skulptur in Punta del Este. Wahrlich eine besondere Kulisse für einen Schnappschuss.*

Heute so gut wie damals

Montevideo

THE EASY WAY OF LIFE

Tête-à-tête mit Buenos Aires trifft der Reisende in Uruguays Metropole am Mündungs-
trichter des Río de la Plata auf einen spannenden Mix aus Lässigkeit und
Temperament. Im 19. Jahrhundert eine wichtige Einwanderungsstadt aus Richtung
Europa, hat sie sich fast überall noch viel Kolonial- und Art-déco-Charme bewahrt.

Hektik scheint ein Fremdwort zu sein in Montevideo. Die Menschen hier geben sich zurückhaltend, aber zugleich locker; die Stadt selbst ist ein angenehmer Mix aus Einst und Jetzt. Viele lebendige Plätze, hohe Palmen, Straßencafés, Gebäude im Kolonialstil oder Art déco, dazu ein paar verglaste Neubauten, wie der 150 Meter hohe erbaute Torre Antel. Nur etwa halb so hoch wie dieser Telekommunikationsturm ist Mirador Panoramico, eine verglaste Aussichtsplattform nahe des Kunsthistorischen Museums und der Hauptachse des Zentrums, der Avenida de 18. Julio. Kerzengerade führt sie zur Plaza Independencia, an deren Rand sich der historische Wolkenkratzer Palacio Salvo reckt, und hinter der das Altstadtviertel beginnt. Aus dessen engen, kopfsteingepflasterten Straßenquadraten ragen die Kathedrale und das Theater heraus sowie der Palacio Taranco, der heute das Museum dekorativer Kunst birgt. Nur wenige Schritte entfernt liegt der 1868 eröffnete Hafenmarkt.

CIUDAD VIEJA

Montevideos historischer Kern drängt sich an der Spitze einer Halbinsel zwischen dem Hafenareal und der Plaza de Independencia. Bedeutendste seiner sieben fast parallel laufenden Straßen ist die heutige Fußgängerzone Calle Sarandí. Sie führt zur Plaza de la Constitución, an der die ab 1790 erbaute Kathedrale steht, sowie zu einigen der zahlreichen, teils in alten Palästen untergebrachten Altstadtmuseen.

TEATRO SOLIS

Südamerikas zweitgrößtes Theater fasst mehr als 1000 Zuschauer und wurde im Sommer 1856, nach fast eineinhalb Jahrzehnten Bauzeit, mit Verdis Oper »Ernani« feierlich eröffnet. Hinter seiner Fassade, die jener des Carlo-Felice-Theaters in Genua äh-

Das Haus von Montevideo Ein Einakter mit dem Titel »Die tote Tante« bildete die Basis für das vieraktige Bühnenstück des brillanten deutsch-schweizerischen Komödienschreibers und Schauspielers Curt Goetz. Die skurrile Erbgeschichte um ein vermeintliches Bordell, das sich als ein von der Sängerin Maria Machado eröffnetes Haus für ledige Mütter entpuppt, wurde zweimal verfilmt: 1951 unter der Regie des Autors und seiner damaligen Ehefrau Valérie von Martens, die beide auch die Hauptrollen spielten; 1963 von Helmut Käutner.

nelt, finden bis heute die wichtigsten Kulturereignisse Uruguays statt. Das »Orquesta Filarmónica de Montevideo« hat in dem nach einem berühmten Seefahrer benannten Theatergebäude ebenso seinen Sitz wie der feste Ensemble-Kern der »Comedia Nacional«. *www.teatrosolis.org.uy*

Palacio Salvo Mit seinen 29 Stockwerken, die mehr als 100 Meter in den Himmel ragen, war der für die Unternehmerbrüder Salvo erbaute Wolkenkratzer bei seiner Einweihung 1928 das höchste Gebäude Lateinamerikas. Im Untergeschoss befand sich einst ein Theater, in dem unter anderem Josephine Baker auftrat.

Das gibt's heute noch

Buenos Aires

LIEBE AUF DEN ERSTEN BLICK

Als »Paris Südamerikas« gilt vielen die argentinische Metropole. Nirgendwo anders
auf dem Kontinent finden sich mehr Zeugnisse der europäischen Belle-Époque- und
klassizistischen Monumentalarchitektur. Auch das für den Tango unabdingbare
Bandoneon stammt aus Europa.

Ab Ende des 19. Jahrhunderts, als die Wirtschaft Argentiniens dank des Fleischexports florierte und Buenos Aires zur neuen Hauptstadt des gerade geeinten Landes erkoren worden war, kamen nicht nur unzählige Einwanderer vor allem aus Italien, sondern es boomte auch der Bau repräsentativer Villen und Geschäfte. Auch das Opernhaus, das Teatro Colón, wurde in dieser Zeit errichtet. Schon 1890 war die im 16. Jahrhundert auf dem Gebiet des heutigen Viertels San Telmo gegründete Siedlung »Puerto de Nuestra Señora Santa María del Buen Ayre« die größte und wichtigste Stadt Lateinamerikas; nahezu eine Million Menschen lebten damals bereits hier. Das Herz der im kolonialen Schachbrettstil am Südufer des Río de la Plata angelegten Metropole bildet bis heute die Plaza de Mayo mit der Casa Rosada, dem Sitz des Staatspräsidenten. Insgesamt umfasst Buenos Aires inzwischen 48 Viertel; das berühmteste ist sicher das einstige Hafengebiet La Boca mit seinen Kneipen, Straßenmusikanten und Tangotänzern.

SAN TELMO

Art-déco-Architektur und stilvolle Cafés, enge Gassen und schattige Plätze: Als einer der ältesten Stadtteile verströmt San Telmo fast überall nostalgisches Flair. Viele Gebäude des Viertels sind denkmalgeschützt. So ist das im Jahr 1897 bezogene zweite Domizil des Museo Histórico Nacional ebenso erhalten wie das 1786 erbaute Wohnhaus des Dichters der ersten Nationalhymne, namens Casa de Esteban de Luca. In einem Backsteinbau von 1956 indes ist das MAMBA untergebracht, das Museo de Arte Moderno de Buenos Aires.

TEATRO COLÓN

Sowohl dank seiner hervorragenden Akustik als auch aufgrund seiner Architektur gilt

> **Ich habe immer gefühlt, dass es in Buenos Aires etwas gibt, das mir gefällt. Es gefällt mir so sehr, dass es mir nicht gefällt, dass es auch anderen gefällt. Das ist eine so eifersüchtige Liebe.«**
>
> *(Jorge Luis Borges)*

das Colón als eines der fünf besten Opernhäuser der Welt. Schon 1857 wurde sein Vorläufer an der Plaza de Mayo erbaut; das jetzige eklektizistische Gebäude wurde 1908, nach 20-jähriger Bauzeit, mit Verdis »Aida« eingeweiht. Maria Callas trat hier ebenso auf wie Enrico Caruso, Leonhard Bernstein, Igor Strawinsky und viele weitere Sänger- und Dirigentenstars. In den 1970er-Jahren stand auch »Einstein on the Beach« von Bob Wilson und Phil Glass auf dem Programm. *teatrocolon.org.ar*

Links: Der Tango ist in Buenos Aires überall zugegen. Jeder ist eingeladen, mitzutanzen.

Unten: Samt, vergoldeter Stuck, Kronleuchter – das Teatro Colón ist einzigartig.

Pinamar Überaus beliebt dank seiner breiten Strände und des quirligen Nachtlebens, zählt das Atlantikstädtchen südlich von Buenos Aires zu den exklusivsten Baderesorts ganz Argentiniens. Schon in den 1930er-Jahren wurden hier im Auftrag von Valeria Guerrero, der Besitzerin des Areals, die ersten Strandhütten aufgestellt; 1942 öffneten die ersten Hotels und Restaurants. Einst nur für die Elite des Landes erschwinglich, tummelt sich heute auch das ganz normale Volk am Strand.

LA BOCA

Als sich im 19. Jahrhundert italienische Arbeiter aus Genua an der Mündung des Riachuelo-Flusses niederließen, begann die Geschichte des heute wohl berühmtesten Stadtteils von Buenos Aires. Rund um den Caminito erinnern bunt gestrichene Well- und Schiffsblechhäuser an die Einwandererzeit. La Boca gilt auch als Wiege des Tangos und sein Stadion La Bombonara als einstige Heimat von Fußballstar Diego Maradona. Nahe der alten Hafenanlagen steht auch das sehenswerte Museum für moderne Kunst Fundación Proa.

CEMENTERIO DE LA RECOLETA

Im alten Obstgarten des ehemaligen Klosters der Rekollekten-Mönche 1882 als erster öffentlicher Friedhof von Buenos Aires angelegt, umfasst das gut fünf Hektar große Gelände zahlreiche Ruhestätten berühmter Protagonisten der argentinischen Geschichte. Zu den bekanntesten Gräbern und kunstvoll gestalteten Mausoleen zählen jene des Chemie-Nobelpreisträgers von 1970, Luis Federico Leloir sowie das der Schauspielerin und Präsidentengattin Eva Perón, »Evita«.

Asado-Steak Argentinisches Rindfleisch ist weltbekannt. Vor allem gegrillt. Bei einem festlichen Asado liegen fast alle Partien eines Tiers über dem Feuer, von den Rippen bis zu Innereien. Das »bife« gilt vielen als das beste Stück.

Heute so gut wie damals

Retro-Moment

Den Tangotänzern auf dem Caminito oder der Plaza Dorrego zuschauen Ob in der kurzen, fröhlich-bunten Fußgängerzone im Stadtteil La Boca oder umringt von hohen Bäumen im Viertel San Telmo: Das Wiegen, Schreiten, Drehen der »bailarines de tango« ist stets ein Augenschmaus. Denn wie sagt das argentinische Sprichwort: Alles ändert sich, aber nicht der Tango.

Café Tortoni Von einem französischen Immigranten 1858 eröffnet und nach einem Pariser Lokal auf dem Boulevard des Italiens benannt, empfing es bald Gäste wie Albert Einstein und den König von Spanien. Im Untergeschoss trafen und treffen sich Musiker und Musikliebhaber. www.cafetortoni.com.ar

Das gibt's heute noch

AFRIKA & INDISCHER OZEAN

Meeresblau und wüstenbraun, gesegnet mit Weinbergen, Stränden und jahrtausendealten Kulturdenkmälern: Der zweitgrößte Kontinent der Erde lockte schon früh Abenteurer aller Couleur und jeglicher Herkunft. Länder wie Tunesien, Marokko oder Ägypten mit ihren geheimnisvollen Stätten, Königsgräbern und Pyramiden standen schon ab 1900 im Fokus der ersten Reisepioniere; durch die Sahara zogen bereits im Mittelalter Salzkarawanen. Wie der Norden Afrikas weckten auch die Territorien von Namibia, Tansania und Südafrika ab Mitte des 19. Jahrhunderts die Begehrlichkeit diverser Kolonisatoren. Vielerorts ist der europäische Einfluss bis heute erhalten – auch auf Traumeilanden wie Sansibar, Mauritius und den Seychellen. Diese bezaubern Reisende vor allem mit ihrer herrlichen Natur – zu Lande wie zu Wasser.

Bild: Badende am Strand von Daressalam, Tansania, Aufnahme um 1960.

Swakopmund

HÜBSCHES NORDLICHT

Zwar rascheln Palmen und weht Wüstenwind, aber seine wilhelminische
Architektur brachte dem namibischen Küstenstädtchen schon vor geraumer Zeit den
Ruf als »südlichstes Nordseebad« ein.

Auch wenn Namibias »Kühlschrank« inzwischen ein breiter Gürtel moderner Viertel und ehemaliger Townships umgibt – im Kern ist das historische Seebad ein Kolonialstädtchen mit prachtvoller wilhelminischer Architektur geblieben. Gegründet wurde es 1892 als Hafen des 1884 proklamierten Protektorats »Deutsch-Südwestafrika«. Doch in dieser Rolle war ihm wenig Erfolg beschieden: Fracht und Passagiere mussten wegen der Untiefen weit vor der Küste auf Brandungsboote umgeladen und an Land gebracht werden, da half auch der Bau immer längerer Molen nichts. 1919 wurde der Hafen schließlich geschlossen. Dafür machte Swakopmund, in dem schon um die Jahrhundertwende Südafrikas erste Brauerei eröffnete und von dem 1901 die erste staatliche Eisenbahn ihre Jungfernfahrt nach Windhoek unternahm, Karriere als Sommerfrischeziel und Zweitwohnsitz reicher, zumeist weißer Namibier, die zeitweise vor der Hitze im Hochland an die Atlantikküste flohen. Denn dank des Bengalenstroms erreicht die Lufttemperatur in Swakopmund nur selten Werte von mehr als 20 Grad.

ALTSTADT

»Kaiser-Wilhelm-Straße« hieß ursprünglich die zentrale Ader von Swakopmund-Central, dem kleinen historischen Kern der Stadt. Er reicht vom Küstensaum bis zum Viertel Kramersdorf und wurde Ende des 19. Jahrhunderts auf dem Reißbrett geplant. Geprägt von meist nur zweistöckigen Kolonialbauten wie etwa an der noch immer so benannten Bismarck Street, präsentiert sich hier aber auch das 1951 gegründete Heimat- und Naturkundemuseum.

STRAND & SEEBRÜCKE

Gut drei Kilometer zieht sich das goldene Sandband von Swakopmund zu beiden Sei-

Koloniale Architektur Neobarock und Jugendstil prägen das Bild Swakopmunds, angefangen vom ehemaligen Bahnhof (1901) über das einstige Kaiserliche Bezirksgericht, heute präsidentielle Sommerresidenz, bis zum Hohenzollernhaus, das 1906 als Grandhotel eröffnet wurde. Sogar das Gefängnis, das Prinzessin-Rupprecht-Heim oder die zinnengeschmückte alte Kaserne künden eindrucksvoll von den deutschen Architekturströmungen der Jahrhundertwende. Sie alle waren Baustile, die zeitgleich auch im deutschen Mutterland der Kolonie vertreten waren.

ten der Molespitze. Markanter Blickpunkt ist die Seebrücke, »The Jetty« genannt. Ursprünglich für das Be- und Entladen von Frachtschiffen und ganz aus Holz gebaut, wurden ihre Pfähle schon 1912 durch Eisenträger ersetzt; zudem gab es einst auf ihr Bahngleise. Noch immer ist der Steg im ersten Teil doppelspurig; das Jetty-Restaurant »1905« am Kopfende erinnert mit seinem Namen an das Baujahr der Erstkonstruktion.

Links: Vorbild des 1902 errichteten, rot-weiß geringelten Leuchtturms von Swakopmund ist das Leuchtfeuer auf der deutschen Nordseeinsel Bornholm.

Café Anton *Mitte der 1960er-Jahre ging der Traum eines deutschen Paares in Erfüllung: Es eröffnete am Rand der Altstadt, nur wenige Minuten vom Strand entfernt, ein Gästehaus mit Café. Zu dessen Spezialitäten zählen bis heute Bienenstich und Schwarzwälderkirschtorte.*
www.schweizerhaus.net

Das gibt's heute noch

Kapstadt

EIN TRAUM VON EINER STADT

Dank ihrer einzigartigen Lage am Saum des Tafelbergs und des Atlantischen Ozeans
gilt die erste Kolonialsiedlung Afrikas inzwischen als eine der reizvollsten Metropolen
der Welt. »Mother City« nennen die Südafrikaner die älteste Stadt ihres Landes
liebevoll. Eine Reise war sie schon immer wert.

Von zwei Ozeanen und eindrucksvollen Landschaften umarmt, gilt die kleine, geschichtsträchtige Großstadt vielen als die »Perle Südafrikas« – und wegen ihrer historischen Rolle in der Entwicklung des modernen Südafrikas als »Mutter aller Städte«. Wenige Orte auf der Welt bieten eine so traumhafte Lage, die mit einer einzigartigen Vielfalt an Freizeitaktivitäten verbunden ist. Kein Wunder also, dass Cape Town schon früh auf der Agenda der beliebtesten Fernreiseziele auftauchte. Ein Holländer namens Jan van Riebeeck lieferte übrigens das legendäre »Sandkorn« für die Geburt der Stadt. Bald nach seiner Ankunft 1652 im Auftrag der Niederländischen Ostindien-Kompanie erweiterte diese ihre Aktivitäten in der Tafelbucht um Getreideanbau und Viehzucht. Ehemalige Mitarbeiter erhielten kleine Ländereien zur unabhängigen Bewirtschaftung. Nach diesen ersten weißen Farmern ließen sich im Lauf der Zeit weitere holländische, deutsche und französische Einwanderer am Kap der Guten Hoffnung nieder. Turbulenzen zu Lande erlebten Kapstadt und ganz Südafrika Anfang des 20. Jahrhunderts durch die immer stärkere Diskriminierung der nichtweißen Mehrheitsbevölkerung; Inzwischen macht die multikulturelle Gesellschaft zusammen mit seiner einzigartigen Natur den Reiz Kapstadts aus.

VICTORIA & ALFRED WATERFRONT

Wo heute Cafés, stylische Restaurants und teure Geschäfte das Bild prägen, lag früher Kapstadts Hafen. Zwischen 1860 und 1920 wurde er mit zwei nach der damaligen britischen Königin und ihrem Sohn benannten Hafenbecken ausgebaut. Dennoch war er bald zu klein für die modernen Containerschiffe und wurde geschlossen. Lange Zeit verrotteten Anlagen und Gebäude, bis Anfang der 1990er-Jahre das Projekt Waterfront geboren wurde. Heute bildet seine restau-

»Ich kann mich an keinen Morgen in Afrika erinnern, an dem ich aufgewacht bin und nicht glücklich war.«

(Ernest Hemingway)

rierte Industriearchitektur den stimmungsvollen Rahmen für Konzerte, auch ist er Anlaufpunkt für viele Jachten.

TAFELBERG

Er prägt nicht nur die Silhouette Kapstadts, sondern ist das wohl bekannteste Wahrzeichen Südafrikas. Und kein einzelner Berg, sondern ein – bis zu fast 1100 Meter hohes – Massiv. Sein Name geht auf den Erstbesteiger Antonio de Saldanha zurück, der ihn 1503 »Taboa do Cabo« (Tafel des Kaps) taufte. An seinem Osthang liegt das riesige Areal des National Botanic Garden. Seit 1929

Links: Die Kulisse von Kapstadt wird vom imposanten Tafelberg beherrscht. An seinen Hängen wächst eine einzigartige Flora, darunter auch Wein.

Unten: Nach dem Zweiten Weltkrieg nahm der Tourismus in Südafrika Fahrt auf (Titelblatt einer Reisebroschüre von 1949).

Oben: Farbenfroh – Bo-Kaap ist eines der malerischsten Stadtviertel von Cape Town.

Rechts: Der fotogenste Strand rund um Kapstadt ist Muizenberg mit seinen fast schon ikonischen, bunten Badehäuschen. Sie dienen als Umkleidekabinen oder auch zur Aufbewahrung von Surfboards.

verkehrt zu seinem Gipfel eine Gondelbahn – und während die Passagiere am Ziel die Aussicht genießen, betteln oft die Murmeltieren ähnelnden Klippschliefer um Futter.

LONG STREET

Ursprünglich führte Kapstadts von viktorianischer Architektur gesäumte »Lange Straße« bis ans Wasser; heute endet sie kurz vor dem Hafenbereich. An ihrem Saum reihen sich Edelboutiquen ebenso wie Läden mit Heilkräutern und magischen Pülverchen, Schnell-Imbisse, Gourmetrestaurants, schicke Hotels und billige Absteigen. Bereits 1809 eröffnete das erste Einzelhandelsgeschäft. In der Ära der Apartheid galt die Straße als Symbol für die Toleranz unter den diversen Volksgruppen.

BO-KAAP

Steile, schmale Gassen mit niedrigen, pastellfarbigen Häusern machen das Viertel, in dem heute die Nachfahren der im 17. und

18. Jahrhundert aus Indonesien, Sri Lanka, Indien und Malaysia verschleppten Sklaven wohnen, zu einem der malerischsten der Stadt. Mit dem Coon Carnival am 2. Januar erinnern sie in knallbunten Anzügen an ihren einst einzigen freien Arbeitstag.

Muizenberg Dank seines schönen Strandes entwickelte sich der Ort an der False Bay schon in viktorianischer Zeit für die Kapstädter zu einem beliebten Badeziel. Sogar Premierminister Cecil Rhodes besaß hier ab 1899 ein Haus. Von der Blütezeit der einstigen Signal- und Poststation der Niederländischen Ostindien-Kompanie zeugt auch der Backsteinbahnhof. Das 1930 für Prinz und Prinzessin Labia erbaute Herrenhaus, eine der vielen stattlichen Villen Muizenbergs, ist heute Teil der South African National Gallery.

Auf der Garden Route von Kapstadt nach Port Elizabeth fahren *Südafrikas berühmteste und landschaftlich reizvollste Straße verläuft rund 200 Kilometer zwischen Mossel Bay und Storms River entlang der buchtenreichen Küste des Indischen Ozeans. Unbedingt einen Stopp unterwegs lohnen Knysa und das Südwinter-Wal-Ziel Plettenberg Bay.*

Retro-Moment

Heute so gut wie damals

Twelve Apostel
Wie Sägeblattzähne ragen die Gipfel der Bergkette über Camps Bay auf der Rückseite des Tafelbergs empor. Den britischen Gouverneur des Kaps erinnerten sie 1820 indes an die zwölf Jünger Jesu, daher ihr Name. Am Saum des Massivs bieten zwei Straßen immer wieder Ausblicke auf die Felszacken – und den Ozean. Der sich am Meeresufer erstreckende Strand gehört zu den beliebtesten der Stadt.

Clifton *Vier durch Felsbrocken getrennte Traumstrände säumen die Bucht am Fuße des Berges Lion's Head. Clifton zählt zur Nobelgegend von Kapstadt und ist seit Langem ein beliebter Sommerfrischeort für die Bewohner der Parlamentsmetropole. Entsprechend zahlreich sind auch die mondänen Villen, die hier anzutreffen sind.*

Das gibt's heute noch

LUXUS IN DER WILDNIS

Urwald zum Greifen nah. Gepaart mit feinstem Komfort: Wer auf dem afrikanischen Kontinent eine Safarireise unternimmt, muss nicht mehr wie die ersten Abenteurer in einfachen Hütten- oder Zeltcamps übernachten. Zwar steht die Dusche mitunter noch immer unter freiem Himmel, hört man beim Einseifen Affengeschrei oder schaut auf Giraffen und Elefanten. Aber die Waschgelegenheit gehört zum privaten Badezimmer eines einsam gelegenen, luxuriösen Chalets. Selbstverständlich werden die Gäste der Lodges auch exquisit verköstigt. Manchmal serviert das Personal statt im Speiseraum auch im Boma, einem umzäunten Picknickplatz: Straußensteak vielleicht oder andere lokale Spezialitäten, begleitet auf Wunsch von einheimischem Wein oder Bier. Wie meinte schon Karen Blixen, die dänische Autorin des meisterlichen Romans »Jenseits von Afrika«: »Es gibt etwas bei einer Safari, das dich alle Sorgen vergessen lässt und dir das Gefühl gibt, du hättest eine halbe Flasche Champagner getrunken – ein Gefühl, das dich überschäumt vor tiefempfundener Dankbarkeit am Leben ...«.

Bild: Da fühlt man sich, als würde gleich Robert Redford um die Ecke kommen: Das »Woldewans Dune Camp« im Namibrand-Reservat bietet African Feeling pur.

Mauritius

FENSTER ZUM PARADIES

Schon im späten 18. Jahrhundert weckten die beiden Liebenden Paul und Virginie im gleichnamigen Roman von Jacques-Henri Bernardin de Saint-Pierre die Sehnsucht erster Europäer nach der Insel im Indischen Ozean. Aber auch eine kleine blaue Briefmarke sorgte für ihren Ruhm.

Seine Entstehung verdankt das landschaftlich vielgestaltige Tropeneiland zwei Vulkanausbrüchen, seinen heutigen Namen dem niederländischen Prinzen Maurits van Nassau. Aber es war der französische Gouverneur Bertrand-François Mahé de la Bourdonnais, der der abgeschiedenen Insel ab 1735 durch Gründung mehrerer Städte, darunter der heutigen Hafenmetropole Port Louis, zu Wohlstand und Bekanntheit verhalf. Er erlaubte unter anderem die Ausbeutung von Wäldern zur Gewinnung von Holz für den Haus- und Schiffbau und führte sowohl den Anbau von Zuckerrohr als auch von Kaffee ein. Gut eine Generation später adaptierte der Wissenschaftler und Botaniker Pierre Poivre Gewürze wie Pfeffer, Nelken, Muskatnuss und Zimt auf der Île de Maurice und ließ sogar erste Obstbäume pflanzen. Der Jardin de Pamplemousses geht auf ihn zurück. Heute ist die fast gänzlich von einem Korallenriff umgebene exotische Insel mit fischreichen Lagunen ein luxuriöses Ziel für Taucher und Strandliebhaber aus aller Welt.

PORT LOUIS

Drei Bergrücken bilden die Kulisse für die mauritische Metropole. Benannt nach Frankreichs König Louis XV. diente sie seit ihrer Gründung 1735 als Anlaufstelle für den Schiffsverkehr zwischen Europa und Asien. Daher herrscht in der Stadt noch immer ein bunter, vorwiegend französisch-indisch geprägter Kulturenmix. Das historische Einwandereramt Aapravasi Ghat zählt inzwischen sogar zum UNESCO-Welterbe. Auch die Märkte und die gesamte Architektur künden von der besonderen Lebensart.

GARTEN VON PAMPLEMOUSSES

Im Kern bereits 1736 vom damaligen französischen Gouverneur angelegt, zählt der Gar-

Die teuerste Briefmarke der Welt

An einer Stippvisite auf das Gelände des Einkaufszentrums Le Caudan Waterfront kommt wohl kein Besucher von Port Louis vorbei. Auch wenn man kein ausgesprochener Philatelist ist. Denn hier sind als Teil einer Sammlung zum historischen und kulturellen Erbe von Mauritius die wohl teuersten und berühmtesten Briefmarken der Welt ausgestellt. Allerdings werden die beiden Postwertzeichen aus dem Jahr 1847 immer nur kurze Zeit im Original dem Tageslicht ausgesetzt; ansonsten darf man nur Kopien bestaunen.

ten zu den ältesten seiner Art weltweit. Anfänglich wuchsen hier nur Gewürze, dann folgten Obst, Gemüse und Blumen. Heute birgt der »Jardin Botanique Sir Seewoosagur Ramgoolam«, wie die auf eine Fläche von gut 40 Hektar angewachsene Anlage offiziell heißt, mehr als 600 verschiedene Pflanzenarten aus aller Welt, darunter allein gut 80 verschiedene Palmen.

Links: Rund 160 Jahre, von 1810 bis 1868, gehörte Mauritius als Kronkolonie zum britischen Weltreich. Viel veränderten die Engländer in dieser Zeit nicht, nur den Tourismus lenkten sie in lukrative Bahnen. Entstanden doch ab den 1950er-Jahren zahlreiche Resorts für reiselustige Engländer, die noch heute mit Retro-Charme glänzen.

Unten: Die üppigen Auslagen auf dem Gemüsemarkt in Port Louis sind ein Fest für alle Sinne.

» **Zuerst wurde Mauritius geschaffen, dann das Paradies. Aber das Paradies war nur eine Kopie von Mauritius.«**

(Mark Twain)

EBONY FOREST RESERVE

Chamarels Ebenholzwaldreservat ist ein Schutzgebiet für die bedrohte endemische Flora und Fauna der Insel. Langfristig sollen 50 Hektar der ursprünglichen Waldfläche wiederhergestellt werden. In den vergangenen zehn Jahren wurden bereits mehr als 140 000 indige Pflanzen neu gesetzt und zwei der einheimischen, vom Aussterben bedrohten Vogelarten neu angesiedelt: die Rosa Taube und der Echositttich. Auf geführten Touren können Besucher die weitere Entwicklung des Ebenholzwaldes verfolgen. www.ebonyforest.com

ÎLE AUX CERFS

Direkt vor der Ostküste von Mauritius gelegen, kommt das runde, unbewohnte Eiland mit seinem üppigen Pinien-, Palmen- und Wiesengrün, den weißen Sandstränden und kristallklaren Buchten der Vorstellung vom Paradies recht nahe. Von Trou d'Eau Douce aus verkehren Schnellboote und Katamarane auf die »Hirschinsel«, die bislang mit zwei Strandrestaurants aufwarten kann und einen Golfclub mit Bubble-Lodges als Übernachtungsmöglichkeit ihr Eigen nennt.

Oben: Wer ein wenig Robinson spielen will, ist auf der einsamen Île aux Cerfs richtig.

Rechts: Ein Bild aus einer anderen Zeit: Zwei Touristinnen bestaunen 1972 die gesammelten Muschelschätze in einem Fischerboot. Heute ist die Ausfuhr von Riesenmuscheln aller Art streng verboten.

Eureka – La Maison Creole Mit ihren Möbeln, Fotografien und natürlich ihrer Architektur kündet die Kolonialvilla bei Moka vom herrschaftlichen Leben des 19. Jahrhunderts auf der Île de Maurice. Besuchern des Anwesens, zu dem auch ein großer Garten gehört, wird mittags auf der Terrasse auf Wunsch ein kreolisches Menü serviert.

Das gibt's heute noch

Souvenir, Souvenir

Zucker aus dem Zuckermuseum In der zum Museum umgewandelten alten Zuckerfabrik von Pamplemousses erfährt der Besucher nicht nur viel über die Rohrpflanzen-Süße. Am Ende des Rundgangs kann sie zudem verkostet und auch erworben werden, ebenso wie Rum, Honig und Konfitüre. www.aventuredusucre.com

Pferderennen in Port Louis Im Sommer 1812 eröffnete mit dem »Mauritius Turf Club MTC« auf dem ehemaligen Exerzierplatz der Inselmetropole die erste Pferderennbahn der südlichen Hemisphäre. Auf ihrem ovalen Kurs von knapp 1300 Meter Länge wetteifern noch immer regelmäßig edle Rösser um den schnellsten Zieleinlauf.

Heute so gut wie damals

Auf den Spuren von Charles Darwin Am 2. Mai 1836 machte sich der britische Naturforscher, wie er später in seinem Tagebuch notiert, auf zu dem im Rücken von Port Louis bis zu einer »Höhe von 2600 Fuß« aufragenden Berg Le Pouce. Inzwischen führen Wege auch von St. Pierre auf den dritthöchsten Inselgipfel.

Retro-Moment

Seychellen

ROBINSONADE

Gut 100 Inseln umfasst dieser Garten Eden mitten im Indischen Ozean nördlich von Madagaskar. Bei vielen Reisenden gelten sie ob ihrer herrlichen Strände und der üppigen, weitgehend unberührten Natur als die schönsten Eilande der Welt.

Knapp 100 000 Einwohner zählt der Seychellen-Archipel; das Gros davon sind Kreolen – Nachfahren europäischer Kolonisten und afrikanisch-stämmiger Sklaven – die auf der Hauptinsel Mahé leben. Hier liegen auch die Metropole Victoria, der von dichtem Regenwald geprägte Morne-Seychellois-Nationalpark und Strandperlen wie Beau Vallon und Anse Takamaka. Aufgrund ihrer geografischen Abgeschiedenheit wachsen auf der Inselgruppe – die zunächst den Namen »Île de l'Abondance« (Eiland des Überflusses) trug und später jenen des Finanzministers von König Ludwig XV., Vicomte Jean Moreau de Séchelles erhielt, noch immer seltene heimische Pflanzen wie die Coco de Mer und der Quallenbaum. Auch rare Tiere wie die Aldabra-Riesenschildkröte gehören zum üppigen Ensemble der Seychellen-Flora und -Fauna. Fast die Hälfte der gesamten Landfläche des Archipels steht unter Naturschutz – und neue Gebäude wie Villen, Hotels oder Ferienanlagen werden meist unter dem Gesichtspunkt ihrer ökologischen Verträglichkeit geplant.

VICTORIA

»Kleinste Hauptstadt der Welt« wird die nur ein paar Straßenzüge mit meist farbenfrohen Holzhäusern umfassende, von den dicht bewaldeten Trois-Frères-Bergen gerahmte Siedlung an der Nordküste Mahés oft genannt. An ihre Kolonialzeit erinnern besonders die Kathedrale und der einem Londoner Uhrturm nachempfundene Clock Tower. Hauptattraktion von Victoria ist aber wohl der Markt mit seinem reichen Angebot an tropischen Früchten, Gewürzen und lokalem Kunsthandwerk.

LA DIGUE

Nur per Boot ist das zehn Quadratkilometer messende Inselchen östlich von Praslin aus

»Nur wer sich auf den Weg macht, wird neues Land entdecken!«

(Hugo von Hofmannsthal)

erreichbar. Seine Buchten säumen hoch aufragende rötliche Granitfelsen, die mit den weißen Stränden, dem türkisblauen Meer und dem Grün der Kokospalmen ein prächtiges Bild abgeben. Beeindruckend ist auch die Szenerie des für die seltenen Paradiesfliegenschnäpper, einer endemischen Vogelart, eingerichteten Naturschutzgebiets Veuve. Autos sucht man auf La Digue übrigens vergebens; man geht hier zu Fuß, steigt aufs Fahrrad oder nimmt ein Ochsenkarren-Taxi.

Links: Felsen, Puderzuckerstrände und tief hängende Palmen – kein Wunder, dass die Seychellen zu den schönsten Inseln der Welt zählen.

Unten: Nostalgisch gehts in der Market Street in Victoria zu.

Oben: Ganz viel
Natur, aber auch rund
16 Villen, die weit-
gehend touristisch
genutzt werden, prä-
gen die Insel Frégate.

PRASLIN

Geprägt von einer dicht bewaldeten Hügel-
kette und palmengesäumten Stränden, die
nicht nur zu den schönsten des Indischen
Ozeans, sondern der ganzen Welt zählen,
wohnt der zweitgrößten Insel der Inneren
Seychellen ein besonderer Zauber inne.
Mehrere Flüsse bahnen sich durch ihren
Dschungel den Weg ins Meer; bilden an
den Mündungen Brackwasserlagunen und
Mangrovensümpfe. Ein Großteil des Insel-
inneren ist als Nationalpark ausgewiesen.
Hier liegt auch das Naturreservat Vallée de
Mai. Praslin ist neben Curieuse die Heimat
der Seychellenpalme (Coco de Mer.)

FRÉGATE

Nur die nackten Granitkuppen des Mont
Signal und des Au Salon ragen aus dem
dichten Dschungel von Mahagoni-, Mandel-
und Kautschukbäumen dieses Inselzwergs
empor. Im Westen schützen vorgelagerte
Korallenriffe seine traumhaften weißen
Sandstrände, von denen aus sich auch heute
noch Fregattvögel bei der Jagd beobachten
lassen. Nach ihnen benannte der französische Seefahrer Lazare Picault das von ihm
im 18. Jahrhundert entdeckte Eiland. Statt
Piraten halten sich heute nur Gäste eines luxuriösen Resorts auf der Île de Frégate auf.
www.fregate.com

Das gibt's heute noch

Museum L'Union Estate *Tiefe Einblicke in die Geschichte und den kolonialen Alltag auf den Seychellen bekommt man in dieser einstigen Kokos- und Vanillefarm auf La Digue. Wer das weite Museumsgelände nicht zu Fuß erkunden möchte, kann auch einen Ochsenkarren besteigen. Einst trieben die Tiere auch die Kopra-Mühle auf der Plantage an.*

In einem traditionellen Guesthouse übernachten *Sie nennen sich schlicht Maison, Pension oder auch Villa und Lodge, liegen oft eingebettet in üppige Natur und verfügen über nur wenige Zimmer. Es sind meist Einheimische, die diese kleinen Unterkünfte auf den Seychellen vermieten – in der Regel zu moderaten Preisen.*

Retro-Moment

Den Sir Selwyn Clarke Market besuchen *In den 1840 erbauten Markthallen Victorias türmen sich Bananen, Chutneys, Fisch, Kokosnüsse und allerlei weitere exotische Genüsse. Und im Obergeschoss bieten unter anderem Kunsthandwerker ihre Kreationen an – da findet sich sicher ein schönes Mitbringsel.*

Souvenir, Souvenir

Sansibar

WO DER PFEFFER WÄCHST

Pfeffer, Zimt und Vanille – Sansibar ist das historische Gewürzparadies vor der Küste Tansanias. In seinem tropischen Klima gedeihen aber nicht nur aromatische und Nutzpflanzen bestens, sondern angesichts der zahlreichen noch einsamen Strände auch romantische Träume.

Als Drehscheibe und Hafen nicht nur für Spezereien, sondern auch für Gold, Elfenbein und Stoffe spielten die Eilande zwischen Daressalam und Tanga schon früh eine wichtige Rolle für die Handelsströme des Indischen Ozeans. Im 10. Jahrhundert siedelten sich persische Händler auf Sansibar an, im 19. Jahrhundert der Sultan von Oman mit seinem Hof. Bis heute prägt der Einfluss diverser Kulturen den Alltag vor allem auf Unguja und Pemba, den beiden Hauptinseln des Archipels. An der Westküste Ungujas liegt das Hafenstädtchen Stonetown mit seinen verwinkelten Gassen, dem arabischen Fort aus dem 17. Jahrhundert und dem 1883 erbauten »Haus der Wunder«, einem Herrscherpalast, der nicht nur prächtig anzusehen ist, sondern auch als erstes Gebäude Ostafrikas über Elektrizität und sogar einen Aufzug verfügte. Von Stonetown aus sind die herrlichen Strände Ungujas bestens zu erreichen; die Fähre nach Pemba braucht allerdings mindestens einen halben Tag.

PEMBA

Wie eine Reise in die Vergangenheit mutet der Besuch dieses Eilands an: Üppige, urwaldähnliche Vegetation bedeckt die hügelige Landschaft, Eselskarren rumpeln über sandige Pfade und einsame Strände laden zu romantischen Spaziergängen ein. Ob ihrer fruchtbaren Erde wird die »grüne« Insel mancherorts auch landwirtschaftlich genutzt. Wer als Gast nach Pemba kommt, ist entweder Abenteurer, Individualist auf der Suche nach seinem persönlichen Robinson-Erlebnis – oder in den Flitterwochen.

MAFIA

Mitten in einem Meeresschutzgebiet gelegen, gilt das südlichste Eiland des Sansibar-Archipels noch immer als sein bestgehütetes Geheimnis. Kokospalmen, Cashewnüsse,

Papaya und Reis wachsen hier – und in den türkisfarbenen Inselgewässern schimmern Korallenriffe und lassen exotische Fischschwärme die Herzen von Schnorchlern oder Tauchern höherschlagen. Auch Wale und Walhaie leben im Mafia-Gebiet; sie schwimmen meist nur wenige Meter von der Küste entfernt.

Links: Auf einer Mini-Insel wenige Meter vor der Küste gelegen, mutet das Restaurant »The Rock« bei Ebbe besonders pittoresk an.

Das gibt's heute noch

The Rock *Lobster in allen Varianten, Oktopus, Fisch-Carpaccio und zum Nachtisch Kokosnuss-Tiramisu: So ungewöhnlich wie die Optik des weißen Inselfelsen-Häuschens nahe des Fischerdorfs Michamvi auf Unguja ist auch sein kulinarisches Konzept. Ein Traum passionierter Köche, der Wirklichkeit wurde.*
www.therockrestaurantzanzibar.com

Kaffee trinken *Nirgendwo schmeckt der Kaffee so besonders wie auf Sansibar. Das liegt an den Gewürzen, die ihm bei der Zubereitung zugesetzt werden: Zimt, Kardamom und eine gehörige Portion Pfeffer verstärken den Wachmacher-Effekt des Koffein-Shots.*

Heute so gut wie damals

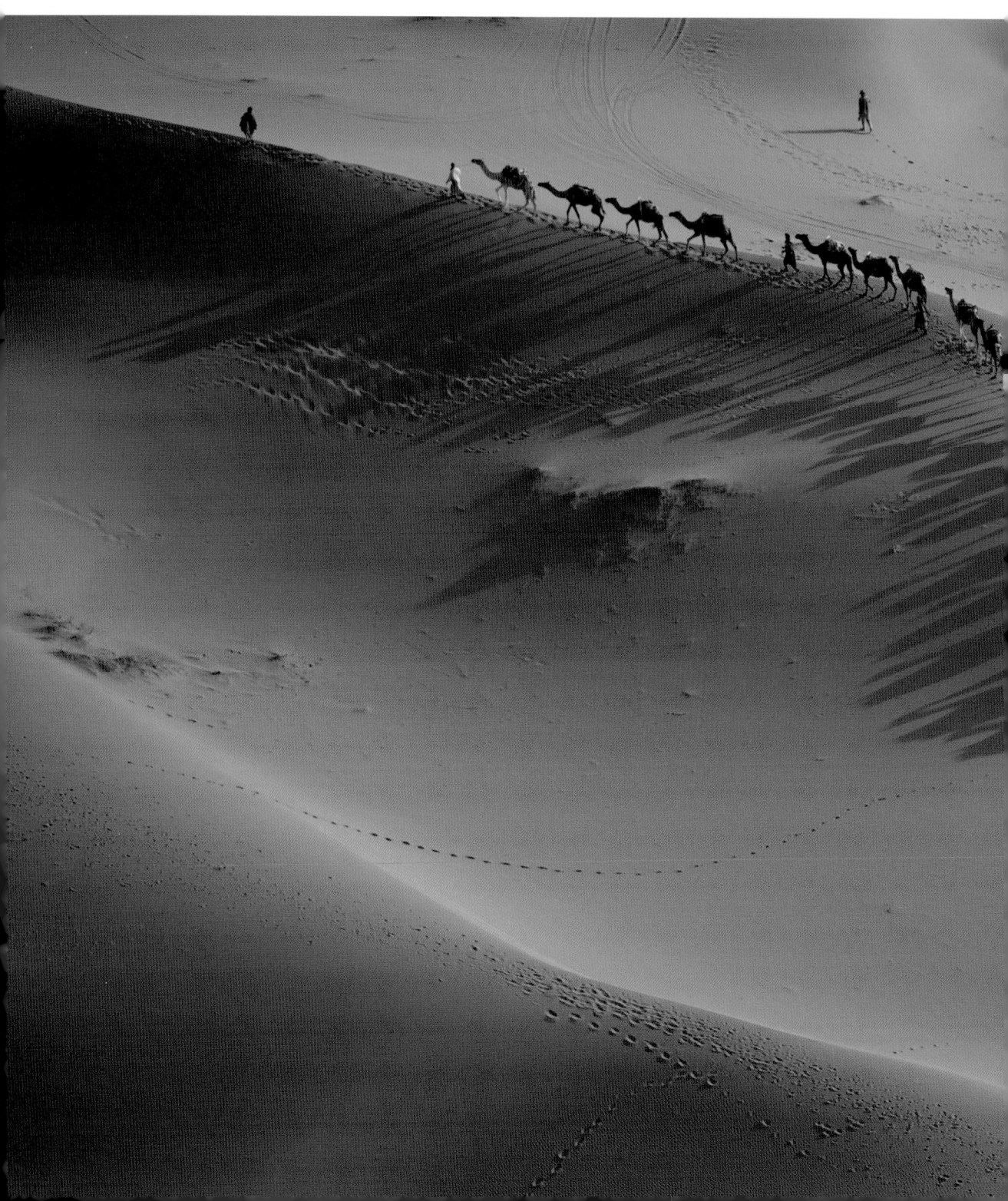

SAHARA

Kaum zu glauben, aber wahr: Mehrfach in den Jahrmillionen ihrer Geschichte war die größte Trockenwüste der Erde grün. Und zwar nicht nur um ein paar Oasen, an denen im Mittelalter die Salzkarawanen auf ihrem Weg nach Timbuktu rasteten, sondern fast auf ihrem gesamten Gebiet, an dem elf Staaten Anteil haben, von Marokko und Tunesien bis nach Ägypten. Mit der Trans-Sahara-Expedition der Jahre 1929/1930, zu der elf Männer in normalen Peugeot-Autos von Algier aus über den Hohen Atlas nach Süden aufbrachen, begann das Zeitalter des Wüstentourismus. Und auch die Filmindustrie trug maßgeblich zum Kult um die Wüste bei, entdeckte sie doch schon früh ihre kargen Landschaften als Kulisse. So drehte man bei Touzeur in Tunesien 1996 zahlreiche Sequenzen für »Der Englische Patient«; und der legendäre Weltraumbahnhof »Mos Espa« aus »Star Wars – die dunkle Bedrohung« (1999) droht inzwischen sogar im Sand zu versinken. Die Filmstadt zieht jedes Jahr Hunderte Fans aus aller Welt an. Auch das Monumental-Opus »Lawrence von Arabien« (1962) mit Peter O'Toole, das allerdings in der jordanischen Hamsa-Wüste gedreht wurde, trug maßgeblich zum Mythos der uralten Sandlandschaft bei.

Bild: Auf alten Pfaden – noch immer werden zwei Hauptrouten in der Sahara von Salzkarawanen begangen.

Agadir

WELLENRITT

»Perle des Südens« oder »Weiße Stadt am Meer« nennt sich Marokkos wohl schönstes
Seebad gern. Sogar das Königshaus besitzt zwei Paläste hier – denn auch
Mohammed VI. ist ein großer Fan der für ihren langen Strand und seinen Surfspot
bekannten Küstenstadt.

Bereits im 15. Jahrhundert unterhielten die Portugiesen in der Bucht von Agadir einen Stützpunkt, an dem ihre Schiffe vor der Atlantiküberquerung Frischwasser aufnehmen konnten. Wenig später ließ der damalige portugiesische Herrscher an dieser Stelle, nahe eines Fischerdorfs mit Getreidespeicher – auf Berberisch »agadir« –, das Fort Santa Cruz do Cabo de Aguer errichten, aus dem im Lauf der Zeit die prächtige Stadt Agadir erwuchs. 1960 wurde sie von einem verheerenden Erdbeben zerstört. Nur Teile der Kasbah blieben erhalten. Ein kleines Museum dokumentiert heute mit Fotografien und Texten den einstigen Glanz. Nur ein paar Spazierminuten südlich zeigt das gemütliche, von vielen Läden und Werkstätten geprägte Viertel Nouveau Talborit, dass auch das »neue« Agadir schon wieder schöne Traditionen und beliebte Ecken hat. Inzwischen ist es die Hauptstadt der Region Souss-Massa-Draâ und der wichtigste Hafen Südmarokkos. Am Banana Beach nördlich von Agadir vergnügte sich in den 1960er-Jahren übrigens auch schon Jimi Hendrix.

STRAND

Goldener Sand über fast zehn Kilometer: Die Strände von Agadir zählen zu den schönsten Marokkos. Eingerahmt von den Ausläufern des großen Atlasgebirges, säumen sie die Küste in weiten Buchten. Das milde Klima der Region sorgt für angenehme Wassertemperaturen. Hohe Wellen und steter Wind machen vor allem den Surfern Freude. Den Stadtstrand von Agadir säumen Cafés, Restaurants und Hotels; er zieht sich vom Jachthafen bis zum neuen Badedistrikt Cité Founty und dem Königlichen Palais.

AUSFLUG NACH TAGHAZOUT

Schon in den 1960er-Jahren entdeckten Hippies das Fischerdorf nördlich von Agadir; da-

Surferparadies Marokko Schon unter den Blumenkindern, die die entspannte Atmosphäre von Küstenorten wie Essaouira, Agadir, Taghazout oder Sidi Ifni im Sommer magisch anzog, waren auch passionierte Surfer. Inzwischen kommen echte Board-Freaks nur noch im Winter an Marokkos Atlantikküste, wenn sich das Meer unter teils stürmischen Böen aufbäumt. Die Surf-Gemeinde hat im Lauf der Zeit eine Vielzahl von Spots erschlossen; einer der jüngsten ist Sidi Kaouki.

nach kamen die Surfer. Der ganze Ort steht heute im Zeichen der bunten Boards und ihrer meist nicht weniger auffälligen Besitzer. Der Rhythmus der Surfer bestimmt das Leben in den schmalen Gassen der Altstadt mit ihren weiß und blau gekalkten Häusern, die inzwischen oft hippe Cafés bergen. Nur noch wenige Männer Taghazouts lassen regelmäßig ihre blauen Holzboote zu Wasser, um fischen zu gehen.

Links: Klimaverwöhnt (man spricht hier gern von 330 Sonnentagen im Jahr), in einer weiten Bucht mit breitem Sandstrand gelegen und das Ganze vor der Kulisse des Hohen Atlas – Agadir hat sich in den letzten Jahrzehnten zu einem international beliebten Seebad entwickelt. Besonders für die europäische Surferszene ist die Stadt ein wichtiger Hotspot – und das schon seit den 1960ern.

Jardim de Olhão *Mémoire*
Agadir heißt das kleine, in einem Park ansässige Museum, das an das Agadir vor dem Erdbeben von 1960 erinnert. Auch ein kleines Restaurant liegt im Grün der Anlage und eine Kinderbibliothek; beide erbaut im Berber-Stil.

Das gibt's heute noch

Essaouira

VOM WINDE UMWEHT

Zur Zeit der Portugiesen noch eine Festung namens Mogador, tauchte das im
18. Jahrhundert neu geplante Atlantikstädtchen dank Jimi Hendrix in den
1970er-Jahren auf Marokkos touristischer Landkarte auf. Inzwischen zählt es zum
Welterbe der UNESCO. Erfrischend ist es hier, denn stetig bläst ein Lüftchen.

Saint-Malo an der französischen Atlantik-küste, so heißt es, diente dem 1760 vom damaligen Sultan Sidi Mohammed Ben Abdallah beauftragten französischen Mathematiker und Militärarchitekten Théodore Cornut als Vorbild für die Anlage Essaouiras. So erklärt sich das europäische Flair des Zentrums mit seinen rechtwinkligen Grundrissen und weißen Häuserwürfeln. Sandfarbene Arkaden und rote Tore durchbrechen indes den geometrischen Wegeplan innerhalb der fast drei Kilometer langen, wuchtigen Stadtmauern und setzen orientalische Kontrapunkte. Dank seines Hafens, der Squala-Festung, zahlreicher Cafés und Restaurants, Souks, charmanter Gästehäuser, Kunstgalerien und Kunsthandwerksateliers verströmt Al Souira, die »Wohlgeplante«, eine ganz besondere Atmosphäre. Ihre weiten Strände und die winterlichen Winde lockten schon früh Surfer und Wellenreiter in das Städtchen, in dem die Fischertradition und der Bootsbau noch ebenso lebendig sind wie Marokkos Gospel, die Gnaoua-Musik.

ALTSTADT

Hinter der Porte de Marine, dem Hafentor, zieht sich längs der Küste Essaouiras Medina. Ihr Herzstück, der Moulay-Hassan-Platz, ist bei Einheimischen wie Touristen gleichermaßen beliebt: Nicht nur wegen seiner Imbiss-Stände, an denen frischer Fisch gegrillt wird, sondern auch, weil man von hier aufs Schönste den Sonnenuntergang beobachten kann sowie den tollen Blick auf die Festungsstadt und die Mogador-Inseln genießt. In den Kasematten der Squala haben Kunsttischler ihre Werkstätten; sie verarbeiten vor allem das Holz des Thujabaums.

STRAND

Fast direkt am Fischerhafen beginnt das breite Sandband, das sich über mehrere Kilometer bis nach Diabat und weiter nach Sidi Kaouki zieht, wo Jimi Hendrix einst »Castles Made of Sand« schrieb und sich heute Surfer an dem Zusammenspiel von Wind und Wellen erfreuen. Wer lieber an Land bleibt, den lädt die Strandpromenade zum Flanieren ein.

Links: Im Hafen von Essaouira fühlen sich nicht nur die zahlreichen Möwen wohl, auch Bootsbauer sind hier angesiedelt.

Das gibt's heute noch

Gnaoua-Festival Vier Tage lang verwandelt sich Essaouira während dieses musikalischen Volksfestes in ein brodelndes Szenarium aus 1001 Nacht. Hauptakteure sind mit ihren Lauten und Trommeln die Nachfahren westafrikanischer Sklaven aus dem mittelalterlichen Reich Gana, die Gnawa. www.festival-gnaoua.net

Am Hafen einer Fischauktion beiwohnen Meist schon frühmorgens kehren die Fischer mit ihrem Fang vom Meer zurück, den sie dann nur wenige Meter weiter direkt zum Verkauf anbieten. Wo genau, zeigt meist ein großer Möwenschwarm an, der sich auf die Reste freut.

Retro-Moment

Marrakesch

MÄRCHEN AUS 1001 NACHT

Von der alten Sultansstadt am Saum des Atlasgebirges geht ein ganz besonderer Zauber aus. Hinter ihren ockerroten Mauern paart sich das Flair von 1001 Nacht mit dem Luxus der Moderne. Morgenlandfahrer priesen sie einst als das »Paris der Sahara«, schon früh fühlten sich Reisende magisch von ihr angezogen.

Eine Schönheit wie keine zweite im Land: elegant und volkstümlich zugleich, von üppiger Natur, temperamentvoll, aber auch kontemplativ. Al Hamra, »die Rote«, ist der unbestrittene Star unter den Städten Marokkos. Einst ein wichtiger Knotenpunkt des Karawanenhandels, faszinieren ihre Souks nahe des legendären Gaukler- und Garküchenplatzes Djemaa el-Fna heute als die größten und lebendigsten des Landes. Die gesamte, von glanzvollen Palästen und stylish herausgeputzten Riads geprägte Medina zählt gemeinsam mit den Menara- und den Agdalgärten inzwischen zum Welterbe der UNESCO. Künstler aller Sparten erlagen schon früh dem Zauber Marrakeschs: Elias Canetti setzte ihr in den 1950er-Jahren ein literarisches Denkmal, der Maler Jacques Majorelle erwarb bereits zu Beginn des Jahrhunderts ein Stück Land am Saum des großen Palmenhains zum Bau seiner berühmten blauen Ateliers – und die amerikanische Band »Crosby, Stills and Nash« widmete der Oasenstadt in den 1960er-Jahren den Song »Marrakesh Express«.

SOUKS

Vom Saum des berühmten Djemaa el-Fna bis zur Medersa Ben Youssef erstreckt sich der Kern des geschäftigen, weitverzweigten Gassenlabyrinths mit seinen Händlern und Kunsthandwerkern. Ihre Läden und Ateliers, oft versteckt hinter dunklen Tordurchgängen, sind in Metier-Bezirke gegliedert; von Schmuck und Parfüm über Leder-, Metall- und Töpferwaren bis hin zu Teppichen, Gebäck und Gewürzen. Preise sind nur selten angeschrieben; handeln gehört zum Ritual zwischen Anbietern und Käufern.

DJEMAA EL-FNA

Gaukler und Garköche prägen heute den riesigen Platz, der seinen Namen »Versamm-

Schlafen wie eine Prinzessin Kleine Oasen hinter hohen Mauern, mit Wasser, Schatten – und in exquisitem Design. Paradiesisch! Ein kühler Innenhof, üppig begrünt, mit farbigen Zelliges-Kacheln ornamentreich gefliest und vom Plätschern eines Brunnens erfüllt: Solch »himmlische« Gärtlein bilden das Herz eines jeden »Riads«, jener historischen Stadthäuser, die inzwischen oft zahlende Gäste empfangen. Wie auch der einstige Palast des Königlichen Gartens Arsat el Mamoun, heute das Luxushotel La Mamounia.

lung der Toten« der einstigen Funktion als Hinrichtungsstätte verdankt. Inzwischen

Links: Wer Marrakesch erleben will, sollte unbedingt in einem der zahlreichen historischen Riads nächtigen. An die 1000 gibt es inzwischen, die meisten liegen in der Medina.

Unten: Im Labyrinth der Souks zielgerichtet seines Wegs zu gehen ist beinahe unmöglich. Am besten lässt man sich einfach treiben.

>>*Reisen macht einen bescheiden. Man erkennt, welch kleinen Platz man in der Welt besetzt.«*

(Gustave Flaubert)

Rechts: Das Hotel »La Mamounia« gab es schon im Jahr 1930, wie dieses historische Reiseplakat beweist.

Unten: Prächtig ausgebaut – die ehemalige Koranschule Medersa Ben Youssef wurde 1960 in ein Museum verwandelt und gehört zu den meistbesuchten Sehenswürdigkeiten in Marrakesch.

sprüht er vor allem am Abend vor Leben, wenn Wahrsager, Gnaoua-Musiker, Heiler, Henna-Malerinnen, dazu Geschichtenerzähler, Schlangenbeschwörer sowie Wasser- und Orangensaftverkäufer ihren Auftritt haben und es von den Imbiss-Ständen verführerisch herüberduftet. Wem der Trubel zu viel wird, beobachtet das Treiben von einem der Cafés am Saum des Platzes.

KOUTOUBIA-MOSCHEE

Ein großer Buchhändler-Souk breitete sich einst aus an der Stelle der bereits im 12. Jahrhundert erbauten Moschee. Von diesen Ständen der »kutubiyyin« hat sie ihren Namen. Ihr weithin sichtbares, fast 70 Meter hohes Minarett ist das Wahrzeichen der Stadt und wird jeden Abend angestrahlt. Es ähnelt der Giralda in Sevilla und stammt tatsächlich vom gleichen Baumeister. Das prächtig ausgestattete Innere der Moschee bietet Platz für 25 000 Gläubige.

MEDERSA BEN YOUSSEF

Sultan Abdallah el-Ghalib sorgte im 16. Jahrhundert für den prächtigen Ausbau der damals bereits geraume Zeit existierenden Koranschule und machte sie zur größten islam-theologischen Bildungsstätte jener Zeit. Bis zu 900 Studenten gab es hier einst; die letzten verließen das Institut 1960. Von der Vergangenheit der Medersa zeugen noch heute die kargen Zellen der Studenten und das reich mit Stuckarbeiten, Mosaiken und Schnitzarbeiten verzierte Gebäudeinnere.

Bahia-Palast *Marokkos beste Künstler und Handwerker arbeiteten Ende des 19. Jahrhunderts sechs Jahre lang am Bau und an der Ausstattung der weitläufigen, verschwenderisch dekorierten Anlage für den damaligen Großwesir Bou Hmad. Ihr Räume liegen verschachtelt um diverse Höfe, Herzstück ist der Cour d'Honneur.* **bahia-palace.com**

Das gibt's heute noch

Souvenir, Souvenir

Arganöl *Aus den Kernen der Früchte des Arganbaumes wird dieses »flüssige Gold« gepresst. Ursprünglich stellten Marokkanerinnen es per Hand her. Bis heute wird es sowohl zur Körperpflege wie zum Kochen verwendet.*

Lustwandeln unter Dattelpalmen in den Agdal-Gärten *Anfänglich standen auf Marrakeschs heute größtem und ältestem Grünareal nur Öl- und Orangenbäume. Sein heutiges Gesicht erhielt der ab 1157 angelegte Garten erst im 19. Jahrhundert; da funkelten aber bereits die Wasserbecken und es wuchsen Feigen, Mandeln, Granatäpfel, Reben und Datteln*

Retro-Moment

»Bleu Majorelle« aus dem Jardin Majorelle *Es war die Farbe der Tuareg-Kleidung, eines berberischen Wüstenvolkes, die den französischen Künstler Jacques Majorelle (1886–1962) so faszinierte, dass er dieses besondere, leicht violett schimmernde Ultramarin auch für Mauern seines Ateliers und seiner Villa in Marrakesch wählte. Offiziell heißt es übrigens »Bleu Guimet«.*

Heute so gut wie damals

Casablanca

SCHAU MIR IN DIE AUGEN, KLEINES!

Berühmt wurde Marokkos Wirtschaftsmetropole vor allem durch den gleichnamigen Filmklassiker von 1942 mit Humphrey Bogart und Ingrid Bergman in den Hauptrollen. Dabei blickt »Casa« auf eine mehr als 1000-jährige Geschichte zurück.

Ihre großzügige Anlage verdankt die legendäre Hafenstadt der französischen Kolonialmacht. Breite Boulevards sowie viele imposante Plätze und Parks bestimmen das Bild. Von der mittelalterlichen Medina sind zwar nur noch einige Mauerreste erhalten, aber in ihren Souk-Gassen pulsiert nach wie vor das Alltagsleben. Ebenso wie im kleinen, Anfang des 20. Jahrhunderts für europäische Bedürfnisse erbauten Marché Central. Mit Oberleitungsbussen konnten sich die Einwohner Casablancas schon früh in der Stadt bewegen; inzwischen erschließt eine moderne Tram ihr weitläufiges Areal. Eine Linie fährt sogar bis zur Küste. Vom Oststrand lässt sich hier bestens die berühmte Große Moschee bestaunen; im Westen liegen beliebte Lounges und Rooftop-Bars. Kein Wunder, dass Marokkaner wie Europäer schon lange überzeugt sind: An Casablanca führt kein Weg vorbei. »Tous se passe à Casa« heißt es; alles geschehe in dieser zugleich traditionellen und modernen Stadt. Sogar »Ricks Café« wurde hier von der cineastischen Fiktion zur Realität.

BOULEVARD MOHAMMED V

Gemeinsam mit Marokkos besten Handwerkern schufen französische Jugendstil- und Art-déco-Architekten das prächtige Bild dieser Straße zwischen dem Bahnhof Casa-Voyageurs und der Place des Nations Unies. Herausragende Zeugnisse ihrer Kooperation sind die Markthallen, die Handelskammer und das Postgebäude. Inzwischen lässt sich der Boulevard auch durch die Fenster einer modernen Straßenbahn bestaunen; Teile der historischen Achse sind Fußgängerzone.

RICKS CAFÉ

Von der Leinwand ins Leben: Kathy Kriger, einst US-Handelsattaché in Marokko und Fan des legendären »Casablanca«-Films mit Ingrid Bergman und Humphrey Bogart, ließ die Studio-Location des berühmten Cafés, in dem die leidenschaftlich verbundenen Protagonisten sich unter dramatischen politischen Umständen wiedertreffen, in einem alten Palais nahe des Hafens von Casablanca Wirklichkeit werden. Das Kino-Melodram läuft hier nun in Endlosschleife; und der Mann am Flügel spielt natürlich »As Time Goes By«. www.rickscafe.ma

AUSFLUG NACH RABAT

Knapp zwei Stunden dauert die Zugfahrt vom schon 1923 eröffneten Bahnhof Casa-Voyageurs in die von Art-déco-Bauten geprägte Ville Nouvelle der Landesmetropole. Keimzelle Rabats ist jedoch die jahrhundertealte Kasbah des Oudaia, hoch über dem Westufer des Bou Regreg. An sie grenzt die lebendige Medina mit ihren schattigen Soukgassen wie der Rue de Consul, eine beliebte Adresse auch bei den Rabati. Gleiches gilt für das Areal um den Hassan-Turm mit dem Mausoleum von König Mohammed V.

Links: Die meisten der Filmszenen von »Casablanca« wurden im Studio gedreht, auch das berühmte »Ricks Café« existierte nur als Kulisse. Es ist der Bar des Hotels »El Minzah« in Tanger nachempfunden. Heute kann sich die Stadt Casablanca aber tatsächlich eines Cafés dieses Namens rühmen (im Bild: Original-Filmplakat von 1942).

Moschee Hassan II. Fast scheint das riesige, von mehr als 3000 Handwerkern ausgeschmückte Gebetshaus über dem Meer zu schweben. Es ist das einzige Marokkos, das Nichtmuslime betreten dürfen, und fasst 25 000 Gläubige. Drei Mal so viele können zudem am Saum des gut 200 Meter hohen Minaretts beten.

Heute so gut wie damals

Tunis

WIE GEMALT

Wohl nirgendwo sonst in Nordafrika prallen Orient und Okzident so markant aufein-
ander wie in dieser Stadt. Medina-Gassen und Neustadt-Boulevards mit prächtigen
Art-déco-Bauten bilden einen spannenden Mix. Und auch berühmte Maler wie Paul
Klee oder August Macke ließen sich von Tunis und seiner Umgebung inspirieren.

»Ici la petite Sicile«, hier ist Klein-Sizilien, verkündet der Schriftzug über dem Eingang eines Lokals in La Goulette, dem Hafenviertel von Tunis. Und statt mit »salam« grüßen seine Bewohner einander oft noch mit »buongiorno«. Tatsächlich siedelten bereits im 18. Jahrhundert hauptsächlich Italiener in diesem Stadtteil; 1938 wurde hier die Schauspielerin Claudia Cardinale geboren. Welch ein Schmelztiegel Tunis von jeher war, zeigt sich bis heute auch in der inzwischen zum UNESCO-Welterbe zählenden Medina. Ihre Architektur inspirierte über Jahrhunderte Baumeister in der ganzen islamischen Welt. Am Saum ihres Gassengewirrs liegen fast auf derselben Straßenachse die Kathedrale, die Große Synagoge und eine wichtige Moschee. Nur ein paar Schritte weiter steht das Theater von 1902 und das Art-déco-Hotel »Majestic«; große Künstler waren hier zu Gast, darunter die französische Sängerin Edith Piaf. Vor den Toren der Landesmetropole beeindrucken die Ruinen von Karthago und das Künstlerdorf Sidi Bou Said, dessen Zauber schon Maler wie Paul Klee und August Macke erlagen.

MEDINA

Natürlich gewachsen über einen Zeitraum von mehr als 1500 Jahren, präsentiert sich die Altstadt hinter ihren Monumentaltoren als ein mehr als 250 Hektar großer Schmelztiegel. Italiener, Araber, Berber und Andalusier schufen in dem Gassengewirr ihre Häuser und Paläste, Moscheen und Medresen, Brunnen und Mausoleen – und natürlich die Souks, jene quirligen Straßenmärkte mit schmalen Läden, Werkstätten und Cafés, die bis heute bestehen.

GROSSE MOSCHEE

Mehrere Herrscherdynastien wirkten mit an der Gestaltung dieser islamischen Ge-

> *Die Sonne von einer finsteren Kraft. Die farbige Klarheit am Lande verheißungsvoll. Der Macke spürt das auch. Wir spüren, dass wir hier gut arbeiten werden.«*
>
> *(Paul Klee)*

betsstätte; der zweitgrößten ganz Tunesiens. Ihre Anfänge gehen zurück auf das 7. oder 8. Jahrhundert; die Säulenhalle umfasst mehr als 180 Kapitellpfeiler, vermutlich aus den Ruinen Karthagos. Schon im Mittelalter avancierte die Zituna-Moschee, wie sie offiziell heißt, zur Universität des Landes. Ob sie ihren Namen tatsächlich einem Olivenbaum verdankt oder dem heiligen Olivier, einem Mönch aus Ancona, ist nicht bekannt.

BARDO-MUSEUM

Berühmt ist das Sammlungshaus vor allem für das weltweit größte Konvolut römischer Mosaiken. Schon ab 1888 wurden

Ganz links: Angesichts der leuchtend weißen Häuschen mit ihren blauen Türen und Fenstern, die hoch über dem blauen Meer thronen, ist es kein Wunder, dass sich Maler wie Paul Klee oder August Macke schon früh von Tunis haben inspirieren lassen (im Bild: »Straße in Tunis« von Paul Klee, 1905).

Links: Tunis-Reiseplakat von Hugo d'Alési (1849–1906). Der gelernte Grafiker und Maler machte um 1900 vor allem durch seine in Chromolithografie oder Dreifarbdruck hergestellten Plakate mit tourismustypischen Motiven der Riviera, Côte d'Azur, Alpen oder der Pyrenäen von sich reden.

*Unten: Eines der Post-
kartenmotive aus
Tunesien: Das auf
einem Felssporn
thronende maurische
Bilderbuchstädt-
chen Sidi Bou Said
beeindruckt nicht
nur wegen seines
legendären »Café des
Nattes«.*

sie, gemeinsam mit anderen bis in die früh-
geschichtliche Zeit Tunesiens zurückrei-
chenden Funden, auf dem Areal der alten
Palaststadt des Bardo-Viertels ausgestellt. Inzwischen macht ein kühner Annex es möglich, sogar den »Triumph des Neptun«, einen
140 Quadratmeter großen Steinchenteppich,
eindrucksvoll zu präsentieren – und zwar
hängend, an der Stirnwand des lichtdurch-
fluteten Foyers. *www.bardomuseum.tn*

SIDI BOU SAID

»Ein Bergrücken, auf dem streng rhythmisch
weiße Formen wachsen.« So beschreibt der
Maler Paul Klee den Küstenort hoch über
dem Golf von Tunis. Mit August Macke und
Louis Moilliet war er 1914 von Marseille aus
unterwegs zum besonderen Licht auf der
anderen Seite des Mittelmeeres. Gemeinsam
genießt das Trio hier »die Leibhaftigkeit
eines Märchens« und sitzt bei Minztee mit

Pinienkernen im noch heute bestehenden,
von Macke festgehaltenen »Café des Nattes«. Sehenswert ist auch der Palast Dar En-
nejma Ezzahra mit seinen üppigen Gärten,
in dem sich heute ein Museum für Musikinstrumente befindet.

Karthago Heute ein nobler Villenvorort
von Tunis, vor Jahrhunderten jedoch Roms
Rivale um die Vormachtstellung im Mittel-
meerraum und erst nach drei Kriegen be-
zwungen, beeindruckt Qart-Hadašt selbst
noch als Ruinenfeld. Das archäologische
Ausgrabungsgelände der wohl schon um
800 v. Chr. von Phöniziern aus Tyros im
heutigen Libanon gegründeten Stadt zählt
heute zum Welterbe der UNESCO. Bereits
1874 verkehrte eine Eisenbahn von Tunis
nach Karthago, inzwischen verbindet die
Schnellbahn TGM Antike und Moderne.

Das gibt's heute noch

Palais Kheired- dine *Zwischen 1860 und 1870 auf Initiative des damaligen Minis- ters Kheireddine im Medina-Viertel Hafsia erbaut und im Lauf der Zeit mehrfach in seiner Optik und Funktion verändert, birgt das einstige Palast- gebäude heute das Stadtmuseum von Tunis.*

Dàtteln *Deglet Nour, die »Finger des Lichts« aus den Oasengärten von Tozeur bis Nafta, gelten als die besten. Kenner wissen, dass die südtunesischen Händler die durchscheinenden Palmfrüchte meist nicht in, sondern vor der Markthalle von Tunis verkaufen.*

Souvenir, Souvenir

Retro- Moment

Wasserpfeife auf der Dachterrasse des »El Mrabet« rauchen *Nahe der großen Zituna-Moschee eröffnete dieses familiäre Etablissement am Souk-et-Trouk im 17. Jahrhundert als erstes Café der Medina. Unter hohen Holzdecken oder freiem Himmel lässt es sich hier bestens und auf vielerlei Art genießen und ent- spannen, von morgens bis abends.* **elmrabet.tn**

Kairo

KÖNIGIN DES ORIENTS

Süchtig nach Bildern und Geheimnissen des Orients kamen nach Pilgern und Gelehrten ab Mitte des 19. Jahrhunderts die ersten Touristen in das Land der Pharaonen. Doch zu viel Exotik war nicht erwünscht: Nach Nilfahrt und Pyramiden-besuch erholte man sich beim Five o'clock Tea in den Luxushotels der Stadt.

Felix Fabri, ein deutscher Pilger, der 1483 Kairo durchquerte, beschrieb seine Erlebnisse in der Stadt ebenso enthusiastisch wie schon 100 Jahre zuvor der berühmte maghrebinische Gelehrte Ibn Khaldûn. Von Märkten, die überströmten von Waren aller Art, ist bei beiden die Rede, und von einer Atmosphäre, »als ob sich dort alle Freude der Welt versammelt hätte«. »Wer Kairo nicht gesehen hat, hat die Welt nicht gesehen«, so steht es schon geschrieben in den Geschichten von 1001 Nacht, der ältesten Erzählsammlung des Orients. 1841 eröffnete in einem ehemaligen Harem von Kairo dann das legendäre »Shepheard Hotel«, in dem erste Reisende aus Europa fortan europäische Verhältnisse in orientalischem Dekor wiederfanden – inklusive französischer Küche, Schweizer Zimmermädchen und jeder Menge Bediensteter. Dazu gab es Orchester und Fünf-Uhr-Tee – und man versprach sich laut Baedeker von 1914 Linderung von »Lungenschwindsucht, Asthma, Rheumatismus, Gicht und Schlaflosigkeit«.

ÄGYPTISCHES MUSEUM

Um der Plünderung archäologischer Schätze im Land Einhalt zu gebieten, gab Ägyptens Regierung schon 1835 den Auftrag für eine eigene Sammlung ägyptischer Kunstwerke. 1902 erhielt diese dann mitten in Kairo ihr eigenes prächtiges Domizil. Seit 2023 lautet die Adresse für das weltgrößte Konvolut ägyptischer Artefakte, zu denen auch die Schätze von Tutanchamun zählen, Gizeh. Dort entstand das spektakuläre Grand Egyptian Museum. Das alte Sammlungshaus soll aufwendig renoviert werden. *grandegyptianmuseum.org*

BAZAR KHAN EL-KHALILI

Mannigfache Gewürze, Stoffe, Parfüm, Teppiche, Schmuck, Antiquitäten und vieles

»Gegen den Sonnenbrand bediene man sich leichter seidener Tücher, die man um den Hut wickelt und über den Nacken herunterfallen lässt. Nach englischem Gebrauch haben Herren zum Dinner Frack und weiße Binde anzulegen.«

(Baedeker's Ägypten, 1897)

mehr: In den Gassen des wuseligen, schon im 14. Jahrhundert gegründeten Handelsmarkts lockt ein facettenreiches Angebot. Trotz teilweiser Modernisierung hat das Ensemble bis heute nichts von seinem Zauber verloren; noch immer lassen sich auch Teile der ursprünglichen, von großartigen Torbögen und Gewölbedecken geprägten Mamluk-Architektur entdecken. Von den einst drei Eingängen ist allerdings nur noch das Bab al-Gluri erhalten.

Links: Wie ein surreales Gemälde erscheint die Silhouette von Kairo mit den Pyramiden von Gizeh im Hintergrund.

Unten: Hotelgäste beim Dinner im legendären »Shepheard Hotel«, 1900.

ISLAMISCHES VIERTEL

Erbaut im 11. Jahrhundert, verströmt das weite Areal von Kairos Altstadt noch immer pralles historisches Flair. Paläste muslimischer Herrscher, prächtige Moscheen, der berühmte Khan-El-Khalili-Bazar und die zentrale Muski-Straße: Sie alle liegen in dem Dschungel der mittelalterlichen Gassen, in denen Schuster, Schneider, Sattler, Schmiede und viele andere Gewerke ihr Handwerk noch wie einst in kleinen offenen Werkstätten ausüben. Daneben preisen Händler ihre Waren an und in den zahlreichen Teestuben klackern die Backgammon- oder Dominosteine, während man beim Minztee zusammensitzt.

Oben: Das islamische Viertel ist das ursprünglichste ganz Kairos, viele Einheimische wohnen und arbeiten hier.

Rechts: Ab Mitte des 19. Jahrhunderts fand sich die feine europäische Gesellschaft zur Erholung in Ägypten ein (Titelblatt einer Reisebroschüre, 1923).

ZITADELLE & MOSCHEE

Bei klarem Wetter reicht der Blick von der ab 1176 erbauten Festungsanlage, in der heute zwei Museen untergebracht sind, bis zu den Pyramiden von Gizeh. Muhammad Ali Pascha machte sie Anfang des 19. Jahrhunderts zu seinem Regierungssitz und ließ dort auch die noch heute seinen Namen tragende große »Alabaster«-Moschee errichten. Ihre gut 80 Meter hohen, in den Himmel ragenden Stiftminarette entstanden nach türkischem Vorbild. Der 28 Meter hohe Uhrturm ist indes ein Geschenk des französischen Königs Louis Philippe.

Banque Misr *Schon Muhammed Ali, der Gründer des modernen Ägypten, hegte in seiner Amtszeit während der ersten Hälfte des 19. Jahrhunderts die Idee einer Nationalbank. 1920 wurde sie dank der Initiative der beiden Geschäftsleute Joseph Cattaui und Talad Harb Wirklichkeit. Allein das prächtige goldene Eintrittstor ist beeindruckend, das Jugendstilentrée toppt es noch mal.*

Das gibt's heute noch

Retro-Moment

Derwisch-Tänze in der El-Ghuri-Karawanserei bestaunen *Mehr als 500 Jahre alt ist der Komplex aus Koranschule, Brunnenstube und Mausoleum, in dessen unmittelbarer Nähe auch eine, heute als Kulturzentrum fungierende, »wikala« steht. Neben Theaterstücken umfasst das Programm der ehemaligen Händlerunterkunft auch die Vorführung von Sufi-Riten.*

El Fishawy *Kairos ältestes Café liegt inmitten des Khan-el-Khalili-Bazars. Seine Gäste sitzen in einer Kulisse aus riesigen Spiegeln, alten Fotos und funkelnden Deckenleuchten. Sogar Nagib Machfus, der 1911 in Alt-Kairo geborene erste arabischsprachige Literaturnobelpreisträger, schlürfte hier gern seinen Tee.*

Heute so gut wie damals

PYRAMIDEN VON GIZEH

Schon im 19. Jahrhundert faszinierten die majestätischen Pharaonengräber von Cheops, Chephren und Mykerinos erste Touristen. Allerdings riet der Baedeker-Band »Ägypten« von 1897 dringlich bezüglich des Besuchs: »Man wähle einen hellen, windstillen Tag, bleibe wenigstens bei starkem Winde zuhause, da der wehende Sand höchst unangenehm ist. Zum Schutze gegen die grelle Sonne ist die Mitnahme von Schirmen und rauchfarbenen Brillen zu empfehlen. Für den Besuch im Inneren sind eine Magnesiumlampe und Kerzen erforderlich.« Errichtet wurden die gewaltigen Bauten im 3. Jahrtausend v. Chr. Durchschnittlich zwei Tonnen wiegen die Blöcke, aus denen die Cheops-Pyramide aufgehäuft ist. Einst fast 280 »Königs-Ellen« hoch (circa 147 Meter), misst sie heute knapp ein Zehntel weniger – denn im Mittelalter bedienten sich die Baumeister Kairos an ihrem Steinvorrat. Daher ist die benachbarte Pyramide des Chephren nun Spitzenreiter des Trios. Östlich von ihm ruht der imposante, aus einem Kalksteinfels gehauene Sphinx, die berühmteste der Löwenfiguren in ganz Ägypten.

Bild: Heute streng verboten, aber für Ägypten-Touristen der früheren Zeit war die Besteigung der Cheops-Pyramide einer der Höhepunkte jeder Orientreise (Aufnahme um 1920).

Rotes Meer

BEYOND THE SEA

Seine von flachen Traumstränden gesäumten Ufer gelten als Ägyptens Riviera und
seine Unterwasserwelten als einmalig. An nur wenigen Stellen der Welt liegen Wüste
und paradiesische Meerestiefen so nah beieinander wie am Roten Meer.

Mehr als 2000 Kilometer lang und bis zu 3000 Meter tief erstreckt sich das schmale Nebenmeer des Indischen Ozeans zwischen Ägypten, Eritrea, Sudan, Saudi-Arabien, Jemen und Dschibuti. Über die Herkunft seines Namens gibt es verschiedene Theorien: Zum einen ist hier die Blaualge heimisch, deren Blüte die Wasseroberfläche rötlich schimmern lässt. Zum anderen leuchten auch die Uferfelsen in einem Rostton. Persische Seefahrer wiederum benannten einst die Himmelsrichtungen nach Farben – und Rot stand für Süden, wo das noch heute wichtige Transportgewässer aus ihrer Sicht lag. Wie dem auch sei: Auf der Höhe Ägyptens sind die Küsten des Bahr el Ahmar am besten touristisch erschlossen. Vor allem von den Stränden von Sharm El Sheikh aus gelangen Tauchbegeisterte einfach in die artenreiche Unterwasserwelt. Sie beherbergt mehr als 200 Korallenarten und eine Vielfalt an Fischen und anderen Tieren. Manta-Rochen zählen ebenso dazu wie Seekühe. Manchmal braucht es für ihre Beobachtung nicht mal Neoprenanzug und Taucherflasche, sie lassen sich einfach per Schnorchel schon entdecken.

SHARM EL SHEIKH

Dank seiner Korallenriffe und kilometerlangen, geschützten Sandstränden entwickelte sich das einstige Fischerdorf am Südzipfel der Sinai-Halbinsel ab den 1970er-Jahren zu einem exklusiven Urlaubsziel. An seiner palmengesäumten Promenade längs der glasklaren Naama-Bucht liegen zahlreiche Bars und Restaurants; luxuriöse Hotels und Resorts empfangen eine internationale Klientel.

HURGHADA

Um seinen historischen Kern El Dahar mit traditionellen Cafés und Souks dehnte sich

Ausflug ins Tal der Könige Gut 200 Kilometer trennen das westliche Ufer des Roten Meeres von Luxor, in der die berühmte altägyptische Nekropole liegt. Mehr als 60 meist hochherrschaftliche Grabstätten wurden bislang hier gefunden, darunter auch jene von Tutenchamum, Hatschepsut und mehrerer Pharaonen. Schon ab dem 19. Jahrhundert – im Zuge des Ägypten-Reisebooms – machten Reisende hier Halt. Dichter Rainer Maria Rilke sah 1911 mit erhabenem Schaudern »diese unerbittlich großen Dinge Ägyptens, mit denen man sich gar nicht einlassen sollte«.

der Küstenort im Laufe der Zeit auf ein Gebiet von fast 40 Kilometer aus – vom Jachthafen El Gouna bis zum Mini Egypt Park. Im modernen Stadtbezirk Sekalla künden zahlreiche Tauchschulen und -geschäfte von der bei Hurghadas Gästen beliebten Erkundungslust an der faszinierenden Unterwasserwelt am Nordwestufer des Roten Meeres.

Links: Sharm El Sheikh zählt zu den legendärsten Tauch- und Schnorchelrevieren der Welt. An kaum einem Ort der Erde ist die Unterwasserwelt so vielfältig und bunt wie hier am Roten Meer.

Schnorcheln im Nationalpark Ras Mohammed *Mit seiner artenreichen Meerestierwelt um das Shark- und Yolanda-Riff und dem Wrack des 1941 gesunkenen Frachters »Thistlegorm« ist der etwa 50 Kilometer südlich von Sharm El Sheikh liegende Nationalpark ein echtes Paradies für Unterwassersportler.*

Heute so gut wie damals

NILKREUZFAHRT

Schon Thomas Cook, der britische Erfinder der Gesellschaftsreise, organisierte luxuriöse Schiffstouren bis nach Luxor und Assuan. 1880 erhielt er die Konzession für den gesamten Touristenschiffsverkehr auf dem Nil; vier Jahre später begann er eine eigene Dampfschiffflotte aufzubauen. Die ersten drei Boote wurden in Einzelteilen in Schottland gefertigt und in Kairo zusammengesetzt. Immer mehr Touristen kamen, um den »Strom des Lebens« und die Schätze an seinen Ufern während einer Kreuzfahrt kennenzulernen – sodass der Baedekerband »Ägypten« von 1897 riet: »Man sorge bei Zeiten für gute Reisegefährten, namentlich als Schlafgenossen in den Kabinen«. Mit dem Einsatz schnellerer Schiffe zu Beginn des 20. Jahrhunderts begann dann die Blütezeit der Nilkreuzfahrten. Eines der damaligen Schiffe, die »Sudan«, verkehrt noch heute. 1933 reiste auf ihm, gemeinsam mit ihrem zweiten Ehemann, einem Archäologen, die britische Krimiautorin Agatha Christie – und fand an Bord den Stoff für ihren berühmten Roman »Tod auf dem Nil«.

Bild: Eine Nilkreuzfahrt dauerte einst mindestens drei Wochen, während derer die Reisenden die vorbeiziehenden Ruinen am Ufersaum und die Weite der Wüste genossen (Aufnahme von 1936).

EUROPA

Ob Brighton, Rimini oder Wörthersee – vieles haben sie zu erzählen, die legendären europäischen Urlaubsorte, in denen der Fremdenverkehr eine so lange Historie hat, dass man mitunter bis ins 18. Jahrhundert zurückblicken muss, um hier die ersten Reisepioniere anzutreffen. Wunderbare Geschichten und Anekdoten ranken sich um Orte wie Madeira, Karlsbad oder Davos. Um eine Zeit, als man noch mit Reifröcken am Strand von Scheveningen spazieren ging und Brigitte Bardot den Männern an der Côte d'Azur den Kopf verdrehte. Viele der einstigen Spuren lassen sich dabei auch heute noch entdecken: wonnevolle Retro-Momente, die den Reisenden mit einem Hauch von Nostalgie umwehen und von einer Ära erzählen, als die kroatische Küste noch »österreichische Riviera« hieß und man zu »Marina, Marina« im Hafen von Portofino tanzte.

Bild: Die Akropolis in Athen – schon seit dem 19. Jahrhundert ein Klassiker des griechischen Sightseeings (Aufnahme von 1969).

Madeira

INSEL DES EWIGEN FRÜHLINGS

Als »Schwimmender Garten im Atlantik« wird Madeira oft gerühmt. Das milde Klima
der Insel bewog britische Weinhändler ebenso wie Österreichs Kaiserin Sisi, hier
Quartier zu nehmen. Madeiras Lage auf den großen Schiffsrouten zwischen Europa,
Afrika und Südamerika prägt bis heute ihren Charakter.

Kolumbus kam als Zuckerrohrkäufer, arabische Sklaven begannen mit dem Bau künstlicher Wasserläufe, Heinrich der Seefahrer sorgte für die Pflanzung erster Reben, deren Pflege zunächst Jesuitenpriestern und später englischen Geschäftsleuten oblag, die sich auf Madeira vornehme Landsitze bauten und für die Keimzellen der heutigen Gartenpracht auf der Insel sorgten. Auch das erste Luxushotel Madeiras ist einem Bürger Großbritanniens zu verdanken – bis heute zeugt das »Reid's« von der ersten touristischen Blüte der Insel im frühen 19. Jahrhundert. Außer in der Hauptstadt Funchal gab es damals keine Straßen. In Weidenkorbschlitten rutschte man von den Bergen hinab zum Meer. Mühsam betrieben die Bauern auf den steil in den Atlantik abfallenden Hängen ein wenig Landwirtschaft; Fischer suchten Thunfischschwärme zu orten. Viele Madeirer machten sich aber auch auf, um ihr Glück in anderen Ländern jenseits des Horizonts zu suchen. Die es fanden, setzten bei der Rückkehr deutliche Zeichen.

FUNCHAL

Fischer und Handwerker lebten ursprünglich in den schmalen Gassen zwischen der Meeresfestung São Tiago und dem Ufer des Ribeira de João Gomes. Heute bergen die mehr als 500 Jahre alten Häuser in und um die zentrale Rua Maria vor allem kleine Restaurants und Läden, oft mit kunstvoll bemalten Türen. Üppige Goldschnitzereien zieren indes die 1514 geweihte Kathedrale – und auf dem Mercado dos Lavradores, über dem inzwischen die Seilbahn nach Monte schwebt, bezaubert die Pracht von Früchten und Blumen das Auge.

JARDIM BOTÂNICO DA MADEIRA

Ab den 1960er-Jahren auf dem Areal der Quinta do Bom Sucesso angelegt, dem

Sisi & Churchill Von Kolumbus über John dos Passos bis zu Cristiano Ronaldo – Madeira weist in seiner Geschichte eine Vielzahl berühmter Besucher und Bewohner auf. Die Kaiserin von Österreich kam erstmals 1860 auf die Insel, an Bord der Jacht der Königin von England. Sisi verbrachte den ganzen Winter in Madeiras mildem Klima, logierte in der damaligen Quinta da Vigia, später im »Reid's«. Auch Winston Churchill schätzte die Madeira-Wärme; der englische Premierminister griff 1950 während seines Urlaubs häufig in Câmara de Lobos zu Pinsel und Leinwand.

einstigen Landsitz der Hoteliersfamilie Reid, sprießen auf dem acht Hektar großen Hanggelände inzwischen mehr als 2500 der schönsten tropischen und subtropischen Gewächse. Zwischen ihnen gibt es auch einen kleinen Vogelpark, und das Quinta-Gebäude birgt ein Naturkundemuseum. Zudem bieten sich von der Höhe des Botanischen Gartens, den eine Seilbahn mit dem Bergort Monte verbindet, herrliche Ausblicke über Funchal und das Meer.

Links: Bunte Vielfalt und eine atemberaubende Aussicht begeistern im Botanischen Garten von Funchal.

Unten: Im Winter 1860 reiste Kaiserin Elisabeth von Österreich auf die Atlantikinsel Madeira, um hier ihren Husten auszukurieren. Ein Denkmal in Funchal erinnert noch heute an den kaiserlichen Aufenthalt.

»durstigen« Zuckerrohrs jenem von Wein wich, wurden mithilfe maurischen Wissens immer mehr Levadas in die Hangfelder gegraben oder in den Fels gehauen. Heute erfreut das Netz der künstlichen »Wasserbringer« mit seinen schmalen Pfaden für den »levadeiro«, den Verteiler und Kontrolleur des kostbaren Nasses, vor allem Wanderer.

SANTANA

Typisch für den Ort, der hoch über dem Meer thront, sind ganz besondere Häuschen. Ihr spitzgiebeliges, mit Stroh gedecktes Dach reicht fast bis zum Boden; darunter sind Küche und Stube in äußerster Beengtheit untergebracht. Heute sind sie eine Touristenattraktion, einige von ihnen wurden zu Ferienhäuschen umgebaut. Wer möchte, kann jeden Mittwoch, Samstag und Sonntag vom Ortsrand mit einer kleinen Seilbahn die schroffe Steilküste hinunter zum Naturreservat Rocha do Navio fahren. Unterwegs gibt es spektakuläre Ausblicke.

LEVADAS

Schon im 15. Jahrhundert brachte ein erster schmaler Kanal Quellwasser von den Bergen Madeiras hinab zur Küste. Bis der Anbau des

Oben: Levada-Wanderungen führen durch die schönsten Naturlandschaften Madeiras.

Rechts: Wie eh und je sind die »carreiros« mit ihren rasenden Korbschlitten die Nostalgie-Attraktion in Funchal.

Handstickarbeiten *Zart und kunstvoll ranken sich Blüten- und Rispen-Motive: mal zieren sie die Mitte, mal den Saum von Tischdecken, Servietten, Schals oder Taschentüchern. Viele Stunden brauchen die »bordadeiras« für eine traditionelle Lochstickerei – eine historische Kunst, deren Werke es nicht für eine Handvoll Euro gibt.*

Souvenir, Souvenir

Das gibt's heute noch

Reid's Palace *Dichter und Könige, Leinwandstars und Polarforscher, Kaiserin Sisi und Prinzessin Stephanie von Monaco: sie alle gaben der 1891 auf einer Klippe oberhalb von Funchal eröffneten Nobelherberge des Schotten William Reid schon die Ehre. Im üppigen Hotelgarten lustwandeln heute die Gäste wie einst.* **www.belmond.com**

Retro-Moment

Mit dem Korbschlitten abwärts *Erst braucht es einen Schubs. Für den sorgen zwei Männer, die »carreiros«. Sie bringen den »cesto« in Fahrt, steuern ihn gekonnt, wie ihre Vorgänger schon Anfang des 19. Jahrhunderts, vom Bergort Monte zu Tal nach Funchal. Über knapp zwei Kilometer rutscht das Kufen-Gefährt dabei mitunter recht rasant über den Asphalt.*

Biarritz

NAPOLEON LÄSST GRÜßEN

Victor Hugo beschrieb das einstige Walfänger- und Fischerdorf am Golf von Biskaya
bereits 1843 als »charmanten und prächtigen Ort«, fürchtete aber bereits da, dass er
in Mode kommen würde. Da Napoleons Gattin Biarritz wenig später zu ihrem
Lieblingsbad erkor, ließ der Zustrom der Besucher nicht lange auf sich warten.

Gekrönte Häupter aus ganz Europa reisten dank des französischen Kaiserpaares während der Belle Époque regelmäßig an die Küste nahe der spanischen Grenze und leiteten damit die touristische Blüte von Biarritz ein. So manches Hotel erinnert noch heute an diese Zeit, in der Coco Chanel ihr zweites Modegeschäft am Atlantik eröffnete und bis 1922 mit Großherzog Dimitri Pavlovitsch häufig Gast in einer der vielen russischen Villen der Stadt war. Auch Charlie Chaplin, Pablo Picasso und Winston Churchill konnte das Seebad willkommen heißen – das ob all der Berühmtheiten bald im Ruf der Exzentrik stand. Denn der durchbohrte Jungfrauenfelsen mit seinem neuen Steg und der Art-déco-Bau des Musée de la Mer riefen bei vielen anfänglich nur Kopfschütteln hervor. Gleiches galt für die kühnen Männer, die sich auf einem langen Brett stehend in die Atlantikwellen wagten. Ganz nostalgisch geht es desweilen im Musée Historique de Biarritz zu, das sich ganz dem goldenen Zeitalter der Stadt widmet, als die Damen noch in Reifröcken barfuß am Strand flanierten.

GRANDE PLAGE

Schon viele Namen trug der Postkartenstrand zwischen dem Hôtel du Palais und dem Rocher du Basta: »Plage de l'Impératrice«, nach Napoleons Gattin, Kaiserin Eugénie; »Place Central« wegen seiner nahen Lage zu Hotels, Restaurants und Geschäften – und Anfang des 19. Jahrhunderts »Plage des Fous«. Denn hier versuchte man mit Meeresbädern psychisch Kranke zu heilen. Sein goldenes Sandband, der Uferpark und der schattige Quai de la Grande Plage sorgen noch heute für das Wohlbefinden aller.

ROCHER DE LA VIERGE

Bis ihn Napoleon III. für den Bau eines Schutzhafens und Deichs durchbohren ließ,

war der Felsen eine Halbinsel, trug den Namen Cucurlon und diente den Fischern als Beobachtungspunkt. Seit 1863 verbindet ihn ein 75 Meter langer Steg mit der Küste. Die Bezeichnung »Jungfrauenfelsen« geht ebenfalls zurück auf diese Zeit: Damals wurde die schneeweiße, geweihte Statue einer Madonna mit Kind aufgestellt. Von der Spitze des markanten Riffs reicht der Ausblick über die Bucht von Biarritz bis zu den Pyrenäen.

Surfing à la France Auf dem Bauch liegend oder auf einer kleinen gebogenen Sperrholzplanke (»Planky«) in die Wellen gleiten: das kannte man in Biarritz seit Langem. Aber aufrecht, auf einem langen Brett stehend? Das wurde erst in den 1950er-Jahren populär, als mit einem Filmteam aus Hollywood auch ein »longboard« an den Atlantik gelangte. Drehbuchautor Peter Viertel probierte es mühsam aus. Schon bald mehrten sich die Fans dieses neuen Surfbretts und es wurde vor Ort nachgebaut. Europas erster Surfspot war geboren.

Links: Diese Kulisse ist eindeutig – Biarritz gehört zu den berühmtesten Seebädern Frankreichs.

Unten: Schon seit den 1950er-Jahren ist Biarritz aus der Surferszene nicht mehr wegzudenken.

MUSÉE DE LA MER

Schon Ende des 19. Jahrhunderts schlug der Malakologe und Expeditionsreisende Alexandre de Folin ein ozeanographisches Studienzentrum in Biarritz vor. Doch erst Anfang der 1930er-Jahre konnte das »Musée de la Mer« nahe des Rocher de la Vierge seine Pforten öffnen. Inzwischen wurde das Art-déco-Gebäude mehrfach erweitert. Auf seinen heute mehr als 7000 Quadratmetern veranschaulicht es sowohl die Charakteristika von Nordatlantik und Golfstrom als auch jene des Karibischen Meeres und des Indo-Pazifischen Ozeans.

Oben: »Sonnenschirme mit Leuchtturm« könnte dieses sommerliche Stimmungsbild aus Biarritz heißen.

Rechts: Auch historische Taucheranzüge kann man im Musée de la Mer bewundern.

PHARE DE BIARRITZ

1834 wies der Leuchtturm von Biarritz erstmals den Schiffen den Weg. Und bis heute ist er ein Wahrzeichen der Stadt. Unweit des Grande Plage steht er auf einer felsigen Aus-buchtung. Schlank und schneeweiß ragt er über 70 Meter hoch in den Himmel. In seinem Inneren winden sich 248 Stufen empor – und es lohnt sich, diese zu überwinden. Denn von oben bietet sich ein einmaliger Blick über Biarritz und das Meer.

Besuch in der »Bar de la Côte« *Meeresrauschen und ein grandioser Ausblick auf den legendären Surf-Strand Côte des Basques: bei einem Drink, Lunch oder Dinner auf der Terrasse des Art-déco-Palastes, der einst als Badeanstalt diente, lässt sich bestens die Zeit vergessen.* www.bardelacotedesbasques.com

Retro-Moment

Wellenreiten *Seinen Ursprung hat diese besonde-re Begegnung von Mensch und Meer auf Hawaii. Dort glitt man schon früh auf einem schlichten Brett stehend durch die Wellen. Ab den 1950er-Jahren begeisterten sich dann auch viele US-Amerikaner für den »Ritt« auf dem Ozean und bald wurde er auch in Europa zu einem echten Trendsport.*

Heute so gut wie damals

Hôtel du Palais *Um seine Gäste stilvoll empfangen zu können, ließ Napoleon III. an der von seiner spanischen Gattin Eugénie geliebten Küste 1855 eine Villa erbauen, die ihren Namen trug. Um 1880 wurde der kaiserliche Sommersitz verkauft und umgewandelt in ein Casino-Hotel. Heute eint das Hôtel du Palais Tradition und Moderne.* hoteldupalaisbiarritz.com-hotel.com

Das gibt's heute noch

Saint-Tropez

PERLE DER FRANZÖSISCHEN RIVIERA

Zwanzig Genueser Familien legten ab 1540 den Grundstein für die Wiederbelebung des ob seiner strategischen Lage zuvor vielfach angegriffenen und zerstörten Küstendorfs. Gut vier Jahrhunderte später erlangte Saint-Tropez dank Brigitte Bardot Filmruhm. Seither zieht es den internationalen Jetset und seine Fans magisch an.

Wie kein anderer Ort an der Côte d'Azur verkörpert Saint-Tropez spätestens seit Mitte der 1950er-Jahre den Traum vom »süßen Leben«. Damals drehte Roger Vadim hier den Film »Und ewig lockt das Weib« mit Brigitte Bardot. Als natürliche Kulisse der frivolen Liebesgeschichte nutzte er unter anderem den langen, feinsandigen Strand von Pampelonne. Dessen mondäne Bars und Clubs festigen, wie auch die Luxusjachten im Hafen, bis heute den weltweiten Ruf von »Saint-Trop« als Tummelplatz der Reichen und Schönen. Bereits lange vor ihnen ließen sich Maler wie Signac, Seurat, Bonnard oder Matisse vom Charme des Städtchens im Süden einer weiten, tief ins Land eingeschnittenen Bucht inspirieren. Ihre Strände sind übrigens, trotz des hohen Promi-Faktors der unmittelbar angrenzenden Grundstücke, frei zugänglich für jedermann. Ebenso wie die zahlreichen Regatten, deren Rahmenprogramm wie Modeschauen, Streetfood und Live-Musik die Marina zur Festivalzone werden lässt.

ZITADELLE

Kaum fertiggestellt, widerstand die Hochburg 1637 dem Angriff von mehr als einem Dutzend spanischer Galeeren und verteidigte auch in den folgenden Jahrhunderten mehrfach den strategisch wichtigen Hafen von Saint-Tropez. Die Festungsanlage besteht aus einem sechseckigen Zentralbau mit Innenhof und Eckturm sowie einer weitläufigen Ummauerung. Sie beherbergt heute ein marinegeschichtliches Museum und bietet von ihrer Höhe aus wunderbare Ausblicke. Mitunter spazieren sogar Pfauen auf dem Zitadellen-Terrain umher.

HAFEN

Von den Phöniziern gegründet und im Mittelalter zum Fischer-, Korsaren- und Han-delshafen erblüht, entdeckten bald auch Künstler den »Vieux Port« von Saint-Tropez als Motiv. Paul Signac malte ihn in den 1920er-Jahren mit einem eindrucksvollen Segelschiff, Schauspieler wie Louis de Funès und Brigitte Bardot agierten vor seiner Kulisse für populäre Kinofilme – und heute liegen in den beiden Hafen-Bassins nicht nur zu Regatta-Zeiten Hunderte der edelsten und größten Jachten der Welt.

MUSÉE DE LA GENDARMERIE ET DU CINÉMA

Mehr als 125 Jahre tatsächlich Sitz der lokalen Polizeistation, in den 1960er-Jahren berühmt geworden als Kulisse für die Filmreihe »Der Gendarm von Saint-Tropez« mit dem spanischstämmigen Schauspieler und Komiker Louis de Funès als Hauptdarsteller, widmet sich das Haus an der Place Blanqui, unweit des neuen Hafens, inzwischen hauptsächlich der cineastischen Geschichte von Saint-Tropez. Die Sammlung umfasst zahlreiche Filmrequisiten und wird ergänzt durch wechselnde Ausstellungen.

Links: Ein historisches Segelboot aus dem Jahr 1913 kreuzt im Rahmen der Regatta »Les Voiles de Saint-Tropez« vor dem Hafen.

Unten: Statue von Brigitte Bardot vor dem Musée de la Gendarmerie et du Cinéma.

Oben: Früh am Morgen sind am Strand von Pampelonne noch Liegestühle zu haben. Das ändert sich allerdings im Tagesverlauf schnell.

Nachtleben Bunt, facettenreich – und hochpreisig ist das Nightlife in Saint-Tropez und Umgebung. Mitunter seit Jahrzehnten am selben Platz, genießen die Bars und Clubs Kultstatus, selbst wenn vom stilvollen Charme des alten Jetsets nicht mehr viel zu spüren ist. Wo sich einst nur weltweit erfolgreiche Hollywood-Schauspieler, Formel-1-Piloten und Topmodels die Klinke in die Hand gaben, erhält heute auch die B-Prominenz Zutritt – und alle, die für ein paar Drinks ungerührt hundert Euro zahlen.

PAMPELONNE

Steht ein Strand für Saint-Tropez, dann ist es wohl dieser. Spätestens seit dem Jahr 1956, als die junge Brigitte Bardot dort den Film »Und ewig lockt das Weib« mit Curd Jürgens gedreht hat. Der Strand Pampelonne als Hauptdrehort gehört noch immer zu den schönsten der Umgebung – und zu den beliebtesten. Hier befindet sich mit dem »Club 55« eine der berühmtesten Strandbars der gesamten Region. Die feinsandige, fünf Kilometer lange Küstenlinie ist äußerst beliebt und gesäumt von vielen Bars.

Heute so gut wie damals

La Piscine Typisch ist dieser Cocktail für die Côte d'Azur, wurde er doch schon früh populär gemacht vom internationalen Jetset, der in den edlen Strandbars gegen die mediterrane Hitze »ice« verlangte – auch für den Champagner. Heute kommen zuerst möglichst große Eiswürfel in ein großes Weinglas, dann wird das schäumende Traubenelixier eingegossen.

Retro-Moment

Mit dem 2CV die Küste entlang fahren Gut gefedert, mit aufgerolltem Verdeck und dem typischen Summen des Boxermotors schaukelt die von Citroën ursprünglich als Bauerngefährt konzipierte »Ente« langsam zu kleinen Häfen und Buchten. Wer Entschleunigung pur sucht, sollte dieses Kultauto besteigen und unbedingt während der Fahrt die typischen Seitenfenster herunterklappen.

Das gibt's heute noch

Çlub 55 Das berühmte Strandlokal verdankt seine Existenz wohl den Dreharbeiten für den Film »Und ewig lockt das Weib« (1956). Zum Essen ging das Film-Team damals ins Strandhaus des Dokumentarfilmer Ehepaars Colmont, die sich bereit erklärt hatten, die Crew zu verköstigen. In den folgenden Jahren wurde das Privathaus zum Club umgebaut. **www.club55.fr**

DIE ENTDECKUNG DER CÔTE D'AZUR

In seinem Buch »Travels through France and Italy« pries der britische Autor Thomas Smolett schon 1766 die Vorzüge der französisch-italienischen Küste rund um Nizza, Cannes und Menton. Das Licht sei dort klarer als andernorts, so schrieb er, der Himmel milder die Sonne scheine häufiger. Smoletts schwärmerische Beschreibung lockte bald seine ersten Landsleute an; die neue napoleonische Straße von 1806 und der Anschluss an das Eisenbahnnetz brachten schließlich wohlhabende Reisende aus ganz Europa in die mit mildem Klima, üppiger Blütenpracht und herrlichen Stränden gesegnete Region. Ihren heutigen Namen indes erhielt sie erst 1887. In diesem Jahr publizierte der Politiker und Dichter Stephen Liégeard sein Werk über seine Wahlheimat und gab ihm den Titel »La Côte d'Azur«. Damit war der Boom dieses »kleinen Stückchens vom Paradies« endgültig besiegelt. Die »Blaue Küste« putzte sich heraus mit Villen und Hotelpalästen und wurde schließlich zum Magneten für die Reichen und Schönen dieser Welt.

Bild: Vielleicht etwas weniger Autos als heute, aber voll war es am Strand von Cannes schon im Jahre 1955.

Paris

WOHNZIMMER FÜR FLANEURE

Stadt der Liebe, der Lichter, der Kunst, der Mode: kaum eine andere Metropole wurde häufiger besungen, bedichtet, beschrieben, diente öfter als Filmkulisse als jene an den Ufern der Seine. Paris bezaubert mit einem facettenreichen Charme, der Tradition und Moderne, Architektur und Natur auf nonchalante Weise vereint.

Ob bei einem Pastis, Wein oder Champagner in einem Straßencafé im quirligen Quartier Latin, bei einer Schifffahrt auf der Seine, bei einem Bummel im Jardin du Luxembourg oder oben auf dem Montmartre, dem Künstler- und Aussichtshügel – dem besonderen Flair von Paris kann man sich kaum entziehen. Aus der Keimzelle erster Besiedlung auf der Île de la Cité hat sich zwar längst ein riesiges Stadtgebilde entwickelt, doch fast überall lassen sich inmitten des Häusermeeres, nur wenige Schritte entfernt von belebten Boulevards und beliebten Sehenswürdigkeiten, stille Oasen entdecken. Und die meisten Viertel lassen sich immer noch gut zu Fuß erkunden – oder inzwischen auch bestens mit dem Fahrrad. Außerdem gibt es noch die historische Métro, von der es heißt, kein Punkt in Paris liege weiter als 500 Meter von einer ihrer Stationen entfernt.

MONTMARTRE

Der einst dörfliche »Hügel des Mars« mit seinen Weinbergen und Windmühlen zog bereits im 19. Jahrhundert, lange vor der Fertigstellung der imposanten Sacré-Cœur-Basilika, eine Vielzahl von Künstlern an; van Gogh etwa, Modigliani oder Picasso. Das höchste Viertel der Stadt entwickelte sich rasch zu einem wichtigen Zentrum der Malerei und zum Symbol des Bohème-Lebens. Ein Hauch davon ist noch heute zu spüren. Und wem der Trubel zu viel ist, spaziert zum Musée de Montmartre mit seinem Renoir-Garten.

EIFFELTURM

Als Gustave Eiffel im Jahr 1889 an der Spitze seiner »Eisernen Dame« die französische Flagge hisste, war sein Werk mit rund 300 Metern der höchste Turm der Welt – und die größte Attraktion der Weltausstellung anlässlich der 100-Jahr-Feier der Französi-

> **Der Pariser trinkt seinen Nachmittags-Kaffee selten anders als schwarz und mit Cognac und findet es gar nicht auffallend, den übrig gebliebenen Zucker einzustecken.«**
>
> *(Baedeker's Handbuch für Schnellreisende)*

schen Revolution. Viele Pariser fanden die prägnante Stahl-Konstruktion damals aber »nutzlos und monströs«. Doch schon 1909 nutzte man den Turm als Relais für Telegrafie und Funkverkehr; 1921 ging von ihm die erste Radiosendung Frankreichs in den Äther. Heute ist der Eiffelturm das Wahrzeichen der Stadt und nicht mehr aus Paris wegzudenken.

Links: Wie in einer anderen Welt fühlt man sich, wenn man die Stufen zur Sacré-Cœur erklommen hat.

Unten: Versprüht nostalgischen Charme – der Eiffelturm.

Métro Eisenbahngesellschaften und Stadtverwaltung befassten sich schon ab 1845 mit der Idee eines Schienenverkehrs für Paris. Aber erst angesichts der Weltausstellung zur Jahrhundertwende wird das Projekt realisiert: Im Juli 1900 verbinden die ersten Züge die Porte de Vincennes mit der Porte Maillot. Rasch wächst nun das Netz auf sechs, dann auf neun Linien. 1929 beschließt die Präfektur die Verlängerung der Métro in die nahen Vororte. Heute fahren 14 Linien mehr als 300 Stationen an.

Oben: Die Pariser Métro ist berühmt für ihre wunderschönen Jugendstil-Eingänge.

Unten: Antiquitäten shoppen bei Wind und Regen – in den Pariser Passagen kein Problem.

GALERIES LAFAYETTE

Zwei Elsässer legten 1884 mit einem Wäschemodengeschäft in der Rue La Fayette Nr. 1 den Grundstein zum heutigen europäischen Kaufhausimperium. 1912 eröffnete der legendäre Neubau des Pariser Stammhauses mit seiner gigantischen Glaskuppel. Sie wölbt sich über die Damensektion des Lafayette-Angebots, Restaurants, Ausstellungsflächen sowie eine Gourmetabteilung. Von der Bar der Dachterrasse bietet sich ein eindrucksvolles Paris-Panorama.

PARISER PASSAGEN

Die Passagen sind eine Pariser Erfindung: mit Glasdächern gedeckte Durchgänge, die stets zwei belebte Straßen miteinander verbinden und ihren Besuchern ein vor Wind und Wetter geschütztes Flanier- und Einkaufsvergnügen bieten. Folgerichtig bezeichnete der Philosoph Walter Benjamin die in den 1920ern in Mode gekommenen Pariser Passagen als »Wohnzimmer für Flaneure«. Das prächtigste Beispiel ist die 1826 errichtete Galerie Véro-Dodat im 1. Bezirk.

Retro-Moment

Abendbummel an der Seine Paris hat seine Flussufer wiederentdeckt: zum Radfahren und Flanieren, für ein Picknick und sogar zum Tanzen. Vor allem wenn die Sonne sinkt, wenn die Lichter in den Häusern und auf den Bateaux Mouches angehen, verströmen die schon ab dem 16. Jahrhundert angelegten Seine-Quais ein nostalgisches Flair.

Das gibt's heute noch

Hotel Ritz 1898 vom Schweizer Hotelier César Ritz an der Place Vendôme gegründet, wird die Luxus-Herberge meist mit ihren berühmten Gästen wie Rudolph Valentino, Marcel Proust, Ernest Hemingway oder Coco Chanel assoziiert. Hemingway soll einmal gesagt haben: »Wenn ich von einem Leben nach dem Tod träume, dann findet es immer im Ritz in Paris statt.« www.ritzcarlton.com

Souvenir, Souvenir

Macarons Königin Marie Antoinette, so heißt es, zog die kleinen Baiserkekse allen Patissier-Spezialitäten vor. Inzwischen gibt es die außen knusprige, innen weich gefüllte Leckerei aus gemahlenen Mandeln, Eiweiß und (Puder-)Zucker auch in phantasievollen Farbvarianten von Himbeerrosa bis Pistaziengrün.

GRANDHOTELS

Vor allem in der Belle Époque erblühte diese Art luxuriöser Unterkünfte in ganz Europa – nicht nur in Metropolen wie Paris, sondern auch an anderen reizvollen Treffpunkten der Noblen und Wohlhabenden wie Seebäder oder Thermal- und Luftkurorte. Oft finanzierten die damals meist noch privaten Eisenbahngesellschaften die prächtigen, dann »Grands Hôtels des voyageurs« genannten Etablissements. In Frankreich umfasst die Palette der historischen Gäste-Paläste etwa das Grand Hôtel Barrière im häufig »Cannes des Nordens« oder »Brighton der Bretagne« genannten Badeort Dinard. Auch das »Negresco« in Nizza und das »Bristol« in Paris zählen zu den europäischen Grandhotels, gleiches gilt für das »Hôtel de Paris« in Monaco, das »Beau Rivage« in Lausanne, das »Astoria« in Brüssel und eine Reihe von Häusern in England, Deutschland, Italien und Österreich. Groß müssen die Grandhotels übrigens nicht sein, großartig sind sie alle, ob mit fünf Sternen oder weniger. Einheitliche Kriterien gibt es für diese historische Hotelkategorie nicht.

Bild: Ob auf einen Petit Café oder einen Martini mit Eis – in der holzvertäfelten »Relais Bar« im Hotel »Le Negresco« in Nizza lässt man sich gerne nieder.

Dinard

BRIGHTON DER BRETAGNE

Nizza des Nordens, Brighton der Bretagne – es fehlt nicht an ruhmvollen Vergleichen für das elegante Strandstädtchen an der Smaragdküste mit seinen wunderbaren Jugendstilvillen, seiner von mediterraner Pflanzenpracht gesäumten Küstenpromenade und seinem von internationaler Prominenz begleiteten Filmfestival.

Mit der Ankunft der ersten Badegäste um 1850 erlebte das bescheidene Fischerdorf an der Mündung der Rance eine tiefgreifende Veränderung. Es waren vor allem Briten, die Dinard und seine Strände für sich entdeckten, zuweilen mehr als ein paar Sommerwochen an diesem außergewöhnlichen Flecken verbrachten und für einen neuen »englischen Touch« sorgten – vom Schwimmsport bis zur Architektur. Die Strand-Umgebung Dinards verwandelte sich dank der neuen Gäste rasch in einen Raum für Unterhaltung und Freizeit – mit Badebereichen für Männer und Frauen, mit noblen Bauten und aristokratischem Flair wie an der Plage de l'Écluse oder eher familiär geprägt wie an der Plage de Prieuré. Eine internationale High Society erfreute sich bereits Ende des 19. Jahrhunderts an den modernen Annehmlichkeiten ihrer Unterkünfte, an einem Schiffsservice nach Saint-Malo – und manch einer wagte sogar die Reise vom ältesten Seebad der Bretagne bis zum berühmten Mont- Saint-Michel.

PROMENADE DU CLAIR DE LUNE

Wasser auf der einen Seite mit Booten, Möwen und Ausblicken hinüber nach Saint-Malo. Auf der anderen Seite prächtige Fin-de-Siècle-Architektur, blumengesäumt und oft eingebettet in das üppige Grün steiler Felshänge: Der befestigte und weitgehend geschützt verlaufende Küstenweg um die Halbinsel von Dinard trägt zwar den Namen »Mondenschein«, bezaubert aber auch im Licht des frühen oder späten Tages. Ab dem Quai de la Perle ertönt im Sommer jeden Abend Musik zur Untermalung des Spaziergangs.

SAINT-MALO

Zehn Minuten nur braucht der »Meeresbus« in die gegenüberliegende einstige Korsaren-

Hochburg. Seit dem 17. Jahrhundert nach den Plänen von Vauban mauerumgürtet, begeistert sie nicht nur Festungs-Fans. Hinter ihren prächtigen Toren öffnet sich ein lebendiges, von der Kathedrale St.-Vincent überragtes Gassengewirr – und von der nordöstlichen Wallspitze reicht der Blick bis zum Cap Fréhel. Schön sind auch die historischen Thermen und die Belle-Époque-Villen am Strandband zwischen Hafenmole und Rochebonne.

Links: Dinards Plage de l'Écluse liegt direkt an der Promenade vor dem Casino. Feinsandig und flach zieht er sich hinab zum Meer – noch immer akzentuiert von den traditionellen blau-weißen Sonnenzelten.

Das gibt's heute noch

Hôtel Barrière Noch ohne eigenes Badezimmer eröffnete Dinards erstes Hotel 1858 seine Pforten – zeitgleich mit der ersten Dampferlinie nach Saint-Malo. Bald erweitertet und modernisiert, zog es Prominente aus aller Welt an – von Churchill über Picasso bis zu Kirk Douglas, nach dessen Lieblingscocktail das hoteleigene »Café 333« benannt ist. www.hotelsbarriere.com

Brighton

LONDON BY THE SEA

Ein Arzt und ein Prinz prägten im 18. Jahrhundert die Geschicke des einstigen
Fischerorts am Ärmelkanal. Der eine beschrieb die positive Wirkung des dortigen
Meerwassers bei bestimmten Leiden, der andere ließ sein Farmhaus-Liebesnest zu
einer märchenhaften Palastanlage ausbauen.

Schon die Römer errichteten eine Villa an der Stelle des heutigen Brighton; später ließen sich die Angelsachsen hier nieder. Im 16. Jahrhundert lebten Hunderte von Fischer und Bauern mit ihren Familien in dem Küstenort. Aber erst Doktor Russell, der sich 1753 das größte Gebäude Brightons errichten ließ, um dort auch seine Patienten zu empfangen, sowie der spätere König Georg IV. verhalfen dem ehemaligen Brighthelmstone zu ungeahnter Beliebtheit. Durch die beiden Herren quasi geadelt, zog der Küstenort immer mehr Menschen an. Zum Russell-Palais und dem prunkvollen, orientalisch anmutenden Royal Pavilion gesellten sich bald weitere eindrucksvolle Bauten, darunter der Palace Pier und der – inzwischen leider durch Feuer und Sturm zerstörte – West Pier. Pläne zur Rekonstruktion der historischen Seebrücke scheiterten bislang. Eine neue Attraktion des größten und bekanntesten Seebads im Vereinigten Königreich ist der, wegen seiner Form allerdings umstrittene, Aussichtsturm i360.

BRITISH AIRWAYS I360

Nicht alle Brightener freuten sich 2016 über den Bau des 162 Meter hohen British Airways i360 Tower genau dort, wo man einst den inzwischen abgebrannten viktorianischen West Pier betreten hatte. Die an dem nur knapp vier Meter dünnen Turmschacht hinaufgleitende Aussichtsgondel sehe aus wie ein Donut, meint so mancher Einheimische bis heute. Aus der gläsernen Kapsel bietet sich allerdings bei gutem Wetter ein bis zu 40 Kilometer weit reichender Rundumblick auf die Grafschaft East Sussex und den Ärmelkanal. *britishairwaysi360.com*

ROYAL PAVILION

Noch als Prince of Wales, aber schon mit den Regierungsgeschäften betraut, ließ der spä-

tere König Georg IV. den küstennahen Sommersitz errichten. Keimzelle des Anwesens, das der Prinz zunächst vor allem zu Treffen mit seiner 1785 heimlich geheirateten Liebe nutzte, war ein schlichtes Farmhaus. Ab 1815 wurde es sukzessive erweitert. Inzwischen gehört der – im Äußeren wie im Inneren – einem indischen Mogulpalast gleichende, sorgsam restaurierte Pavillon der Stadt und kann auch besichtigt werden.

London to Brighton Veteran Car Run

»The Emancipation Run« nannte sich die erste Ausgabe dieses Rennens. 1896 feierte man mit ihr die Liberalisierung der Geschwindigkeitsregeln für Motorfahrzeuge im Vereinigten Königreich. Nur rund die Hälfte der 33 Teilnehmer kam jedoch an. Der Sieger legte die 87 Kilometer lange Strecke in 3,45 Stunden zurück. Ab 1927 wurde das Rennen mit den vor 1905 gebauten Oldtimern dann meist im Jahresrhythmus ausgetragen – mit vielen noblen Fahrern. Sogar die Queen war einmal mit von der Partie. *www.veterancarrun.com*

Links: Mit der Gründung der Eisenbahnstrecke von London nach Brighton Ende des 19. Jahrhunderts avancierte das Küstenstädtchen zu einem beliebten Ausflugsziel wohlsituierter Londoner. In der Folge erhält Brighton den Beinamen »London by the sea«.

Unten: Beim »Veteran Car Run« sind nur Automobile mit Baujahr vor 1905 zugelassen.

Oben: Wenn in der Landschaft des South Downs Nationalparks nicht Rosamunde-Pilcher-Gefühle geweckt werden, wo bitte dann?

SOUTH DOWNS NATIONALPARK

Strahlend weiße Kreidefelsen prägen den größten Teil dieses bislang jüngsten britischen Nationalparks. Sie bilden einen wunderbaren Kontrast zum saftigen Grün der Wiesen und den dichten, teils uralten Wäldern des gut 1600 Quadratkilometer umfassenden, durch Wander- und Radwege erschlossenen Hügelareals. Die berühmtesten South-Down-Klippen, »Seven Sisters« genannt, lassen sich am Beachy Head entdecken. Erosionsbedingt kann man dort inzwischen sogar acht Felsen-Schwestern bestaunen.

VOLK'S ELECTRIC RAILWAY

Wer hätte das gedacht? Durch Brighton fährt die älteste elektrische Eisenbahn Großbritanniens! Von Ostern bis September heißt es zusteigen in die Volk's Electric Railway, um auf die wohl nostalgischste Weise Brighton zu erkunden. In gemächlichem Tempo zuckelt die Bahn von der Aquarium Station am Brighton Pier zur Marina und wieder zurück. Entschleunigung ist hier garantiert und aus den offenen Fenstern blickt man direkt aufs Meer. *volksrailway.org.uk*

>> *In Ermangelung eines Schutzmanns frage man am besten in einem Laden. Nur im Notfall rede man einen Vorübergehenden an.«*
(Baedeker's Handbuch für Schnellreisende)

Retro-Moment

Aus einer roten Telefonzelle nach Hause telefonieren Seit den 1920er-Jahren gehören die »red phone kiosks« zum Blickfang in den Straßen des Vereinigten Königreiches. Und trotz zunehmender Nutzung von Smartphones sollen sie es bleiben – auch wenn dann vielleicht nicht mehr alle der 20 000 noch vorhandenen Exemplare aktiv sein werden.

Das gibt's heute noch

Brighton Palace Pier Sogar ein Theater trug die 1899 eröffnete Seebrücke einst. Ursprünglich bestand sie allerdings nur aus einer Plattform, Torbogen und einigen Kiosken. Windschutz, Pavillon und Uhrturm kamen später hinzu. Seine heutige Gestalt erhielt Pier ab den 1980er-Jahren. **www.brighton pier.co.uk**

Heute so gut wie damals

Picknickkorb Die Landschaft Südenglands ist förmlich prädestiniert für ein Picknick im Grünen. Must-have für eine derartige Unternehmung ist ein klassisch britischer Picknickkorb, ausgestattet mit Porzellantellern, Weingläsern, Servietten, Besteck, Flaschenöffner, Salz- und Pfefferstreuer und einer Picknick-Decke. Manche Exemplare haben sogar noch ein eigenes Kühlfach integriert.

Scheveningen

VOM BADEHAUS ZUM URLAUBSLIEBLING

Mit seinen kilometerlangen Stränden ist das nur rund 15 Straßenbahn-Minuten von Den Haag entfernte einstige Fischerdorf inzwischen der beliebteste Badeort der Niederlande. Viele seiner Gebäude und Freizeit-Attraktionen gehen auf das 19. Jahrhundert zurück.

Mit vier Meerwasser-Badewannen in einem hölzernen Strandhäuschen legte der niederländische Reeder Jacob Pronk 1818 den Grundstein für das heute größte Seebad der Niederlande. Schon zehn Jahre später stand an der Stelle der Hütte ein dreiflügeliges Steingebäude, 1886 wurde das städtische Badepalais in ein Hotel umgewandelt und ein neues Kurhaus eröffnet. Seither wuchs die Zahl der Gäste stetig an und zahlreiche neue Hotels entstanden entlang der Küste; auch gefördert durch die Tatsache, dass Scheveningen ab 1907 Endstation der Hofplein-Eisenbahnlinie war. Sie wurde erst 1953 wegen Unrentabilität eingestellt. Noch heute bezaubert die lange Strandpromenade mit Geschäften, Restaurants, Sonnenterrassen, dem langen Pier und einem Aquarium. Eine weitere Attraktion ist das Museum Beelden aan Zee mit Skulpturen namhafter Künstler aus der Zeit nach dem Zweiten Weltkrieg; zudem liegen nahe den Stadtgrenzen die Dünengebiete Oostduinpark, Meijendel und Westduinpark.

PIER

Als Prinz Hendrik 1901 den ersten, lang geplanten Pier Scheveningens eröffnete, trug dieser den Namen von Königin Wilhelmina. Am Ende des hölzernen »Wandelhoofd« lag eine Plattform mit Musik-Pavillon. Diese brannte 1943 weitgehend ab; für den Rest sorgten die deutschen Besatzer. Erst 1961 konnte Prinz Bernhard den neuen Pier eröffnen. Auf seinen zwei Decks bietet er neben Food, Drinks und Geschäften auch einen Bungee-Turm, eine Zipline sowie ein 50 Meter hohes Riesenrad.

OUDE KERK

Seit Jahrhunderten ist Scheveningens Alte Kirche eine Art Leuchtfeuer für Fischer und Einwohner. Das spätgotische Gotteshaus liegt direkt am Nordseeküsten-Deich. Nach einer Überflutung im Jahr 1470 wurde es im 16. Jahrhundert in Form einer Pseudobasilika großenteils neu errichtet und auch in der Folgezeit mehrfach umgestaltet. Bis zur Einführung der Reformation war die Oude Kerk dem heiligen Antonius Abbas geweiht, einem ägyptischen Mönch und Einsiedler.

Panorama Mesdag, Den Haag

Von der Seinpost-Düne in Scheveningen hatte man im 19. Jahrhundert noch die freie Aussicht über das Fischerdorf und aufstrebende Badeörtchen Scheveningen mit seinem Leuchtturm, dem Strand, den Badekarren und Segelbötchen. Hendrik Willem Mesdag (1831–1915) malte das beeindruckende Panorama 1881 – und schuf damit Europas größtes Rundgemälde. Das zylinderförmige Gemälde ist etwa 14 Meter hoch und hat einen Umfang von 120 Metern. *panorama-mesdag.nl*

Links: Jeden 1. und 3. Sonntag im Monat kann man im Kurhaus eine historische Führung unternehmen – und die reicht weit in die Vergangenheit zurück, denn die Ursprünge des Gebäudes stammen aus dem Jahr 1818.

Kurhaus *Kaiserin Sisi logierte in dem innerhalb von neun Monaten gleich zweimal erbauten Prunkgebäude ebenso wie van Gogh, Roosevelt und Brahms. Nach seiner ersten Eröffnung im Juli 1885 schnell abgebrannt und 1887 wiedereröffnet, gehört es inzwischen zu einer Hotelkette.* www.amrathkurhaus.com

Das gibt's heute noch

Sylt

ZURÜCK NACH WESTERLAND

Seit den 1960er-Jahren als Insel der Reichen und Schönen bekannt, atmet Sylt auch
uralte Tradition. In Keitum vor allem, aber auch im Heide- und Literatenort Kampen.
Bekannt ist das nördlichste deutsche Eiland zudem für seine Kurangebote und den
rund 40 Kilometer langen Weststrand.

Promis kennt Sylt schon seit Mitte des 19. Jahrhunderts. Bunt wurde das Völkchen der Gäste allerdings erstmals in den 1920er-Jahren, als Künstler und Intellektuelle sich auf der Insel ebenso zu tummeln began-nen wie ein Bühnen- und Filmstar namens Marlene Dietrich oder die Berliner Tänzerin Valeska Gert, die sich nackt in den Dünen sonnte. Bereits damals entstanden auch die ersten Villen der nicht mehr so ganz »braven« Sommerfrischler. In den 1960er-Jahren entdeckte dann der Industriellenerbe und Playboy Gunter Sachs die noch immer eher beschauliche Insel. Er feierte spektakuläre Partys in Kampen, aalte sich mit anderen Vertretern des Jetsets an der »Buhne 16« und brachte neben Exzentrik auch internationa-les Flair nach Sylt. Seine damalige Ehefrau Brigitte Bardot begleitete ihn zwar nur ein-mal, wie es heißt, und auch Romy Schneider beließ es bei einem einzigen Besuch – doch der Ruf Sylts als Insel der Schönen und Rei-chen war geboren.

KEITUM

Watt statt Strand, Ruhe statt Trubel: im »schönsten Dorf der Insel« bezaubern vor allem stämmige Reetdach-Häuser mit som-merbunten Gärten. Gebaut wurde das Gros von ihnen bereits im 18. Jahrhundert von Kapitänen, die als Walfänger zu Geld ge-kommen waren. Zwei der historischen Back-steinbauten oberhalb des Grünen Kliffs er-hellen als Syltmuseum und Altfriesisches Haus mit ihren Sammlungen diverse Aspek-te der Insel – von der frühen Erdgeschichte über Brauchtum bis zur Wohnkultur.
soelring-museen.de

WESTERLAND

Mit »Diese eine Liebe wird nie zu Ende gehn, wann werd ich sie wiedersehen« be-sangen schon die »Ärzte« 1988 Sylts quirlige Inselmetropole. Dutzende von Cafés, Bars, Restaurants und Geschäfte lassen hier mit Sicherheit keine Langeweile aufkommen. Am Ende der Fußgängerzone beginnt die Promenade mit kostenlosen Konzerten und attraktiven Veranstaltungen, die besonders in den Sommermonaten stattfinden. Von den touristischen Anfängen des heutigen Nordseeheilbades kündet indes noch das Rathaus: Es ging hervor aus dem 1898 ein-geweihten Neuen Kurhaus.

Oben: Nostalgisches Schlafzimmer im Museum »Alt-friesisches Haus« in Keitum.

Links: Wenningstedt liegt in der Mitte der Insel und bezeichnet sich heute als »Fami-lienbad« (Reiseplakat aus den 1950er-Jahren).

Ganz links: Der Weststrand ist der be-rühmteste Strand auf Sylt. Hier liegt auch das sagenumwobene Bistro »Buhne 16«, das es schon seit dem Jahre 1981 gibt.

KAMPEN

Elegant und gemütlich, exklusiv und weltoffen: Deutschlands wohl berühmtestes Dorf lebt mit und von seinen Kontrasten. Die Promidichte ist hoch im St. Tropez des Nordens; Stars und Sternchen, Politiker und Künstler haben hier ihre Zweitheimat in reetgedeckten Domizilen gefunden. Rotes Kliff, Strand und Heide erfreuen aber auch weniger betuchte Besucher, ebenso wie die legendäre »Kupferkanne«. Das in eine Kiefernlandschaft mit Blick auf das Wattenmeer eingebettete Café entstand durch Bildhauerhand aus einer ehemaligen Bunkeranlage. Bei wunderschönem Meerblick gibt es hier seit 1950 hausgeröstete Kaffee und Kuchen aus der eigenen Backstube.

Oben: Reetgedeckte Häuser in der Heide, dahinter rollt die Nordsee an den Strand – dieses Idyll findet man in Kampen.

KLIFFWEG

Max Frisch gelangte auf ihm in »das grüne Vergessen«. Der Schweizer Schriftsteller weilte in einem Nachkriegssommer mehrere Wochen mit seiner Familie im Haus seines Verlegers Peter Suhrkamp in Kampen und wanderte wohl mehrfach von dort den idyllischen Sieben-Kilometer-Pfad nach Keitum. »Hier, zwischen Dünen und endlosem Wasser, ist es herrlich«, schreibt er seinem Autoren-Freund Friedrich Dürrenmatt.

Hindenburgdamm Mehr als drei Millionen Kubikmeter Sand und entwässerter Schlick sowie 120 000 Tonnen Steine mussten angefahren werden für den Untergrund der 1927 eröffneten Eisenbahnstrecke zwischen der Kimbrischen Halbinsel und Sylt. Der damalige Reichspräsident Hindenburg zählte zu den ersten Passagieren vom Festlandbahnhof Klanxbüll nach Westerland und wurde wenig später zum Namensgeber für den rund elf Kilometer langen Damm im nordfriesischen Wattenmeer.

Souvenir, Souvenir

Inselmeersalz Als der Zweisternekoch Alexandro Pape genug hatte vom Stress in der Gastronomie, machte er sich auf die Suche nach einer neuen Geschäftsidee. Und wurde fündig: Heute ist er Inhaber der Sylter Meersalz Manufaktur in List, die das erste und einzige deutsche Meersalz herstellt.

sylter-genussmacherei.de

Das gibt's heute noch

Sansibar Würstchen, Pommes und Hausmannskost verkaufte der junge Koch Herbert Seckler ab 1974 in seinem »Sansibar«- Kiosk am gleichnamigen FKK-Strand zwischen Rantum und Hörnum. Nach acht Jahren brannte das kultige Büdchen ab – und es entstand die heutige Kult-Gourmetadresse mit vielen eigenen Produktmarken.

www.sansibar.de

Heute so gut wie damals

Strandkorb Eine rheumageplagte Dame wünschte sich 1882 eine bequeme Sitzgelegenheit für den Strand, die sie zugleich vor zu viel Sonne und Wind schützen sollte. Der Rostocker Korbmacher Wilhelm Bartelmann ersann für sie ein Möbel aus Weiden und Rohr – seither ist der Strandkorb von den deutschen Küsten nicht mehr wegzudenken.

Usedom

KAISERWETTER

Bernstein und Kaiserbäder, Hügel und Seen, Europas längste Strandpromenade,
ein Wasserschloss und noble Herrenhäuser: Die Sonneninsel zwischen den
Mündungsarmen der Oder lockte schon im 19. Jahrhundert die Berliner Schickeria
zum Baden an.

Als »Uznoimia civitas« um 1125 erstmals bekundet, entwickelte sich die Hauptsiedlung des Fischer-Eilands zwischen Ostsee, Achterwasser und Stettiner Haff rasch zu einer der Lieblingsresidenzen der Herzöge von Pommern. Mit dem Ausbau der zuvor nur schwer passierbaren Swine im 18. Jahrhundert wurde von der Insel eine neue Verbindung nach Stettin geschaffen – und schon 1825 begann in dem jungen Swinemünde sowie in Heringsdorf der Badebetrieb. Die große Zeit der Seebäder brach indes erst rund 50 Jahre später an. Adelige und wohlhabende Bürger, aber auch Künstler und Intellektuelle, entdeckten damals die Seeseite Usedoms. Sie kamen vor allem aus Berlin, von dem aus die Eisenbahn bald bis auf die Insel verkehrte, und ließen sich in Ahlbeck, Heringsdorf oder Bansin ihre Sommerresidenzen erbauen. Bis heute erinnern diese Ikonen der Bäderarchitektur an jene Ära; als noch Kutschen auf Usedom verkehrten, der Kaiser seine Auszeiten auf der Insel nahm und Herren und Damen getrennt ins Ostseenass wateten.

AHLBECK

Usedoms größter Badeort kann sich auch der ältesten und – wie manche sagen – schönsten Seebrücke Deutschlands rühmen. 1882 erbaut, wurde sie bald zum Treffpunkt der »Eisbader« – und zum Filmstar. Für eine prächtige Kulisse sorgt auch Ahlbecks historische Bäderarchitektur mit ihren einst von Adeligen und reichen Berlinern erbauten Sommervillen und den eleganten Hotels. Der »Ahlbecker Hof« ist eines von ihnen; in ihm logierte schon der österreichische Kaiser Franz Joseph I.

HERINGSDORF

Im »Nizza des Ostens« trafen sich um die Jahrhundertwende Reichtum, Macht und In-

> **»Umgeben von schöner Buchenwaldung, ist Heringsdorf das eleganteste und teuerste der Ostseebäder; 15000 Badegäste pro Jahr; zu empfehlen ist das Hotel garni Seeschloß, 70 Zimmer.«**
> *(Baedeker's Deutschland in einem Bande, 1906)*

tellekt. Der Kaiser gab sich regelmäßig die Ehre; Schriftsteller wie Maxim Gorki, Leo Tolstoi, Theodor Fontane und die Gebrüder Mann kamen ebenso zur Sommerfrische in das damals wohl mondänste Seebad der Ostsee wie der Maler Lyonel Feininger. Prunkvolle Bädervillen spiegeln noch immer den einstigen Wohlstand. Und der Heringsdorfer Kaiserbädersaal ist nach wie vor kultureller Mittelpunkt Usedoms.

Links, großes Bild: Er gilt als vielleicht schönste Seebrücke der ganzen Ostseeküste und war schon um 1900 ein beliebtes Fotomotiv: der Pier von Ahlbeck.

Links: Natürlich zog Mann/Frau sich nicht in aller Öffentlichkeit um. Den Badedress streifte man sich auf Usedom in einem der vielen Umkleidewagen über, Aufnahme um 1910.

BANSIN

Weiße herrschaftliche Villen prägen das Stadtbild und feiner Sandstrand säumt den Küstenwald mit seinen Steilklippen-Abschnitten: ein Szenario, das selbst eines Kaisers würdig ist. Tatsächlich kamen Mit-glieder der Regenten-Familie regelmäßig in das kleine, 1897 als jüngstes der drei Kaiser-bäder gegründete Bansin. Vor allem als der Ort 1911 an das Eisenbahnnetz angeschlossen wurde, avancierte er zur »Badewanne Berlins« und lockte immer mehr Gäste aus der preußischen Metropole an.

Ausflug nach Swinemünde Kaiser Wilhelm II. genoss hier jahrelang jeweils am ersten Augustwochenende die salzige Brise – und als »Kessin« machte das Ostsee-bad in Fontanes Roman »Effi Briest« Furore. Inzwischen heißt es Świnoujście und gehört zu Polen. Doch vieles kündet noch von dem glanzvollen Kur- und Badeleben des 19. Jahrhunderts; die mondäne Promenade etwa, etliche Jugendstilvillen und der vom preußischen Gartenkünstler und Direktor der königlichen Gärten Berlin, Peter Joseph Lenné, ab 1827 angelegte Kurgarten.

LIEPER WINKEL

Im Mittelalter gehörte die Halbinsel zwi-schen Achterwasser und Peenestrom zu einem Kloster. Nur wenige Menschen leb-ten und leben hier. Historische Fischerkaten und reet- oder rohrgedeckte Fachwerkhäus-chen verleihen den Dörfern des Landzipfels einen eigenen Charme. Das bekannteste von ihnen ist Rankwitz – vor allem wegen seines Räucherfischs. Auf dem Gebiet des Lieper Winkels steht zudem die Suckower Eiche. Der riesige Baum wurde schon 1298 in einer Urkunde zum Grenzverlauf der Gemarkung Usedom erwähnt.

Oben: In Bansin flaniert man am besten entlang der Strandpromenade, wo prächtige Bädervillen ihre Fassaden in die Sonne recken.

Matjes aus der Alten Fisch-räucherei in Rankwitz *Ob Buttermakrele, Schwarzer Heilbutt oder Aal – täglich kommt in dem Traditionsbetrieb Fisch frisch aus dem von offenem Feuer erzeugten Rauch direkt auf den Tisch. Aber natürlich gibt es auch andere Spezialitäten aus Neptuns Reich – etwa das berühmte Usedomer Matjesfilet.*

Heute so gut wie damals

Das gibt's heute noch

Villa Irmgard *Nur wenige Schritte vom Heringsdorfer Strand steht seit 1906 das noble zweistöckige Gästehaus mit seinen einzigartigen Jugendstilelementen. Berühmtester Logiergast war um 1922 der russische Schriftsteller Maxim Gorki; als Museumshaus erinnert die Villa nun an seinen Aufenthalt.*

Sich mit der Taucher-gondel in Zinnowitz auf dem Meeres-boden absetzen las-sen *Ein halbes Stündchen Aug in Aug mit Dorsch und Ohrenqualle, ohne nass zu werden: Bei guter Sicht lässt sich das Meeresleben aus der großen, an einem Pfeiler auf- und abgleitenden Unterwasserglocke in etwa vier Meter Tiefe bestaunen.*

Retro-Moment

Souvenir, Souvenir

Inselkäse *Ob jung, mittelalt oder reif und kräftig – was der in der Schweiz als Käser ausgebildete Steffen Schulz in seinem rund 100 Jahre alten Kupferkessel in einer alten, ausgebauten Welziner Scheune aus Bio-Rohmilch anrührt, wird einfach köstlich.* **www.inselkaese.de**

St. Petersburg

VENEDIG DES NORDENS

Prunkbauten direkt am Wasser, Brücken und Kanäle, die die Stadt durchziehen –
das gibt es nicht nur in Venedig. Auch St. Petersburg ist geprägt von ganz viel Wasser
und jeder Menge Glanz & Gloria. Diese Mischung zog schon seit jeher Reisende an,
in jüngerer Zeit insbesondere Ostseekreuzfahrer.

Nach einem genau durchdachten Plan ließ Zar Peter der Große 1703 seine neue Hauptstadt errichten, nachdem er dem Schwedenkönig Karl XII. den Küstenstreifen am Finnischen Meerbusen abgerungen hatte. Die neue Hauptstadt sollte im Glanz alle europäischen Metropolen übertreffen und so entstanden in den kommenden Jahrzehnten an die Hunderte von barocken und klassizistischen Gebäuden. An der Gestaltung wirkten dabei zahlreiche west- und mitteleuropäische Baumeister mit wie Bartolomeo Rastrelli, Domenico Trezzini und Andreas Schlüter. Besonders Katharina die Große, eine der bedeutendsten Zarinnen der russischen Geschichte, ließ viel bauen: unter anderem den Winterpalast, das Smolny-Kloster und den Katharinenpalast. Sie war es auch, die St. Petersburg nach Westen öffnete und viele europäische Künstler und Architekten in die Metropole holte. Ganz besonders schön ist es, abends durch die Stadt zu flanieren: Die stimmungsvoll beleuchteten Kirchen und Paläste sorgen für eine einzigartige Atmosphäre und lassen den Betrachter eintauchen in die Grandeur, von dem einst Zar Peter der Große so schwärmte.

NEWSKI-PROSPEKT

Im Abendlicht leuchtet er goldgelb, der 4,5 Kilometer lange Prachtboulevard zählt zu den Hauptverkehrsadern von Sankt Petersburg. Sein Name mag für unsere Ohren merkwürdig klingen, ist aber eine logische Folge von sprachlichen Verkürzungen. Mitte des 18. Jahrhunderts hieß er noch »Große Perspektivstraße zum Alexander-Newski-Kloster«, schon bald wurde daraus »Newski-Perspektive«, später schlicht »Newski-Prospekt«. Er erlebte seine Blüte Mitte des 18. Jahrhunderts, als mehr und mehr Adlige in die Innenstadt von St. Petersburg zogen und hier ihre Stadtpalais errichteten. Das führte wiederum zum Bau von Feinkost-läden, Juwelieren, Cafés und Luxushotels, die dem Boulevard bis heute ein einzigartiges Flair verleihen.

EREMITAGE

Schon von außen beeindruckt der lang gestreckte, barocke Bau direkt am Ufer der Newa mit seiner Formensprache. In seinem Inneren verbergen sich die größten Kunstschätze europäischer Geschichte. Drei Millionen Objekte zählt die Eremitage, viele davon sind eingelagert, denn trotz der 350 Räume bleibt »nur« Platz für etwa 60 000 Exponate. Werke von Rembrandt, Rubens und Picasso finden sich dort ebenso wie zwei Gemälde von Leonardo da Vinci.

Links: Der Winterpalast ist die ehemalige Hauptresidenz der russischen Zaren in Sankt Petersburg. Standesgemäß kann man hier Prachtkutschen besteigen und sich ein wenig wie zu Zeiten Peters des Großen fühlen.

Unten: Jugendstilatmosphäre in einem Feinkostgeschäft am Newski-Prospekt.

LITERATUR-CAFÉ

Es hat ein turbulentes Leben hinter sich, dieses Café: Entstanden 1812, avancierte es schon bald zu einer Konditorei, in der nicht nur heiße Schokolade ausgeschenkt wurde, sondern in der sich Künstler und Literaten gerne trafen. Alexander Puschkin soll dort zu seinem berühmten Duell aufgebrochen sein, bei dem er tödlich verletzt wurde. An seinem Stammplatz erinnert eine Statue an ihn.

METRO

Sind es Paläste oder ist es eine U-Bahn? Genau das fragt sich so mancher Besucher, wenn er die Metro der Linie 1 besteigt, denn die U-Bahn-Stationen gleichen architektonischen Kunstwerken. Nicht umsonst gehört die St. Petersburger Metro zu den schönsten der Welt. Ob Marmor, kunstvolle Säulen, Skulpturen oder goldene Mosaike, eine Fahrt gleicht einer Reise in die Vergangenheit.

Weiße Nächte Am leichtesten verliebt man sich in St. Petersburg zwischen Mai und Juli. Dann nämlich herrschen die »Weißen Nächte«, in denen es gefühlt nie dunkel wird und ein fast schon magisches Licht die Metropole umfängt. Die längste dieser zauberhaften Nächte ist die der Sommersonnenwende vom 20. auf den 21. Juni. In dieser Nacht finden überall in der Stadt Konzert-, Ballett- und Theateraufführungen statt und die Cafés, Restaurants und Clubs sind bis frühmorgens geöffnet. Auch das nächtliche Hochziehen der Newa-Brücken ist ein besonderes Schauspiel.

Wörterbuch Zugegeben, ein Online-Übersetzer ist schon praktisch. Doch was, wenn in den entscheidenden Momenten der Akku leer ist? Früher gehörte ein Wörterbuch zum Standard im Reisegepäck, warum also nicht heute mal wieder das hilfreiche Büchlein in den Urlaub mitnehmen – das es übrigens auch im praktischen Pocketformat gibt.

Heute so gut wie damals

Souvenir, Souvenir

Matrjoschka Die aus Holz gefertigten, bunt bemalten und ineinander schachtelbaren Puppen sind wohl das berühmteste Souvenir Russlands. »Matrjoschkas« heißen sie und wurden erstmals 1890 von russischen Handwerkern gedrechselt. In vielen verschiedenen Farben erhältlich, sind sie nicht nur bei Kindern beliebt.

Das gibt's heute noch

Grand Hotel Europe Es ist wohl das erste und berühmteste Hotel am Platz: Das »Grand Hotel Europe« stammt aus dem Jahr 1875 und versetzt seine Gäste in die Zeit der Zaren oder wahlweise in die der Avantgarde. Je nach gewünschtem Stil treffen die Gäste in den Zimmern und Suiten auf Gemälde oder Designermöbel, prunkvollen Marmor oder ausdrucksstarke Farben. Allein von außen schon eine Stilikone!
www.belmond.com

Karlovy Vary

GLANZ & GLORIA

Noch heute läuft man staunend durch das Tal der Teplá, an deren Ufer sich Prachtbau
an Prachtbau reiht. Hier stehen die historischen Kureinrichtungen wie die Weißen, die
Markt- und die Mühlbrunn-Kolonnaden. Wer traditionsbewusst ist, besorgt sich eine
Porzellantasse und nimmt zumindest mal einen Schluck des Wunderwassers zu sich.

Der Legende nach soll Kaiser Karl IV. im 14. Jahrhundert bei der Jagd die heißen Quellen entdeckt haben. Er gab dem Ort den Namen Karlsbad (tschechisch: Karlovy Vary). Ob die Geschichte wahr ist oder nicht, sei dahingestellt, verleiht der Gründung des weltbekannten Kurorts jedoch eine poetische Note. Schon im 15. Jahrhundert reisten die ersten Kurgäste aus den europäischen Adelshäusern an, um ihre diversen Zipperlein mit einem Bad im wohligen Wasser zu kurieren. Später trank man auch das wenig wohlschmeckende, aber mineralreiche und heilkräftige Nass. Im 18. Jahrhundert gaben sich dann die Vertreter der europäischen Adelshäuser ein Stelldichein und es kam zum Bau prachtvoller Hotels und Kurgebäude – wie dem legendären »Grandhotel Pupp« (1770), in dem schon James Bond alias Daniel Craig auf Verbrecherjagd ging.

KOLONNADEN

Auf große Begeisterung stieß sie zu anfangs nicht – die 1793 fertiggestellte Mühlbrunnenkolonnade des Architekten Josef Zítek wurde bei ihrer Einweihung mit gemischten Gefühlen aufgenommen. »Kegelbahn« oder »Spargelbeet« wurde sie betitelt, heute ist sie eine der meistbesuchten Kolonnaden der Stadt. Das Dach, das von 124 korinthischen Säulen getragen wird, überspannt fünf Quellen, darunter den Mühlbrunnen. Die reich mit Schnitzereien verzierte Marktkolonnade im Schweizer Stil war zunächst nur als Übergangslösung gedacht, heute, nach fast 150 Jahren, ist sie nicht mehr wegzudenken aus der Stadt. Der Legende nach heilte eine ihrer drei Quellen die kranken Gliedmaßen Kaiser Karl IV.

SPRUDEL

Mit 72 Grad schießt das Wasser aus dem auch »Sprudel« genannten Geysir 12 Meter hoch in die Luft. Die Quelle ist das Wahrzeichen des Kurbades. Das Thermalwasser wird auch zur Versorgung des Bäderbetriebs und zur Herstellung von Karlsbader Sprudelsalz verwendet.

Links: Diverse Aussichtspunkte sollten die Karlsbader Kurgäste schon früh aus ihren wohligen Grandhotels locken und zum Überwinden zahlreicher Höhenmeter animieren. Auch vom Pavillon Mayer-Gloriette (1804) hat man einen wunderschönen Blick auf Karlovy Vary.

Karlsbader Oblaten Die feinen, dünnen Waffeln mit den eleganten Prägemustern sind das kulinarische Wahrzeichen der Stadt. Es gibt sie inzwischen mit Zimtgeschmack oder Haselnussnote, viele Konditoren haben ein eigenes Rezept. Eine Packung Oblaten mit nach Hause zu nehmen, heißt auch ein wenig Nostalgie mitreisen zu lassen.

Souvenir, Souvenir

Das gibt's heute noch

Aussichtsturm Diana Seit dem Jahr 1914 lockt der Aussichtsturm hoch über Karlsbad mit einem tollen Blick. Auch die Seilbahn, die auf den Berg hinaufführt, ist nostalgisch; sie gibt es schon seit 1909. Nun gilt es nochmals 150 Holzstufen zur Aussichtsplattform zu überwinden, es gibt aber auch einen Aufzug. Egal wie man hinaufkommt, das Panorama ist fantastisch.

Davos

AUF DEN SPUREN DES ZAUBERBERGS

Mit seinem Roman »Der Zauberberg« setzte Thomas Mann dem Belle-Époque-Luftkurort ein unvergessliches literarisches Denkmal; Ernst Ludwig Kirchner hingegen bannte die majestätische Bergwelt von Davos mit Farbe und Pinsel. Inzwischen sind Wintersport und Weltwirtschaftsforum die Aushängeschilder der noblen Alpenstadt.

Bergbau und Handel prägten einst die Region um das Landwassertal. Über den Flüelapass erfolgte auf Saumpfaden und später auch einer Straße der Warentransport nach und von Italien. Doch schon 1906 trug man in Davos eine europäische Meisterschaft im Eislaufen aus – und just im Erscheinungsjahr des »Zauberbergs« (1924) ein erstes Skirennen am Hang des Parsenn. Gleichzeitig suchten Lungenkranke bei Liegekuren Linderung im heilkräftigen Hochgebirgsklima des Ortes, der mit der Rhätischen Bahn längst bestens erreichbar war. Prominenz aller Sparten begab sich in den Graubündner »Weltkurort« zu Füßen des Jakobshorns, der jedoch bald dem Wintersport immer größeres Gewicht einräumte. Ergänzend zu den Jugendstil-Sanatorien und Hotels entstanden Anlagen für die Fortbewegung auf Skiern oder Kufen; darunter der weltweit erste Bügellift und die noch heute größte Natureisbahn Europas. Auf ihr wurden zunächst auch Bandy-Turniere ausgetragen, eine Art Vorläufer der Eishockey-Wettbewerbe.

FLÜELAPASS

Mit einer Länge von 27 Kilometern und 17 Kehren ist die 1867 erbaute Passstraße zwischen Davos und Susch im Inntal ein Traum für Radfahrer ebenso wie für alle Motorisierten. Sogar Postbusse verkehren durch das bis zu 2400 Meter hohe Felsgebiet (Flueh) – allerdings nur im Sommer. Im Winter ist der Flüela gesperrt. Seit 1999 sichert aber der Vereina-Eisenbahntunnel die Verbindung zwischen Nordbünden und Unterengadin.

SCHATZALP

Schon Thomas Mann erwähnt das im Jahr 1900 vollendete Sanatorium auf der Schatzalp mehrfach in seinem »Zauberberg«; die Schwiegersöhne des Planers und Kurort-

Tod und Amüsement Nicht nur auf der Davoser Schatzalp suchten Anfang des 20. Jahrhunderts Lungenkranke Linderung, sondern auch im 1911 erbauten »Waldsanatorium«. Katja Mann kurte dort länger und ihre Schilderungen sowie die an ihrer Seite selbst erlebte Mischung »von Tod und Amüsement« inspirierten den Schriftsteller schließlich zu seinem berühmten Roman. Optisches Vorbild für das »Berghof«-Sanatorium war aber wohl die Heilanstalt auf der Schatzalp. Zum Gedenken an Thomas Mann erinnert heute ein nach ihm benannter Spazierweg, der vom Waldhotel Davos bis auf die Schatzalp führt.

Pioniers Willem Jan Holsboer fungierten als erste Chefärzte dort. Behandelt wurden vornehmlich Tuberkulose-Patienten. Seit 1954 wird der Jugendstil-Bau als »Berghotel Schatzalp« geführt. Sein bereits zu Sanatoriums-Zeiten angelegter botanischer Garten, das Alpinium, umfasst heute rund 5000 verschiedene Pflanzenarten.

Links: Im Berghotel Schatzalp ist vieles noch so wie einst. Die Architektur des Sanatoriums ist erhalten geblieben. Die Terrassen, wo einst die Sanatoriums-Patienten ihre Tuberkulose auskuriert haben, dienen heute allerdings dem Sonnenbad der Hotelgäste.

Unten: »Also Ruhe, Geduld, Mannszucht, messen, essen, liegen, abwarten und Tee trinken.« (Zitat aus »Der Zauberberg« von Thomas Mann).

Rechts: In Davos war schon zu Anfang des 20. Jahrhunderts viel geboten (Reiseplakat aus dem Jahr 1918.)

Unten: »Der Bahnhof von Davos«; Gemälde von Ernst Ludwig Kirchner, 1925.

KIRCHNER MUSEUM

Fast selbst ein Kunstwerk, birgt der aus vier Kuben und einer breitfenstrigen Wandelhalle bestehende moderne Sammlungsbau vor allem jene Arbeiten, die Ernst Ludwig Kirchner während seines Aufenthaltes in Davos schuf. 1917 war der Maler und Zeichner nach einem Zusammenbruch zur Genesung in den Ort gekommen und hatte bald

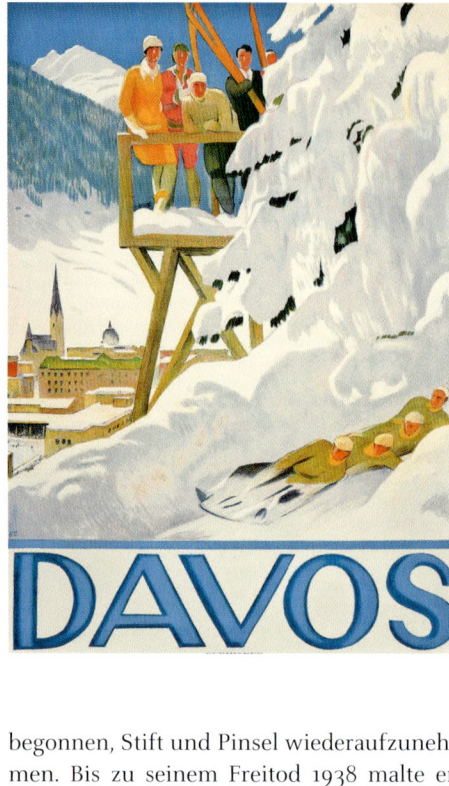

begonnen, Stift und Pinsel wiederaufzunehmen. Bis zu seinem Freitod 1938 malte er vor allem visionäre, von den majestätischen Bergen der Umgebung inspirierte Landschaften. *www.kirchnermuseum.ch*

WINTERSPORTMUSEUM DAVOS

Was hat es mit dem berühmten »Davoser Schlitten« auf sich und was war sein Verhängnis? Wann und durch wen kamen die ersten Skier, Bobs und Schlittschuhe in den Ort? Wieso ist Eishockey die große Leidenschaft der Davoser? Im Wintersportmuseum erhalten alle Wissbegierigen anschaulich Antwort auf all diese Fragen. Und können zudem neben Curling-Steinen, historischen Schlittschuhen, Trikots und Medaillen sogar eine Trophäe bewundern, die der schottische »Sherlock Holmes«-Autor Sir Arthur Conan Doyle einst gestiftet hatte. *www.wintersportmuseum.ch*

Retro-Moment

Mit einer Pferde-kutsche durch die Winter-landschaft zuckeln *Hüh, auf geht's! Schon traben die Rösser los und die Gäste hinter dem Kutscher lehnen sich entspannt zurück, um, dick eingepackt in Decken, den Zauber des Schnees zu genießen, der nicht nur unter den Schlittenkufen glitzert. Im Sommer verkehrt eine historische Postkutsche zwischen Davos und Flüela Hospiz.*

Souvenir, Souvenir

Schokolade »Schoggi« und Schweiz gehören zusammen wie Mond und Sterne. Schon im 17. Jahrhundert wurde das köstliche Kakao-Erzeugnis von den Eidgenossen produziert. Bald auch im großen Stil. Inzwischen gibt es viele Confiserien, die ihre Schokoladen-Spezialitäten selber machen.

Das gibt's heute noch

Parsenn Derby *Von der Parsennfurka nach Küblis verlief 1924 der erste Parcours des Skirennens, das heute das traditionsreichste der Schweiz ist. Ausrichter wuren die beiden Davoser Skiclubs; teilnehmen durften Damen und Herren. Die Idee zu dem Wettbewerb stammte von dem britischen Gast Fred W. Edlin.* **parsennderby.ch**

Kitzbühel

EIN PLATZ AN DER SONNE

Dank Hahnenkamm, Streif und »Schwarzem Blitz« avancierte der Tiroler Bergbauort
zur wohl legendärsten Sportstadt der Alpen. Außer mit atemberaubenden Skirennen
und hohem Promifaktor punktet das gern auch nur »Kitz« genannte Städtchen auch
mit viel Kunst und baulicher Tradition.

Einst an der Handelsroute vom Chiemsee über den Felbertauernpass nach Venedig gelegen, kennt der heutige Wintersportort Gäste aus der Fremde schon seit dem Mittelalter. Und Fluch und Segen seines Reichtums durch den Bergbau spätestens seit dem 16. Jahrhundert. Inzwischen ist Kitzbühel vor allem berühmt für sein Hahnenkammrennen, zu dem sich alljährlich an der Streif auch viel Prominenz aus Politik, Kultur und Unterhaltungsbranche einfindet. In der von Zerstörungen weitgehend verschonten Altstadt mit ihren oft prächtigen Fassaden paaren sich heute uralte Tore und Türme mit edlen Boutiquen und netten Cafés, die nicht nur Skisportfans entzücken, sondern auch Biker und Wanderer. Kitzbühels Kirchen lohnen ebenfalls einen Besuch – und wer mag, lässt sich im Stadtmuseum ein wenig vom »Schwarzen Blitz« erzählen, jener Kitzbüheler Skisportlegende, die mit bürgerlichem Namen Toni Sailer hieß. Oder man tritt ein ins Schaffensreich des Malers und Architekten Alfons Walde (1891–1958), dem der örtliche Tourismus vieles verdankt.

ALTSTADT & CASINO

Farbenfrohe Fassaden mit prachtvollen, schmiedeeisernen Zunftzeichen und eindrucksvollen Malereien oder Reliefs; die Stadtmauer mit dem Jochberger Tor als Eingang zur Fußgängerzone; der Pfleghof, an dem schon um 1120 eine Burg mit Wohntrakt und Wachturm stand; die zwei gotischen Kirchen: Kitzbühels historischer Kern ist ein echter Augenschmaus. In einem seiner größten historischen Bauten, dem Hotel »Goldener Greif«, ist seit 1969 das Casino beheimatet.

MUSEUM KITZBÜHEL

Untergebracht in zwei der ältesten Häuser Kitzbühels, bietet das Museum einen

Der Blitz von Kitz Dreifacher Olympiasieger, siebenfacher Weltmeister, zwanzig Jahre Leiter des Hahnenkammrennens, Schlagersänger und Filmschauspieler: der ausgebildete Glaser und Spengler Anton Engelbert Sailer (1935–2009) war Österreichs erster Superstar. Schon mit zwei Jahren bekam er vom skibegeisterten Vater die ersten »Bretter« geschenkt, 1952, als Sechzehnjähriger, gewann er bereits die Abfahrt von Megève. Da man ihm aber bald vorwarf, gegen die Amateurstatuten zu verstoßen, beendete Sailer bereits mit 23 Jahren seine Rennkarriere.

facettenreichen Einblick in die Geschichte der Stadt – vom bronzezeitlichen Bergbau bis zum »Skiwunderteam« der 1950er-Jahre. Den Schwerpunkt der Sammlung bildet jedoch das Werk des Tiroler Malers und Architekten Alfons Walde, der u.a. die Wort-Bild-Marke »Kitzbühel« schuf und sowohl mit Plakaten als auch mit Bauprojekten viel zur touristischen Entwicklung des Ortes beitrug. Sein 1929 errichtetes Berghaus am Hahnenkamm war lange Zeit der Treffpunkt in Kitzbühel. *www.museum-kitzbuehel.at*

Links: Auch beim »Einkehrschwung« auf der Hüttn' heißt es rund um Kitzbühel sehen und gesehen werden.

Oben: Skiläufer, Schauspieler oder Schlagerstar – Toni Sailer war ein echtes Multitalent.

>> *Fusswanderer sind in einem Gebirgsland die freiesten Leute. Der Reisesack mit einigen Hemden und 1 Paar Schuhen wird mit der Post vorausgesandt, die kleine Ledertasche mit dem Bedarf für 4 bis 6 Tage umgehangen.«*

(Baedeker's Handbuch für Schnellreisende)

Unten: In Schlangenlinien führt die Panoramastraße hinauf aufs Kitzbüheler Horn. Im dortigen Berggasthaus warten nicht nur Spinatknödel, sondern auch Kaiserschmarrn.

HAHNENKAMMBAHN

Nach zwei Jahren Bauzeit wurde Kitzbühels erste Seilbahn auf den Hahnenkamm im Frühjahr 1928 eingeweiht. Seither erfolgten zwei Umbauten, bei denen nur die beiden historischen Stationsgebäude von Alfons Walde erhalten blieben. Eine moderne Einseil-Umlaufbahn mit Sechsergondeln verkehrt heute in acht Minuten vom westlichen Ortsrand die Streif hinauf auf 1660 Meter Höhe. Die roten Gondeln tragen übrigens stets die Namen der aktuellen Sieger des Hahnenkamm-Rennens.

PANORAMASTRAßE ZUM KITZBÜHELER HORN

Nördlich des Ortszentrums, dort wo der Walsenbach in die Ache mündet, beginnt die kurvenreiche – und mautpflichtige – Panoramastraße auf das Kitzbüheler Horn. Vorbei an einzelnen Bauernhöfen führt sie bis hinauf ins Almengebiet des fast 2000 Meter hohen Berges. Über die Köpfe der im satten Grün weidenden Kühe hinweg bieten sich hier in nahezu jeder Serpentine herrliche Ausblicke auf die Kitzbüheler Alpen. Endpunkt der 7,5 Kilometer langen, nur von Mai bis November geöffneten Strecke ist der Gasthof Alpenhaus.

Hahnenkammrennen

Seit seiner Premiere im Jahr 1937 gilt der Abfahrtslauf auf der heutigen Streif als legendär – sowohl unter den Teilnehmern wie bei den Zuschauern. Auf dem 160 Meter langen Starthang erreichen die Rennläufer nach nur 8,5 Sekunden die »Mausefalle« für den ersten und weitesten Sprung. Bis zu 80 Meter fliegen die Athleten auf diesem mit 85 Prozent Gefälle steilsten Pistenstück und erreichen dabei eine Geschwindigkeit um 120 Stundenkilometer. Beim Zielsprung sind es dann fast 150.

Kaiserschmarrn

Ob Dessert oder süße Hauptspeise – mehr als Mehl und Milch, Butter und Eier, Zucker und Salz braucht es nicht für diesen Klassiker, der seine Gestalt einem Versehen verdankt. Zum ersten Mal wurde die – damals unfreiwillig zerteilte – Süßspeise 1854 am kaiserlichen Hof Österreichs serviert, daher ihr Name.

Einen Skikurs bei den »Roten Teufeln« machen

1926 schlossen sich die beiden damaligen Kitzbüheler Skischulen zusammen, um fortan in einem Stil zu lehren. In den 1950er-Jahren entwarf der Künstler Alfons Walde für die Schule nicht nur Plakate, sondern auch die rote Skilehrer-Bekleidung. Die »Roten Teufel« waren geboren. www.rote-teufel.at

ALS DIE BRETTER LAUFEN LERNTEN

Schon Ende des 19. Jahrhunderts kam der Skisport von Norwegen auch in die Alpenregionen Österreichs: Ein Grazer brachte 1889 erstmals skandinavische Schneebretter mit in seine Heimat. Nur zwei Jahre später wurde der »Erste Wiener Skiverein« gegründet. Aufgrund des steileren Geländes im Vergleich zu Skandinavien fiel das Erlernen der Schwünge jedoch schwer, Aufstiege gestalteten sich mühsam. Die nordische Telemark-Technik wurde daher entsprechend verändert. Am ersten Skikurs in Stuben am Arlberg im Jahr 1905 nahm auch der damals 15-jährige Johann Schneider (1890–1955) teil. Schon 1907 wurde er aufgrund seiner hervorragenden Fähigkeiten zu einem Skirennen in die Schweiz eingeladen. Im selben Jahr erhielt »Hannes« eine Anstellung als Skilehrer im Hotel Post in St. Anton – und gründete dort 1920 die erste Skischule Österreichs. Neue Eisenbahnstrecken, Kinofilme und spektakuläre Wettbewerbe wie das Kandahar-Rennen sorgten im selben Jahrzehnt für die weitere Ausbreitung des neuartigen Skisports.

Bild: Österreich gilt als Geburtsort des Skisports in den Alpen. Immer mehr Sportbegeisterte zog es ab den 1930er-Jahren auf den neuartigen Brettern in die Berge, wie hier 1949 diese Gruppe von Skifahrern in Zürs am Arlberg.

Rimini

FERIEN WIE FRÜHER

Als ältestes der großen Seebäder an der italienischen Adria (seit 1843) ist Rimini nicht nur Geburtsort von Federico Fellini, es weckte einst auch die Italien-Sehnsucht der Deutschen. 15 Kilometer Strand, 40 000 Sonnenschirme und unzählige Bademeister sorgten ab den 1950er-Jahren dafür, aus dem Badeort einen Mythos zu machen.

Nach den Entbehrungen der Nachkriegszeit kam in Deutschland mit dem Wirtschaftsaufschwung auch verstärkt der Wunsch nach Abwechslung und Erholung auf: Die Menschen wollten wieder verreisen. Und das nicht nur im eigenen Land, sondern auch in die Ferne. Mit dem eigenen Auto mobil geworden, wurde Italien ab den 1950er-Jahren schnell der Deutschen liebstes Reiseziel. Vorneweg Rimini, denn hier gab es alles, was das Urlauberherz begehrte: einen kilometerlangen Sandstrand, gutes Wetter und natürlich ganz viel Italien-Feeling. In manchen Jahren unschön als »Teutonengrill« verspottet, verbinden noch immer viele Deutsche die schönsten Kindheitserinnerungen mit dem auch »kleines Rom« genannten Städtchen. Wer nicht den ganzen Tag am Strand verbringen möchte, wandelt durch die von den Römern geprägte hübsche Altstadt oder geht abends nach dem Pizza-Essen noch ins berühmte Art-déco-Kino »Cinema Fulgor«, wo der 1920 im Fischerviertel San Giuliano geborene Federico Fellini seine ersten Filme sah.

STRAND

Von der Mündung des alten Marecchia-Flusses im Hafengebiet zieht sich Riminis »spiaggia« gut 15 Kilometer gen Süden, fast bis Cattolica. Teilweise ist das goldene Sandband fast 100 Meter breit und dank minimaler Ebbe- und Flutbewegung kann man an seinem Meeressaum lange im flachen Wasser waten. Freie Strandabschnitte wechseln in der gesamten Zone mit rund 250 offiziell bewachten »bagni«, die oft zu den Hotels gehören und mit Sonnenschirmen und Liegen ausgestattet sind.

TIBERIUS-BRÜCKE

Besonders eindrucksvoll spiegeln sich ihre fünf gemauerten Rundbögen im Licht der

»Man spricht Deutsch« Eine bayerische Familie macht Urlaub in Italien. Vater, Mutter, Sohn. Geplagt von Hitze, Lärm, der Angst vor Dieben und noch ein paar Alltäglichkeiten: alle Klischees bedient die Filmsatire des Münchner Schauspielers und Kabarettisten Gerhard Polt. Gedreht wurde sie allerdings nicht im oft mit dem Begriff »Teutonengrill« assoziierten Rimini, sondern 1988 am Golf von Terracina, etwa 100 Kilometer nördlich von Neapel.

untergehenden Sonne. Schon unter Kaiser Augustus begannen die Arbeiten für die rund 60 Meter lange Tiberius-Brücke über den Fluss Marecchia. Vollendet wurde das Bauwerk, das den römischen Kern Riminis mit dem heutigen Borgo San Giuliano verbindet, aber erst unter der Herrschaft von Tiberius, im Jahr 20. n.Chr.

Links: Rimini ist nicht nur der Inbegriff des italienischen Strandlebens, ab den 1950er-Jahren verkörperte der Badeort ein ganzes Lebensgefühl.

Unten: Die Tiberius-Brücke ist ein Relikt aus einer Zeit, als die Römer das Sagen in Rimini hatten.

REPUBLIK SAN MARINO

Der bergige Zwergstaat, der nur rund 45 Autominuten von Rimini entfernt ist, umfasst auf einer Fläche von nur rund 60 Quadratkilometern neun Gemeinden. Deren größte ist allerdings nicht jene der Hauptstadt, sondern Serravalle im Talgebiet. Das historische, fast komplett ummauerte San Marino Città indes zieht sich inmitten der Republik, die als älteste der Welt gilt, auf dem Grat des zum UNESCO-Erbe zählenden Titano-Massivs. Auf den benachbarten Gipfeln recken sich die drei mittelalterlichen Wehrtürme, die das Wappen-Symbol San Marinos bilden.

Oben: Idyllische Gässchen erwarten den Urlauber im Fischerviertel San Giuliano.

Rechts: Wer schon immer mal die älteste bestehende Republik der Welt besuchen wollte – San Marino ist von Rimini nicht weit entfernt.

FISCHERVIERTEL SAN GIULIANO

Farbenfroh geht es heute zu im mittelalterlichen »borgo« nördlich der Ponte di Tiberio. Die niedrigen Häuser in den engen, einst von Fischern und Schiffern bewohnten Gassen leuchten sonnengelb oder ockerrot; Türen und Fensterläden strahlen dunkelgrün oder himmelblau. Seit einiger Zeit zieren zudem Malereien viele der Fassaden – hauptsächlich mit Szenen aus den berühmtesten Filmen Federico Fellinis, dem Schöpfer von »La Strada« (1954).

Heute so gut wie damals

Liegestuhl *In der Horizontalen entspannen; sich räkeln; in die Sonne blinzeln. Aber nicht direkt auf dem Boden. Sondern schwebend, in einem, bequemen, praktischen Fauteuil. Ursprünglich wurden solche Exemplare für Reisende von Liniendampfern an Deck aufgestellt. Heute gehören Liegestühle zur Strandausstattung.*

Retro-Moment

Im Cinema Fulgor einen Fellini-Film ansehen *In diesem Kinopalast der 1920er-Jahre erblühte Fellinis Liebe zur siebten Kunst. Hier sah er mit dem Vater seine ersten Filme. Am Tag, an dem der große italienische Cineast 98 Jahre alt geworden wäre, konnte das Kino nach langer Renovierung seine Wiedereröffnung feiern.*
www.cinemafulgor.com

Grand Hotel Rimini
König Faruk von Ägypten und der spätere japanische Kaiser Hirohito zählten ebenso zu seinen Gästen wie Lady Di. Regisseur Federco Fellini verhalf dem strandnahen Traumbau seiner Kindheit in »Amarcord« (1973) sogar zu cineastischem Ruhm.
www.grandhotelrimini.com

Das gibt's heute noch

Capri

GÖTTLICHES GEFILDE

Schon im 5. Jahrhundert v. Chr. bezeichnete der griechische Dichter Aristophanes Capri als herrlichste Insel der Faulenzerei. Später erlagen nicht nur Griechen, sondern auch Schöngeister aus aller Welt dem Zauber des Eilands, von dessen Felsen, so heißt es, schon die legendären Sirenen ihren Lockruf erschallen ließen.

Wohl kaum eine Insel weckt mehr Träume von Sonne, Meer und duftendem Grün, von Schönheit und Romantik. »Bella, bella, bella Marie, vergiss mich nie«: Hinreißende Frauen und Fischer, die unter Sternen ihre Netze auslegen. Schon lange vor der Schlagerzeit ließ Capri Dichter schwärmen, inspirierte Maler, Komponisten und andere Kreative. Graham Green verbrachte immer wieder einige Frühlings- und Herbsttage in seinem kleinen Refugium »Il Rosario«, Claude Debussy widmete den Hügeln Anacapris eine seiner Prelüden; Modeschöpfer Valentino fand auf der Insel Anregung zu neuen Farben und Mustern. Auch Hochadel, Filmstars, Industrielle: sie alle huldigten der »Felsenkönigin im lilien- und amaranthfarbenen Gewand«, wie Pablo Neruda Capri nannte. Sie bauten extravagante Villen und Wege, legten üppige Gärten an, staunten über die blaue Grotte und wandelten auf den Spuren der Antike. Bis heute atmet Capri einen Hauch von Reichtum und Exklusivität, wie die Jachten in der berühmten Marina Grande und die Luxusboutiquen im quirligen Hauptort zeigen.

MARINA GRANDE

Einst war Capris Haupthafen ein schlichter Fischerort. Heute legen vor seinen weißen und farbenfroh getünchten Häusern nicht nur die Fähren vom Festland an, sondern es lockt auch ein schöner Strand und eine Fülle netter Cafés, Restaurants und Läden. Zudem erinnert die Kirche San Costanzo an die antike Vergangenheit der Insel: Der Kern des dem Inselheiligen gewidmeten Gotteshauses stammt aus dem 5. Jahrhundert und steht auf den Resten römischer Bauwerke.

AUGUSTUS-GÄRTEN & VIA KRUPP

Kaum ein zweiter Ort auf Capri bietet solch ein Panorama wie jene Gärten, die Friedrich A. Krupp (1854–1902) angelegen ließ, um dort seine Villa zu bauen. Doch dazu kam es nie; der Essener Industrielle logierte stets im Hotel Quisisana. Dafür gab er im Jahr 1900 einen Weg in Auftrag, um von dort bequemer zu seinen Jachten in der Marina Piccola zu gelangen. Von den Augustus-Gärten, die auf Ruinen aus der Zeit von Kaiser Augustus angelegt wurden, lassen sich die Haarnadelkurven der immer wieder wegen Steinschlag gesperrten Via Krupp am besten bewundern.

Wenn bei Capri die rote Sonne …

Musik und bewegte Bilder taugen bestens, um Sehnsüchte zu wecken. So träumten sich ab den 1940er-Jahren viele Deutsche mit dem Schlagertext »Wenn bei Capri die rote Sonne im Meer versinkt« in den Süden Italiens. Ebenso wie das Lied der »Caprifischer« trug auch die US-amerikanische Filmromanze »Es begann in Neapel« mit Sophia Loren und Clark Gable in den Hauptrollen beträchtlich zur Popularität Capris bei. Gedreht wurde 1959 teilweise an Originalschauplätzen auf der Insel.

Links: Vom Monte Solaro, dem höchsten Gipfel von Capri, hat man einen traumhaften Blick über die gesamte Insel. Wer nicht hochlaufen möchte, nimmt einfach den seit 1952 verkehrenden Sessellift.

Unten: Traumpaar, aber nur im Film – Sophia Loren und Clark Gable in »Es begann in Neapel« (1960), der zu einem Teil auch auf Capri spielt.

Ganz oben: Eine Oase zwischen Zitronenbäumen – das Restaurant »La Zagara« in Anacapri.
Oben: Blaue Grotte.

ANACAPRI

Schon Graham Green und Claude Debussy sowie eine ganze Reihe weiterer Künstler und Schöngeister erlagen dem wildromantischen Zauber des hügeligen, oberen Insel-

teils. Bis 1877 war er vom Meer aus nur über die Scala Fenicia, eine in den Fels des Monte Solaro gehauene Treppe mit 921 Stufen erreichbar. Heute gibt es nahe der römischen Villa Damecuta sogar einen Heliport. Im historischen Stadtzentrum indes bummelt man zwischen ruhigen Plätzen oder schaut den Kunsthandwerkern bei der Arbeit zu.

BLAUE GROTTE

Von Kaiser Tiberius als privates Schwimmbecken genutzt, aber schon in der Antike als Nymphen-Heiligtum bekannt, erlebt die Grotte seit ihrer Wiederentdeckung 1826 durch den deutschen Dichter August Kopisch einen ungebrochenen Ansturm. Zugänglich ist die etwa 50 mal 30 Meter messende Höhle nur per Boot durch ein schmales, niedriges Felsloch. Da auch das Sonnenlicht nur über das Meer eindringen kann, verliert es seinen Rotanteil und so schimmert das Innere in einem magisch schönen Blau.

Capri-Hose *Audrey Hepburn trug sie, Brigitte Bardot und Marilyn Monroe. Erfunden wurde die enge, dreiviertellange Hose mit den beiden Seitenschlitzen jedoch 1948 von der Münchner Designerin Sonja de Lennart. Das kesse Kleidungsstück war Teil ihrer »Capri«-Kollektion, denn auch die Lennartsche Familie war dem italienischen Eiland in Liebe verfallen.*

Heute so gut wie damals

Retro-Moment

Auf den Monte Solaro mit dem Sessellift fahren *Capri von oben. Aus fast 600 Metern Höhe. Und ganz ohne Anstrengung: Die »seggiovia« macht's möglich. Nur gut zehn Minuten braucht der seit 1952 verkehrende Sessellift von Anacapris Piazza Vittoria zum höchsten Inselgipfel. Schon Rita Hayworth genoss die grandiosen Ausblicke von dort.* **www.capriseggiovia.it**

Das gibt's heute noch

Villa San Michele *»Soviel Luft und Sonne wie möglich« wollte Axel Munthe (1857 bis 1949) zum Leben. Ende des 19. Jahrhunderts erfüllte sich der schwedische Arzt und Autor seinen Traum mit einem Haus hoch über dem Meer. Heute ist das von einem großen Garten umgebene, noch original eingerichtete Anwesen in Capreser Bauweise ein faszinierendes Museum.* **www.villasanmichele.eu**

LA DOLCE VITA

Nein, es war sicher nicht Federico Fellinis Film »La Dolce Vita« (1960) über die High Society im Rom der 1950er-Jahre, der die weit verbreitete Vorstellung vom »süßen Leben« in Italien prägte. Sondern wohl eher das Flair jener Zeit auf Capri, dem lange isolierten Eiland vor Neapel, das schon Kaiser Tiberius begeisterte und später auch den Marquis de Sade. Ab Ende der 1940er-Jahre aber kamen die Fremden zahlreich: um die Schrecken des Zweiten Weltkrieges zu vergessen und Spaß zu haben – egal ob jung oder alt, arm oder reich, ungeachtet ihrer gesellschaftlichen Stellung oder politischen Couleur. Rasch wurde die felsige Inselschönheit daher zum Synonym für Vitalität, Lebensfreude und die Liebe zum Exzess – und dieses scheinbar sorglose »dolce vita« lockte die halbe Welt. So genoss nicht nur Kirk Douglas, der häufig im Gran Caffè auf der Piazzetta saß, Capris »süßes Leben«, auch Friedrich Alfred Krupp, Liz Taylor, Greta Garbo, Totò, Jean-Paul Sartre, Soraya oder die junge Margarete von England folgten dem Insel-Versprechen von bellezza und dolce vita.

Bild: Nette Gesellschaft, gutes Essen und am besten noch ein traumhafter Ausblick – auf Capri kann man »La dolce vita« wahrhaftig erleben.

Opatija

GRANDEZZA DES SÜDENS

Herrschaftliche Prachtbauten, subtropische Gärten und Kaffeehäuser – in Opatija sind
noch heute die Spuren der österreichisch-ungarischen Monarchie allerorts zu finden:
Seit seiner Ernennung zum Kurort 1889 entwickelte sich das Seebad zu einem
urbanen Gesamtkunstwerk. Wer mondänes Leben von einst sucht, ist hier richtig.

»Adriatisches Nizza« wird Opatija auch genannt, denn die Opatija-Riviera war neben der Côte d'Azur das Haupttreiseziel der Habsburger Elite. Als österreichisch-ungarisches Seebad mit dem italienischen Namen »Abbazia« war die Stadt an der Kvarner Bucht bis 1914 vor allem im Winter ein Adelsquartier, denn das Učka-Gebirge, das sich unmittelbar hinter dem Ort erhebt, schützte Opatija seit jeher vor kalten Winden aus dem Hinterland. Die wärmebedürftige Prominenz wusste das zu schätzen, denn viele flohen vor Schnee und Kälte aus Wien oder Budapest in den Kurort an der kroatischen Riviera. Opatija ist damit nicht nur eines der ältesten touristischen Ziele in Kroatien, sondern vielleicht auch eines der schönsten. Bis 1840 noch ein kleines Fischerdorf mit 35 Häusern und einer Kirche, erleichterte die neue Eisenbahntrasse Wien – Opatija die Anreise um ein Vielfaches. Imposante Hotels wurden errichtet, viele reiche Gäste ließen sich prächtige Villen bauen. Anton Tschechow fand sich hier ebenso ein wie Kaiser Wilhelm II. oder König Umberto von Savoyen. James Joyce pflegte seinen Kaffee im Café Imperial einzunehmen, Kaiser Franz Joseph flirtete mit der Schauspielerin Katharina Schratt. Noch heute kann man dieses Flair genießen – beschaulich ist es aber nur in der Nebensaison.

Villa Angiolina Der Ort, wo alles begann, ist bunt und zauberhaft: Der Angiolina-Park mit der gleichnamigen Villa gilt als Keimzelle der touristischen Entwicklung von Opatija. Im Jahre 1845 ließ der Händler Iginio Scarpa hier eine Villa im Biedermeierstil errichten. Schnell entwickelte sich diese zu einem Treffpunkt der wichtigen Köpfe aus Politik und Kunst in der Region – und die Schönheit von Opatija sprach sich herum. Heute wird die Villa als Museum genutzt, der blumenreiche Park ist zum zentralen Park der Stadt avanciert.

ANGIOLINA-PARK

Wäre Opatija eine Blume, wäre es vielleicht eine Kamelie: Denn die Kamelie ist Wahrzeichen der Stadt und gedeiht im 1885 angelegten Angiolina-Park besonders schön. Der Park zählt zu den prachtvollsten Grünanlagen des Landes. Direkt am Meer bietet sich hier ein einzigartiger Mix aus kunstvoll zu Ornamenten und Formen gepflanzten Blumenbeeten und alten, exotischen Bäumen. Und auch Palmen und Bananenstauden gedeihen hier ganz selbstverständlich.

MÄDCHEN MIT MÖWE

Wer Opatija besucht, stößt irgendwann automatisch auf sie: Die Promenade Lungomare, angelegt im 19. Jahrhundert und bilderbuchschön immer am Meer entlangführend – von Volosko bis Lovran und vorbei an vielen Sehenswürdigkeiten. Zu den Höhepunkten, an denen man vorbeikommt, zählt sicherlich die Statue »Mädchen mit Möwe« des Bildhauers Zvonko Car aus dem Jahr 1956 – eines der beliebtesten Fotomotive der

Links: Opatija kam nie aus der Mode, auch nicht zu der Zeit, als Kroatien zu Jugoslawien gehörte (Aufnahme um 1960).

Oben: Heute beherbergt die Villa Angiolina das kroatische Museum für Tourismus.

Rechts: Vorbild für das »Mädchen mit Möwe« war angeblich eine Geliebte des Bildhauers, die dem Künstler des Nachts Porträt stand. Um ihre genaue Herkunft machte Zvonko Car aber Zeit seines Lebens ein Geheimnis. Erst 55 Jahre nach der Fertigstellung gab sich die Dame schließlich zu erkennen.

Unten: Ruhepol – die Amerikanischen Gärten liegen zwar mitten in der Stadt, dennoch herrscht hier eine fast mystische Atmosphäre.

Stadt. Besonders beeindruckt die Skulptur bei Sturm, wenn die Wellen auf das Ufer treffen und sich das Wasser über dem Fels verteilt; dann nämlich hat es den Anschein, als ob eine Nymphe aus der Gischt aufsteigt.

AMERIKANISCHE GÄRTEN

Es war ein hehres Ziel, das sich der ungarische Paprikahändler und eine amerikanische Blumenhändlerin in den 1920er-Jahren setzten: Sie wollten einen der schönsten

Gärten des Adriaraumes erschaffen. Dafür sprengten sie Felsen, schleppten kutschenweise Erde heran und legten auf einer Fläche von 30 000 Quadratmetern halbkreisförmige Terrassengärten an. Tatsächlich haben sie eine grüne Oase errichtet, die ihresgleichen sucht. Mit Zypressen beschattet, fügen sich künstliche Elemente wie Säulen, Bänke oder Steingeländer perfekt in die Landschaft ein und ergeben herrlich grüne Akzente, bevor der Blick aufs azurblaue Meer gleitet.

STRANDBAD ANGIOLINA

Dieses Strandbad gab es schon Ende des 19. Jahrhunderts. In dem mehrstöckigen hölzernen Umkleidebereich mit Balkonen konnten sich Männlein und Weiblein sittsam voneinander getrennt ihr Badekleid überstreifen und danach im kühlen Nass der Erholung fröhnen. Nach jahrzehntelangem Stillstand wurde das Retro-Bad nun im Originalstil wieder auf Vordermann gebracht. Heute sind die Umkleidekabinen sogenannte Beach Boxes, in denen man essen, Cocktails trinken und sich von gepolsterten Sonnenliegen aus an dem schönen Meerblick sattsehen kann.

Freilichtbühne *Musik unterm Sternenhimmel, der Duft von Zypressen in der Luft und in der Ferne rauscht das Meer – filmreife Momente wie diese lassen sich in der im Jahr 1920 gegründeten Freilicht-bühne von Opatija erleben. Sie liegt im Stadtpark Angiolina direkt am Meer und wartet mit einem bunten Pro-gramm auf. www.festivalopatija.hr*

Retro-Moment

Das gibt's heute noch

Hotel Kvarner *Fürst-lich sieht es aus mit seiner hellgelben Fas-sade und den verzierten Balkonen: Das Hotel Kvarner ist das älteste Hotel an der Ostadria. Errichtet 1884, nahm von hier die touristische Entwicklung in Kroatien ihren Anfang. Auf-grund seiner einzigartigen Lage avancierte es schnell zum Treffpunkt der feinen Wiener Gesellschaft, legendär waren insbesondere die Silvesterbälle im Kristallsaal. www.liburnia.hr/en/hotel-kvarner*

Heute so gut wie damals

Gegrillte Calamari essen *Tintenfische direkt vom Grill, serviert mit Knob-lauch, Petersilie, Zitrone und Brot oder Reis – was in der Heimat oft nur nach Gummi schmeckt, ist in Kroatien ein einmaliger Genuss. Genießen sollte man die Gaumenfreude am besten in einem Lokal direkt am Meer.*

Athen

DIE GRANDE DAME EUROPAS

Die Sagen, die Götter – Griechenlands Geschichte und insbesondere die von Athen
hatte seit jeher eine große Strahlkraft auf die Kultur Westeuropas. Kein Wunder also,
dass schon ab dem 19. Jahrhundert betuchte Bildungsreisende die Stadt ansteuerten,
um doch endlich die berühmten antiken Stätten in natura erleben zu können.

Die Geschichte des griechischen Tourismus hat zu einem großen Teil mit einem Mann zu tun: dem deutschen Archäologen Heinrich Schliemann (1822–1890). Einhergehend mit seiner Entdeckung der sagenumwobenen Stadt Troja im Jahr 1873 wurde das Interesse der Öffentlichkeit an den antiken Stätten Griechenlands maßgeblich gefördert. Schließlich wollte man die legendären Orte nicht nur in trockenen Kunstabhandlungen betrachten, sondern diese auch im Original bewundern. Neben Troja, Mykene und Delphi stand auch die griechische Hauptstadt Athen mit ihrer legendären Akropolis im Mittelpunkt des Interesses. Als man dann 1896 auch noch die ersten Olympischen Spiele der Neuzeit in der griechischen Hauptstadt ausrief, wurde Athen zu einer Art Reise-Hotspot des 19. Jahrhunderts. Die Griechen lernten schnell, dass eine neue Einkommensquelle winkte, und rührten für den neuartigen Fremdenverkehr kräftig die Werbetrommel. So ließ man von namhaften Künstlern eine ganze Serie von Werbeplakaten entwerfen. Darauf abgebildet: die archäologischen Schätze und Stätten der griechischen Antike wie Parthenon, Knossos, Delphi. Eine Kampagne, die schnell Erfolg hatte. Denn nicht nur Aristokraten auf Bildungsreise kamen vermehrt in die Stadt, es entstanden auch zahlreiche große Hotels, elegante Cafés und Restaurants.

NATIONALGARTEN

Königin Amalie von Griechenland ließ die gut 15 Hektar große Grünanlage nahe der Residenz zwischen 1838 und 1840 als botanischen Garten und privates Refugium im romantischen Stil eines englischen Landschaftsparks anlegen. Sie beteiligte sich anfänglich persönlich an den Pflanztätigkeiten etwa mit dem Einsetzen eines Dutzends von Palmen. Während der Arbeiten stieß man u. a. auf noch heute sichtbare Tempelfunda-

mente, ein römisches Mosaik und eine Wasserleitung aus der Zeit um 600 v. Chr.

PANATHINAIKO-STADION

Auf den Fundamenten der um 330 v. Chr. in einer Mulde östlich der Akropolis errichteten Wettkampfanlage für die alljährlichen Panathenäischen Spiele rekonstruiert, diente die hufeisenförmige Anlage 1896 als Austragungsort der ersten Olympischen Spiele der Neuzeit. Die Tribünen für etwa 50 000 Zuschauer sollten ganz in Marmor ausgekleidet werden, doch die Zeit war zu knapp.

Links: Das dreistöckige Odeon – ein Amphitheater für Wettkämpfe und Kulturveranstaltungen – war ursprünglich mit einem Dach aus Zedernholz versehen.

Unten: Mit Spitzenkleid und Matrosenanzug auf Sightseeing-Tour (Aufnahme von 1907).

Rechts: Die Plaka, Athens Altstadtviertel, brummt nur so vor Leben. Viele schmale Treppengässchen ziehen sich den Hang hinauf. Beim Blick nach oben stets präsent ist der Akropolis-Hügel.

Unten: Von den Ausgrabungen im griechischen Olympia beeindruckt, hatte Pierre Coubertin 1880 die Idee, durch den Sport junge Menschen aus aller Welt zu-sammenzubringen (im Bild: voll besetztes Panathinaiko-Stadion, Aufnahme von 1896).

Olympische Spiele der Neuzeit Es mutet fast wie ein Märchen an: eine antike griechische Tradition, über 1000 Jahre hinweg lebendig, dann aber als heidnischer Kult verboten, wird Ende des 19. Jahr-hunderts von einem französischen Baron wiederbelebt. Sein Name: Pierre de Frédy de Coubertin. So fanden 1896 in Athen die ersten Olympischen Spiele der Neuzeit statt – mit rund 300 Amateur-Athleten aus 13 Ländern. Frauen waren nicht zugelassen, durften aber zuschauen.

Erst 1906, zu den inoffiziellen Zwischen-spielen, war es so weit. Neben den Leicht-athletik-Wettkämpfen wurden hier auch die Wettbewerbe im Gewichtheben, Ringen und Turnen ausgetragen.

PLAKA

Bis zur modernen Stadtplanung Ottos I. im frühen 19. Jahrhundert bildete das Mosaik aus schmalen Straßen und kleinen Plätzen am Fuß der Akropolis den Kern von Athen. Fast 20000 Menschen lebten 1840 noch in der Plaka. Erst allmählich wandelte es sich zum Tavernen-Viertel. Viele der meist zwei-stöckigen Holzbalkon-Häuser, zwischen denen sich byzantinische Kirchlein, eine Moschee, ein Hamam und kleine Gärten ver-stecken, stehen auf antiken Fundamenten. Heute ist der Stadtteil geprägt von Souvenir-läden und Lokalen mit meist griechischem Fastfood. Eng drängen sich hier die Tou-risten, abends erklingt Gitarren- und Zupf-geigen-Musik. In der Plaka liegen aber auch das Frissiras-Museum für moderne Kunst sowie jenes für Volkskunst, die römische Agora und die erste griechische Universität.

Souvenir, Souvenir

Retsina Egal ob Fisch oder Fleisch, zu einem griechischen Essen passt der harzig schmeckende Retsina einfach immer. Im alten Griechenland diente die Zugabe von Harz insbesondere der Haltbarkeit, erst später entdeckte man, dass der Baumsaft auch geschmackliche Vorteile bot. Meist als weißer Tafelwein serviert, gibt es den Retsina auch als Rotwein- oder Rosé-Variante.

Das gibt's heute noch

Hotel Grande Bretagne Truman Capote, Ingrid Bergmann, Hugo von Hofmannsthal, Sophia Loren oder Maria Callas – die Gästeliste des 1842 eröffneten Hotel »Grande Bretagne« liest sich wie das Who's who der Schönen und Reichen dieser Welt. Die kanadische Schauspielerin Mary Pickford soll sogar einmal ein Zimmer nur für die Unterbringung ihrer Schuhe gebucht haben. 2003 für 82 Millionen renoviert, gehört das Luxushotel heute zur Marriott-Gruppe.

Retro-Moment

Über den Monastiraki-Trödelmarkt flanieren Früh hingehen lohnt sich, denn dann ist die Auswahl am größten: Der Monastiraki-Flohmarkt gehört zu den Dingen, die man in Athen unbedingt besucht haben sollte. Ob alte Schallplatten oder Gemälde – den nostalgischen Markt gibt es immer sonntags am Syntagma-Platz.

Istanbul

DIE SCHÖNE VOM BOSPORUS

Vielleicht war es der Orient-Express, der den Tourismus Ende des 20. Jahrhunderts nach Istanbul brachte, besser gesagt nach Konstantinopel, denn so hieß die Stadt noch bis 1930. Mit dem Luxuszug kamen die Besucher. Und diese waren von der einzigartigen Mischung aus Tradition und Moderne ebenso angetan wie heutige Reisende.

Drei Namen für eine Stadt: Byzanz, Konstantinopel, Istanbul. Drei Namen für eine ganze Welt, die verschiedener, verwirrender, verführerischer kaum sein könnte. Verschieden, weil hier der »Clash of Civilizations«, der »Zusammenprall der Kulturen«, mehr ist als ein Schlagwort, nämlich alltäglich gelebte Gegenwart; verwirrend, weil die Stadt dem Reisenden erst einmal alle Sinne betört; verführerisch, weil man bald gar nicht mehr anders kann, als diese Stadt in all ihrer Vielfalt zu lieben. Orient eben. Nicht von ungefähr gilt Istanbul auch als »westöstliche Diva«. Als solche ziert sie sich manchmal, wechselt gern das Gewand, verliert aber nie ihr Gesicht. So kann man in Istanbul von Stadtteil zu Stadtteil ziehen, diesseits und jenseits des Goldenen Horns führt der Weg von einer Stimmung wie aus Tausendundeiner Nacht direkt hinein in die pulsierende Gegenwart einer geschäftigen Kulturhauptstadt. Geschäftig war die Stadt schon um die Jahrhundertwende, eine multikulturelle Metropole, die ab 1883 per Luxuszüge bequem erreichbar war. So schrieb schon Karl Baedeker um 1890: »Konstantinopel ist ein beliebtes Ziel abendländischer Reisender, denn es bietet neben völlig europäischen Teilen den fremdartigen Eindruck einer orientalischen Hauptstadt«.

Orient-Express Agatha Christie verewigte ihn in ihrem Klassiker »Mord im Orient-Express«, im James-Bond-Streifen »Liebesgrüße aus Moskau« (1963) ging Sean Connery in seinen Waggons auf Schurkenjagd. Bis heute gilt der Orient-Express, der 1883 seine Jungfernfahrt von Paris nach Konstantinopel antrat, als König der Zugstrecken und Symbol für das gediegene Reisen der 1920er-Jahre. Heute heißt die Strecke zwar Venice Simplon-Orient-Express und führt von London nach Venedig – holzgetäfelte Suiten gibt es aber immer noch.

KIZ KULESI

James Bond war auch schon da: In dem Film »Die Welt ist nicht genug« (1999) gab es in dem ehemaligen Leuchtturm, zu Deutsch »Mädchenturm«, der seit dem 18. Jahrhundert auf einer kleinen Insel im Bosporus thront, den großen Showdown. Klar, dass der Turm daraufhin zu einer der beliebtesten Sehenswürdigkeiten avancierte. Er befindet sich knapp 200 Meter vor der asiatischen Küste und diente bereits im 5. Jahrhundert v. Chr. als Zollstation.

SÜREYYA-OPER

Das Opernhaus in Kadiköy war das erste Musiktheater auf der asiatischen Seite der Stadt: Es stammt aus dem Jahr 1927 und wurde von Süreyya Ilmen, einem sehr westlich orientierten ehemaligen Mitglied des Europäischen Parlaments in Auftrag gege

Links, großes Bild: Ein Turm mit vielen Namen: Um Kiz Kulesi, der auch Mädchenturm oder Leanderturm heißt, ranken sich zahlreiche Legenden.

Links: Von Paris über Wien und Bukarest in die Türkei. Wer es sich leisten konnte, reiste Ende des 20. Jahrhunderts mit dem Orient-Express nach Konstantinopel (Reiseplakat, 1891).

Oben: Der Bosporus trennt nicht nur die Stadt Istanbul, sondern auch Europa und Asien.

Unten: »Einen ungeheuren Bienen-stock kleiner Läden« nannte Mark Twain den Großen Basar.

ben. Doch sein Traum, in diesem schmu-cken, 570 Plätze fassenden Haus Operetten aufgeführt zu sehen, blieb unerfüllt – dazu fehlte es an der technischen Ausrüstung. Bis zum Jahr 1930 war es ein Theater, danach ein Kino. Heute gehört das Haus zur Staatsoper Istanbul, die hier vorwiegend Ballettaufführ-rungen zeigt. Im prachtvollen Innenraum mit seinen Sitzreihen aus rotem Samt und der opulenten freskengeschmückten Decke kommen echte Nostalgiegefühle auf.

GROSSER BASAR

Spricht man in Istanbul vom »Basar«, meint man in erster Linie den Kapalı Çarsi, den Gro-ßen Basar. Schon Karl Baedeker beschrieb das Areal als ein »Gewirr von Gassen« und empfahl einen Kompass, dann könne man sich »unbesorgt hineinwagen«. Tatsächlich braucht man Zeit, denn der größte orienta-lische Markt der Welt ist eine Stadt für sich. Bunt und vielfältig ist das Treiben in den größtenteils überdachten 61 Gassen der sich zwischen der Nuruosmaniye-Moschee im Osten und der Beya-zit-Moschee im Westen erstreckenden Handelszone.

ARNAVUTKÖY UND BEBEK

Kahnpartien zu den »Lustorten der Freude« am Bosporus – so formulierte es der türki-sche Dichter Mehmet Tevfik – waren einst den Reichen vorbehalten. Heute fahren Aus-flugsschiffe täglich den Bosporus hinauf – vorbei an prunkvollen Sommerpalästen, Vil-len und waldreichen Parks; vorbei auch an idyllischen Bosporusdörfern wie Arnavut-köy und Bebek, deren schmucke Jachthäfen vor den bunten Fassaden der Holzhäuser ziemlich einladend wirken.

Das gibt's heute noch

Pera Palas *Istanbuls goldene Ära nachempfinden und sich in die Orient-Express-Zeit zurückversetzen? Das geht im Hotel »Pera Palas«. Als es 1892 eröffnet wurde, war es das exklusivste Haus der Stadt. Als erstes Gebäude Istanbuls hatte es elektrisches Licht, fließendes Warmwasser und einen Personenaufzug. Greta Garbo weilte im Jahr 1924 für 21 Tage im Hotel und Agatha Christie soll in Zimmer 411 Teile ihres »Mord im Orient-Express« geschrieben haben.* **perapalace.com**

Souvenir, Souvenir

Teppich *Zugegeben, er ist etwas sperrig und passt vielleicht nicht ins Handgepäck, doch wohl kein anderes Souvenir ist so typisch für die Türkei wie ein Teppich. Anatolische Teppichkunst wird von Generation zu Generation weitergereicht. Unverändert blieb die Bedeutung der Farben: Rot steht für Reichtum und Freude, Blau für Adel und Pracht, Gelb soll vor dem Bösen schützen. Das Feilschen um den Preis gehört dabei ganz selbstverständlich dazu.*

Retro-Moment

Straßenbahn *Alte Technik hat etwas Faszinierendes, so auch in Istanbul, wo noch immer zwei historische Straßenbahnlinien Fahrgäste befördern. Die Linie T3 ist eine Museumsstraßenbahn, die zwischen Kadköy und Moda fährt, die Nostaljik Tramvay verkehrt im Stadtteil Beyoglu.*

REISEN ERSTER KLASSE

Zu Pferd, per Kutsche oder mit dem Segelschiff gingen betuchte Sprösslinge des europäischen Adels bereits zu Zeiten der Regentschaft von Königin Elisabeth I. von England auf »Grand Tour«, reisten für den letzten Schliff nach der Ausbildung mehrere Monate durch Mitteleuropa, Italien, Spanien und auch ins Heilige Land. Aber erst mit der Industrialisierung im 19. Jahrhundert begaben sich immer mehr Wohlhabende und auf immer komfortablere Weise in ferne Gefilde. Zum Beispiel im Orient-Express von Paris nach Konstantinopel. Der nur aus Schlaf- und Speisewagen bestehende, von einem »Dampfross« gezogene Luxuszug ging am 5. Juni 1883 auf Jungfernfahrt. Sechs Jahre später wurde in Belfast mit der 20 Knoten schnellen »Teutonic« der erste ebenfalls ausschließlich dampfbetriebene Hochseedampfer in Dienst gestellt. Zwar befuhren damals schon ein Dutzend Schifffahrtslinien den Atlantik und einige hatten auch Häfen des Mittelmeeres wie Tripolis oder Alexandria zum Ziel. Doch viele der Ocean-Liner brauchten noch Segelunterstützung.

Bild: Auch im Venice Simplon-Orient-Express, dem Nachfolger des »Königs der Züge«, lautet noch heute das Motto »Luxus pur«.

ASIEN

──────◆──────

Wohl kaum ein zweiter Kontinent bietet mehr Vielfalt, sowohl landschaftlich als auch kulturell. Asien kennt alle Religionen, bezaubert mit seinen Städten wie Bangkok, Hongkong, Macau oder Kolkata durch einen Mix aus Ost und West, aus bewahrter Tradition und lebendiger Moderne. Schon früh lockten zudem Trauminseln wie Goa, Bali oder die Malediven Abenteurer, Aussteiger, Tauchsportfans – und Hollywoodregisseure – an. Bauhaus-Juwelen und exotische Paläste, Jerusalems Tempelberg und Japans heiliger Viertausender Fuji-san, traditionsreiche Luxushotels und uralte Reisterrassen, wuselige Märkte und blühende Kirschbaumgärten: All das – und natürlich auch seine wunderbare Kulinarik – machte Asien spätestens seit dem 20. Jahrhundert zum touristischen Sehnsuchtsziel schlechthin.

Bild: Die thailändische Insel Ko Samui gilt seit den 1970er-Jahren als eines der beliebtesten Urlaubsziele in Asien.

Jerusalem

HEILIGE STADT

Egal, aus welcher Richtung man sich der Hauptstadt Israels nähert, sie zieht jeden Reisenden sofort in ihren Bann. Wie eine Fata Morgana thront sie inmitten der Judäischen Berge. Sie ist nicht nur eine der ältesten Städte der Welt, sondern auch Sehnsuchtsort für Juden, Christen und Muslime, in Liedern besungen, in Psalmen verewigt.

Wohl nirgendwo sonst auf der Welt hinterließen so viele Kulturen ihre Spuren wie in Jerusalem. Schon um 1800 v. Chr. erstmals erwähnt, birgt die seit Langem multikonfessionelle Stadt sowohl zahlreiche Monumente und Stätten des Judentums als auch der christlichen Ost- und Westkirchen sowie des Islam. Sie alle befinden sich in den wuseligen Gassen der von einer osmanischen Wehrmauer umschlossenen Altstadt: die Zitadelle mit dem Davidsturm, das armenische Viertel mit der Jakobskirche, das jüdische Viertel mit seinen Synagogen, dem »Verbrannten Haus« und der Klagemauer. Fast ein Sechstel der Altstadt nimmt der legendäre Tempelberg mit dem Felsendom und der Al-Aksa-Moschee ein; die Via Dolorosa, der »Schmerzensweg« Christi, beginnt im muslimischen Altstadtviertel und führt schließlich in die Grabeskirche. Die Viertel der Neustadt indes spiegeln die jüngere Geschichte Jerusalems – ebenso wie zahlreiche Festivals, Museen oder die Holocaust-Gedenkstätte Yad Vashem.

TEMPELBERG & FELSENDOM

Sowohl für Christen als auch für Juden und Muslime ist das Hochplateau, das König Herodes vor rund 2000 Jahren für seinen auf den Fundamenten eines salomonisch-jüdischen Vorgängers gebauten Tempel anlegen ließ, von herausragender Bedeutung – und daher umstritten. Seit dem 7. Jahrhundert steht hier der Felsendom. Nach jüdischer Überlieferung handelt es sich bei dem Tempelfels um jenen Ort, an dem Jahwe Adam erschuf. An der südlichen Seite des Plateaus steht die ebenfalls jahrhundertealte, ehrwürdige Al-Aksa-Moschee.

GRABESKIRCHE

Nach christlicher Überzeugung endete hier, am Ende der Via Dolorosa, der Leidensweg

Basare & Märkte Zu den bekanntesten Verkaufsplätzen Jerusalems zählen vor allem die Souks in der Altstadt und der Mahane-Yehuda-Markt. Aber auch zwischen dem Damaskus-Tor und dem arabischen Busbahnhof finden sich Obst- und Gemüsestände; auf der Emek Refaim Street in der ehemaligen deutschen Kolonie werden jeweils freitags nicht nur Lebensmittel angeboten, sondern auch antiquarische Bücher, Kleidung und Kunsthandwerk. Ein Muss für Kunstliebhaber ist der freitägliche Bezalel-Markt.

Jesu; hier wurde sein Leichnam gesalbt und zur Ruhe gebettet. Sechs Konfessionen teilen sich das Gebäude; katholische Franziskaner sind ebenso darunter wie ägyptische Kopten. Traditionell besitzen jedoch zwei muslimische Familien den Schlüssel zur Grabeskirche. Seit dem 4. Jahrhundert erhebt sie sich auf dem damals noch außerhalb Jerusalems gelegenen Gelände, das einst als Steinbruch diente.

Links: Rund um Jerusalem gibt es zahlreiche Aussichtspunkte, beispielsweise den Zionsberg, auf dem schon 1980 Touristen angesichts der prächtigen Silhouette der Stadt die Kameras zückten.

Unten: In den jahrtausendealten engen Gassen des muslimischen Viertels liegt der Basar mit seinen farbenfrohen Verkaufsständen.

>> *Es empfiehlt sich, sich am Anfang der Reise mit Konserven einzudecken. Ebenso nehme man hinreichende Quantitäten von Wein, Cognac und Thee mit sich.«*

(Baedeker's Palästina und Syrien, 1897)

DAMASKUSTOR

Anfang des 16. Jahrhunderts von Sultan Süleyman dem Prächtigen auf älteren Fundamenten errichtet, ist es heute nicht nur das älteste, sondern auch das eindrucksvollste und meist frequentierteste der acht Jerusalemer Tore. Es liegt an der Nordseite der Altstadtmauer, zeigt in Richtung Damaskus – daher der Name – und bildet die Grenze zwischen christlichem und muslimischem Viertel. Direkt vor dem Tor gibt es einen Graben, in dem noch Relikte der Toranlage aus römischer Zeit zu sehen sind.

HALLE DER NAMEN

Bereits 1968 wurde auf dem Berg des Gedenkens in Jerusalem ein Raum eingeweiht, mit dem an die sechs Millionen Holocaustopfer erinnert werden sollte, für die es bis heute weder Friedhöfe noch Grabsteine gibt. Knapp ein Jahrzehnt später wurde die neue »Halle der Namen« eröffnet, in der bald 800 000 von Hinterbliebenen ausgefüllte Gedenkblätter den Verlust bezeugten und ein Denkmal für die Toten setzten. Inzwischen ist die Zahl dieser Dokumente weiter gewachsen; zudem werden sie digitalisiert.

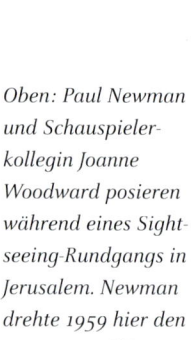

Oben: Paul Newman und Schauspielerkollegin Joanne Woodward posieren während eines Sightseeing-Rundgangs in Jerusalem. Newman drehte 1959 hier den Monumentalfilm »Exodus«.

Rechts: Unglaublich beeindruckend und Ehrfurcht einflößend wirkt die Kuppel in der »Halle der Namen« im Museumskomplex. Hier lagern über sechs Millionen Kurzbiografien der Holocaustopfer. Die Gedenkzettel werden auf das große Rund in der Mitte projiziert.

Retro-Moment

Einer Osterprozession in der Via Dolorosa beiwohnen *Zehntausende Pilger strömen jährlich zum höchsten christlichen Fest nach Jerusalem. Schon am Gründonnerstag gibt es erste Glaubensrituale. Immer wieder wird auch das Kreuzweg-Geschehen in Prozessionen nachvollzogen; vor allem im Sträßchen Via Dolorosa drängen sich dann die Menschenmassen.*

Heute so gut wie damals

Falafel *Zwar ist Israels Küche dank vieler Einwanderer multi-ethnisch. Im Straßenbild dominieren jedoch die Speisen des Nahen Ostens, darunter auch die seit Langem als würziger Snack beliebten, frittierten Kichererbsen- oder Fulbohnenbrei-Bällchen.*

Das gibt's heute noch

Klagemauer *Am Sabbat stehen gläubige Juden hier dicht an dicht. Sie beten, stecken kleine Zettelchen mit Wünschen und Dankesgebeten in die Ritzen zwischen die mächtigen Steinblöcke, die einst Teil der Umfassungsmauer des Herodianischen Tempels war.*

Tel Aviv

GANZ IN WEISS

Israels wirtschaftliche und kulturelle Metropole gilt auch als die größte
Bauhaus-Siedlung der Welt. Mit dem uralten Hafen Jaffa bildet die von Emigranten aus
Europa unter britischem Mandat geplante »Weiße Stadt« seit 1950 eine pulsierende Einheit.
Legendär ist auch die Strandpromenade Tayelet.

Als erste rein jüdische Stadt des Landes ab 1909 in den Küstendünen vor Jaffa gegründet, entwickelte sich Tel Aviv rasch zu einem Ziel für Tausende von Emigranten mosaischen Glaubens. Nach einem Masterplan des schottischen Geografen und Städteplaners Sir Patrick Geddes entstanden bis 1948 zahlreiche Gebäudekomplexe im Stil der Klassischen Moderne: die sogenannte »Weiße Stadt«, heute Welterbe der UNESCO. Die Entwürfe lieferten vom Bauhaus beeinflusste europäische Architekten, die nach Israel ausgewandert waren, darunter Zeev Rechter und Genia Averbuch. Vor allem am Rothschild-Boulevard mit seinen zahlreichen Cafés und Galerien sowie um den Dizengoff-Platz sind noch viele Werke dieser Baumeister erhalten; einige, wie das ehemalige Kino »Esther«, wurden zu Hotels umgestaltet. Sinnbild für das heutige Tel Aviv ist die 14 Kilometer lange Strandpromenade Tayelet, die manche als schönste Flaniermeile des Mittelmeers bezeichnen. Hier trifft man auf das spezielle Tel-Aviv-Flair, eine Mischung aus Europa und Orient, Surfen, Segeln, Party-Life und Sonnenbaden.

Bauhaus Mehr als 4000 Gebäude im Bauhaus-Stil, errichtet vor allem während der großen Einwandererwelle, die deutsche und europäische Juden auf der Flucht vor dem Faschismus ins damalige Palästina brachte, machten Tel Aviv-Jaffa zur »Weißen Stadt«. Schüler von Walter Gropius, Ludwig Mies van der Rohe oder Le Corbusier passten deren Ideale modernen Bauens an die klimatischen Bedingungen Israels an. Heute steht fast die Hälfte der Bauten aus den 1930er- und 1940er-Jahren unter Denkmalschutz.

Links: Wer mehr über das Häusermeer in Weiß erfahren will, sollte das Bauhaus-Museum in der Bialik Street besuchen.

ROTHSCHILD-BOULEVARD

Aus einer für Baumaßnahmen ungeeigneten, mit Sand gefüllten Senke entwickelte sich ab 1909 diese prächtige Allee. Mit der breiten Promenade in seiner Mitte, auf der Kioske und Cafés stehen, und den ihn umrahmenden Bauhausbauten zählt der Boulevard zu den nobelsten Wohn- und Geschäftsadressen der Stadt. Eines seiner Gebäude, die Nr. 16, ist das zum Museum umgebaute Beit Dizengoff, in dem 1948 die Unabhängigkeit Israels ausgerufen wurde.

JAFFA

Noch immer steht am Hafen, um den sich der älteste Stadtteil Tel Avivs entwickelte,

der französische Leuchtturm aus dem Jahr 1865. Doch schon lange vorher prägten Griechen, Phönizier und Ägypter den Ort. Seine schmalen Gassen, in denen sich viele Künstler angesiedelt haben, erinnern noch ebenso an die vielschichtige Vergangenheit wie die Franziskanerkirche St. Peter, das Beit Shimeon Habursekayi, in dem, so heißt es, Simon, der Gerber den Apostel Petrus beherbergte, oder der osmanische Uhrenturm.

Jaffa-Flohmarkt Ob Bilderrahmen, antike Möbel, alte Elektronikgeräte, Kitsch oder Kleidung – viele gebrauchte Dinge wechseln auf diesem traditionellen Basar an der Olei Zion Street nach wie vor den Besitzer. Es gibt den Markt schon rund 100 Jahre.

Das gibt's heute noch

Goa

IM HIPPIE-HIMMEL

Als Aussteigerparadies und Hippie-Mekka machte Indiens kleinster Bundesstaat ab
den 1960er-Jahren Karriere. Geprägt von langer portugiesischer Kolonialherrschaft,
eint er noch immer europäische Kultur und südasiatisches Lebensgefühl.

Viele eindrucksvolle Dschungelflüsse, aber nur etwa ein Dutzend Siedlungen umfasst das traditionsreiche, rund 100 Kilometer lange Blumenkinder-Sehnsuchtsziel. Einst waren die Ortschaften fast alle noch Dörfer, wie kleine Perlen aufgereiht am Küstensaum. Manches barg ein mächtiges Fort, eine weiße Barockkirche, verfallene »fazendas«, Landgüter aus portugiesischer Zeit, die meisten bunte indische Tempel. Unterkunft für die Fremden gab es für kleinstes Geld in einfachen Fischerhütten, tropische Früchte im Überfluss. In Calangute etwa, in Anju-na, Palolem und Arambol, wo mitunter noch immer die Gitarrenlaute Bob Dylans oder die Stimme Bob Marleys aus den Lautsprechern einer Strandbar oder einer »German Bakery« dringen. Ansonsten gibt es heute schmucke Boutique-Hotels, die Anreise ist mühelos – und auch viele Inder aus den Metropolen Mumbai, Delhi oder dem Pandschab reisen inzwischen nach Goa, wo die Ruinen des Velha Goa und die portugiesische Architektur in Margao noch von der langen Geschichte der »Goldküste« künden.

MARGAO

Gelegen an der Strecke der Konkan Railway von Mumbai nach Kerala, ist die zweitgrößte Stadt des Bundesstaates Goa nicht nur das Tor zu den Stränden des Südens, sondern auch ein wichtiges Handelszentrum. Ebenso attraktiv wie Margaos authentisches Marktleben sind seine baulichen Erinnerungen an die Kolonialzeit. Zu den schönsten Beispielen zählen die im Originalzustand erhaltenen Villen von Figueiredo de Albuquerque und Armando Alvarez.

BHAGWAN MAHAVIR

Indische Bisons stampfen hier durch die Teakholzwälder; im Dschungeldickicht schleichen Großkatzen umher, es gibt Ele-

Velha Goa Einst das »Rom des Orients« und zu seiner Blütezeit als Hauptstadt der Kolonie Portugiesisch-Indien mehr als 300 000 Einwohner zählend, verließen diese nach mehreren Malaria-Epidemien Alt-Goa allmählich zugunsten des nahen Panaij. Inzwischen hat sich der Dschungel viele Bauten zurückerobert; drei große Barockkirchen sind jedoch ebenso erhalten wie andere prächtige Zeugnisse der Kolonialepoche des 16. bis 19. Jahrhunderts. Kein Wunder also, dass die UNESCO Velha Goa den Welterbe-Status verlieh.

fanten, Toris und Rieseneichhörnchen, und ein vielstimmiger Vogelchor wetteifert mit dem fröhlichem Geschrei von Affen: Das 240 Quadratkilometer große Schutzgebiet in den Western Ghats, dessen Kernzone das Molem Wildlife Sanctuary bildet, beeindruckt mit seiner vielfältigen Flora und Fauna. Hier steht aber auch das älteste Hindu-Heiligtum Goas, der Shiva-Tempel von Tamdi Surla.

Links: Schmuck, bunte Saris, Taschen, Gewürzsäckchen und das Ganze unter prächtigen Palmen – der Markt von Anjuna gilt als der schönste ganz Goas. Hippie-Feeling ist natürlich inklusive.

German Bakery *Käsekuchen, Linzertörtchen, Apfelstrudel und Schwarzwälder Kirsch, aber auch diverse Brotsorten und gefüllte Croissants, Müslivarianten, Seafood, Salat, Burger und indische Gerichte: Seit ihrer Eröffnung 1979 hat die »Deutsche Bäckerei« in Anjuna ihr Angebot stetig erweitert.* **www.german-bakery.in**

Das gibt's heute noch

HIPPIE-TRAIL

»Magical Mystery Tour« lautete der Titel einer 1967 erschienenen Beatles-LP. Tatsächlich zog es zu dieser Zeit bereits Tausende von Nachkriegsblumenkindern, meist per Anhalter, in Überlandbussen oder in bunten VW-Bus-Karawanen, auf die Reise in »magische, geheimnisvolle« Fernen und in neue (Bewusstseins-) Welten. Auf der Suche nach Erleuchtung (und freien Drogen) nahmen sie meist die gleiche Route: Ibiza, Tanger, Istanbul und Kabul zählten zu den wichtigsten Stationen auf diesem Hippie-Trail. Indien und vor allem Goa war für viele das finale Ziel ihres oft monatelangen Roadtrips. Sie sammelten dort spirituelle Erfahrungen in Ashrams, wie 1968 auch die Beatles, schlossen sich der Internationalen Gesellschaft für Krishna-Bewusstsein an oder versuchten ein Leben als Sadhu. Einige blieben als Auswanderer in Orten wie Arambol, Anjuna oder Palolem. Die australische Band »Men at Work« setzte dem Hippie-Trail 1981 in ihrem Song »Down Under« ein musikalisches Denkmal und auch im Kino spielte er immer wieder eine Rolle, etwa im Film »Marrakesch« von 1998.

Bild: Nach einer langen Tour durch Afghanistan hat dieses Pärchen Indien erreicht, Aufnahme von 1971.

Malediven

LOST IN PARADISE

Kleine Inseln mit weißem, palmschattigem Sandstrand inmitten eines strahlend türkisblauen Ozeans: Wer träumt nicht von solch einem Urlaubsparadies? In den frühen 1970er-Jahren empfing das Atoll der Sehnsüchte die ersten Touristen.

Er hieß nicht Robinson, sondern George Corbin und hatte sich in Italien auf Tauchreisen spezialisiert. Seine Gäste forderten jedoch immer neue, gern auch exotischere Ziele. So flog Corbin 1971 nach Colombo und erkundigte sich bei der Botschaft der Malediven über deren touristisches Potenzial. Mit einem Frachtschiff gelangte er nach Malé, übernachtete dort in einer Baumhaus-Unterkunft, bereiste dann, in einheimischer Begleitung, das Inselgebiet. Die Wahl fiel auf Vihamanaafushi, das heutige Kurumba, damals Hort einer Kokosnussfarm. Schon im Februar 1972 brachte Corbin eine erste Touristengruppe auf das winzige Eiland; hauptsächlich Italiener, vier davon Journalisten renommierter Publikationen. Acht Monate später öffnete das allererste Resort der Malediven offiziell seine Pforten. Heute zählen die gut zwei Dutzend Atolle mehr als 100 meist recht luxuriöse Ferienanlagen für Strandliebhaber, Sonnenanbeter und natürlich Fans der einzigartigen tropischen Unterwasserwelten.

ELLAIDHOO

Tauchausrüstung braucht es nicht, um das Riff des nur rund 300 mal 200 Meter messenden Eilands und den Artenreichtum seiner Gewässer zu bestaunen. Schnorchel und Taucherbrille genügen, denn es liegt nur wenige Meter vom Ufer und von den Bungalows der einzigen touristischen Anlage Ellaidhoos entfernt. Nahezu mühelos lassen sich daher am Ellaidhoo Reef Meeresschildkröten, aber auch Rochen und zuweilen sogar Walhaie sichten.

GAN

Puderfeiner Sand, Palmen und türkisblaues Meer mit noch unberührten Tauchplätzen prägen die südlichste der Malediveninseln. Aber wem das nicht reicht, der hat die Möglichkeit, über Dammbrücken auch die bewohnten Nachbareilande der einstigen britischen Militärbasis, auf der inzwischen gut 2000 Malediver leben, zu entdecken: Feydhoo, Maradhoo und Hithadoo. Eine dänische Firma sorgte für die knapp 20 Kilometer lange Straßenverbindung zwischen den Eilanden des Addu-Atolls.

BAA-ATOLL

Gut vier Dutzend Inseln umfasst dieses rund 1400 Quadratkilometer große Biosphärenreservat. Wenn im Sommer besonders viel Plankton in das Schutzgebiet treibt, tummeln sich in den Lagunen rund um Kihavah und des benachbarten Eilands Landaa Giraavaru eine Vielzahl von Mantarochen. Vor allem am Dhawandoo-Thila-Riff können Taucher dann fast auf Tuchfühlung mit den majestätischen Riesen gehen. Ansonsten lassen sich im Baa-Atoll auch noch Pfauen-Zackenbarsche und bunte Korallen samt Moostierchen bestaunen.

Links: Einfach nur am Strand liegen, nichts tun und nur dem Meeresrauschen und gelegentlichen Ploppen einer Kokosnuss in den weißen Sand lauschen: Die Malediven sind ein Sehnsuchtsziel schlechthin.

Baros Resort *Als die Anlage 1973 auf dem namensgebenden Inselchen eröffnete, gab es im gesamten Malediven-Atoll nur zwei weitere ihrer Art. Und noch immer ist das Baros auf seinem Eiland, das sich zu Fuß in zehn Minuten umrunden lässt, ein Solitär – mit Yoga-Angebot, Strand-Dinner und Umwelt-Lernprogramm für seine Gäste. www.baros.com*

Das gibt's heute noch

Kolkata

»KALKUTTA LIEGT AM GANGES ...«

sang schon Vico Torriani 1961. Bereits zu dieser Zeit war Kolkata, wie die indische
Metropole heute heißt, aber bereits eine Legende, hatte es sich doch ab Mitte des
15. Jahrhunderts zur Stadt der Paläste, der Kultur und »der Freude« entwickelt, wie
ein französischer Autor das positive Lebensgefühl seiner Einwohner einst beschrieb.

Während Delhi für die große Politik und Mumbai für wirtschaftlichen Aufschwung steht, repräsentiert Kolkata, wie es heute offiziell heißt, die kulturelle Vielfalt Indiens. Es birgt die größte Bibliothek des gesamten Landes, gilt als Metropole des indischen Autorenfilmes und brachte den Literaturnobelpreisträger Rabindranath Tagore hervor. Auf rund 30 Bühnen wird hier Theater gespielt und es gibt mindestens ebenso viele Museen. Zudem findet sich in der Stadt am Bhagirathi, dem rechten Quellfluss des Ganges, das Gros der renommiertesten akademischen Institute Indiens; von der Hare School über die Universität bis zum Sanskrit College. Viele dieser Einrichtungen gehen zurück auf die lange britische Kolonialherrschaft in Indien. Das »Indian Coffee House« in der Albert Hall von 1876 ist seit Jahrzehnten traditionsreicher Treffpunkt für Studenten ebenso wie für namhafte Vertreter von Wissenschaft, Politik, Kunst und Literatur. Religion ist auch in Kolkata fester Bestandteil des Alltags; der »heilige Fluss« Ganges zugleich Gebets-, Reinigungs- und Beerdigungsstätte.

INDIAN MUSEUM

Schon 1814 vom dänischen Botaniker Nathaniel Wallich vor den Toren Kalkuttas gegründet, erhielt das Sammlungshaus seinen heutigen Standort und Bau erst rund 60 Jahre später. Es verfügt über seltene archäologische Fundstücke aus den verschiedenen Epochen der indischen Geschichte. Zu den größten Schätzen des größten und ältesten Museums des Landes gehören »vedikas« (Steinzäune) der Stupas von Bharhut und Mathura. *indianmuseumkolkata.org*

VICTORIA MEMORIAL

»Großzügig und monumental, anziehend für die gesamte Bevölkerung der Stadt eben-

»Wer größere Bequemlichkeit wünscht und mit einem Diener reist, mag nach dem Vorbild der in Indien lebenden Europäer ein vollständiges Bett mit sich führen.«

(Baedeker's Indien, 1914)

so wie für ihre Gäste«, so formulierte der indische Vizekönig Lord Curzon nach dem Tod der englischen Königin 1901 den Anspruch an ihre Erinnerungsstätte. Fünf Jahre später legte der damalige Prince of Wales den Grundstein. Erbaut aus weißem Makrana-Marmor wie der Taj Mahal und umgeben von Gartenanlagen, beherbergt das 1921 eröffnete Memorial auch ein Museum mit mehr als 30 000 Kunstwerken. *victoriamemorial-cal.org*

Ganz links: Britische Kinder vor dem Victoria Memorial, Aufnahme von 1948.

Links: Prächtige Bauwerke wie das Regierungsgebäude oder die St Paul's Cathedral trugen Kalkutta im 19. Jahrhundert den Namen »Stadt der Paläste« ein. Die wohlhabende Elite der Stadt, zu der auch bengalische Kaufleute gehörten, erhielt das Etikett bhadra lok, die »guten Leute« (Vintage-Reisebroschüre aus den 1930er-Jahren).

Rechts: Stets im Einsatz für die Armen und Schwachen ihres Landes – 1979, im gleichen Jahr als diese Aufnahme entstand, erhielt Mutter Teresa den Friedensnobelpreis.

Unten: Die britische Künstlerin Charlotte Canning kam 1856 als erste Vizekönigin des Landes zusammen mit ihrem Mann nach Kalkutta. Die gelernte Botanikerin machte viele Reisen durch Indien, auf denen sie zahlreiche Blumen und Pflanzen sammelte.

ST PAUL'S CATHEDRAL

Sieben Jahre dauerten die Bauarbeiten des anglikanischen Gotteshauses; des ersten seiner Art in ganz Asien, wie es heißt, sicher aber des ersten Kathedralenneubaus in den Übersee-Territorien des britischen Königreiches. 1847 öffnete es erstmals seine Pforten. Herausragendes Merkmal des 1847 eingeweihten Bauwerks im neoklassizistisch-englischen Barockstil ist seine mit Blei bedeckte Kuppel, eine der größten und höchsten der Welt.

HAUS MUTTER TERESA

Anerkannt von Papst Pius XII. und Indiens Regierung bezog Mutter Teresas 1950 gegründeter Orden »Missionarinnen der Nächstenliebe« bald das dreistöckige Haus in der Ripon Street. Auch die »Mutter« selbst, die ihr ganzes Leben in den Dienst der Armen, Obdachlosen, Kranken und Sterbenden gestellt hatte, fand hier nach fast

50 Jahren ihre letzte Ruhestätte. Ihr karges Zimmer ist heute ebenso zugänglich wie ihr minimaler Besitz; vom Sari und Rosenkranz über die abgenutzten Sandalen bis zur Waschschüssel. Auch einige handgeschriebene Briefe und Anweisungen zählen zum Erinnerungskonvolut des Hauses.

Britische Kolonialzeit Als Handelsmacht kamen die Briten bereits im 18. Jahrhundert nach Indien; 1857 nach der Niederschlagung des Indischen Aufstands wurden die bisherigen Besitzungen der Britischen Ostindien-Kompanie in eine Kronkolonie umgewandelt und Kalkutta zu Hauptstadt des neuen Britisch-Indien erkoren – mit Königin Victoria als Kaiserin. Erst 1947 erlangte die Kolonie ihre Unabhängigkeit. Viktorianische Verwaltungsgebäude und Prachtbauten erinnern bis heute vielerorts an die Jahrhunderte britischer Kolonialherrschaft.

Marble Palace *Erbaut von Raja Rajendra Mullick, einem bekannten Händler, Kunstliebhaber und Philanthropen des 19. Jahrhunderts, zählt das Anwesen mit seiner bengalisch-europäischen Architektur und dem exquisiten Innenleben sowie Garten und Zoo zu den elegantesten Herrenhäusern seiner Zeit in Kolkata.*

Das gibt's heute noch

Retro-Moment

Durch die College Street mit ihren Bücherständen spazieren *»Boi Para« nennt der Volksmund diese Straße, an der die renommiertesten akademischen Institute Indiens liegen, darunter auch das 1817 gegründete Hindu College. In erster Linie ist sie aber tatsächlich eine »Bücherkolonie«: mit dem wohl weltweit größten Angebot antiquarischer Literatur.*

Cricket *Seeleute der Britischen Ostindien-Kompanie brachten das Mannschaftsspiel nach Indien; Ende des 18. Jahrhunderts wurde in Kalkutta bereits ein erster Cricket-Club gegründet. Seither ist Cricket die wichtigste Sportart des Landes; mehrfach wurde Indien sogar Weltmeister in dieser Disziplin.*

Heute so gut wie damals

Bangkok

ASIATISCHE WUNDERTÜTE

Thailands Metropole ist bunt, laut, chaotisch – und wunderschön! Ihre Mischung aus
Tradition und Moderne fasziniert im Baulichen wie in der Alltagskultur. Exotische
Märkte, uralte Tempel, Hochhaustürme und grüne Fluchten:
Die »Stadt der Engel« hat viele Facetten.

Welch eine Skyline! Wer Bangkok einige Jahre nicht besucht hat, kommt aus dem Staunen kaum heraus. Wo zuletzt noch hölzerne Fischerhütten standen und allenfalls das ein oder andere mehrstöckige Gebäude, erheben sich jetzt am Saum des Chao Phraya spektakuläre Wolkenkratzer. Der Fluss selbst freilich ist noch immer ein markanter Blickfang; in den prächtigen Tempel- und Palastanlagen an seinen Ufern trifft man andächtige Mönche ebenso wie Wahrsager und Heiler, goldene Buddhas und Krokodile. Überdies ist der Chao Phraya, der Bangkok in zwei Hälften teilt, wohl der einzige Verkehrsweg, der ein schnelles Vorankommen in der Stadt ermöglicht. Viele ihrer Khlongs, der einst zahlreichen Kanäle, die ihr den Beinamen »Venedig des Ostens« einbrachten, wurden indes zu Bauland aufgeschüttet. Nach wie vor jedoch pulsiert das farbenfrohe, streetfoodreiche Viertel der Chinesen – deren einstiges Dorf »Baan Makok« auf der Ostseite des Chao Phraya Pate stand für den heutigen Namen der Stadt.

GROßER PALAST

Noch im ersten Jahr seiner Regentschaft ließ König Rama I. den prächtigen neuen Regierungssitz am Ostufer des Chao Phraya erbauen. Bedeutendstes Heiligtum der von einer fast 2000 Meter langen Mauer umgebenen, 1782 begonnenen Anlage ist der Tempel des Jade-Buddha. Die nur 75 Zentimeter große, aus einem Stück Nephrid geschnittene Skulptur ist die am meisten verehrte Buddha-Statue Thailands; sie stammt vermutlich aus Indien oder Birma und war ursprünglich mit Gips umhüllt.

WAT PHO

Thailands ältester und größter Tempelkomplex geht zurück auf das 16. Jahrhundert – und birgt die größte Buddha-Statue Thai-

lands. Sie zeigt den »Erwachten« in seitlicher Liegeposition, ist 45 Meter lang und 15 Meter hoch und vollständig mit Blattgold überzogen; die Fußsohlen glänzen in Perlmutt. Wat Pho gilt auch als erste offene Universität Thailands: König Rama III. ließ hier zwischen 1831 und 1841 mehr als 1400 Wandgemälde und Inschriften zur Kultur des Landes wie auch fremder Völker anbringen.

Links: Stadt der Extreme – Paläste und Dschunken tête-à-tête mit modernen Wolkenkratzern.

Unten: Touristinnen vor dem Großen Palast, Aufnahme von 1961.

Rechts: Bunt und laut wird es bei einer Fahrt mit einem der legendären Tuk-Tuks.

Unten: Es dampft, brodelt und riecht verführerisch – die Garküchen in Chinatown sind nicht nur für den Gaumen ein Erlebnis.

WAT ARUN

Schon frühe Reisende bewunderten die Schönheit dieses Tempels am Ufer des Chao Phraya. Seinen Namen »Morgenröte« verdankt er König Taksin, der sich einst in den frühen Tagesstunden hier vorbeirudern ließ. Rama II. gab dann den Auftrag, über dem alten Tempel den fast 90 Meter hohen Turm und seine vier kleineren Brüder zu errichten. Längst ist die Anlage zu einem Wahrzeichen Bangkoks geworden. Ihr Fassadenmosaik aus chinesischen Porzellan-Elementen erzielt nicht nur am Morgen einen einzigartigen Effekt.

CHINATOWN

Ein roter Torbogen markiert am Odeon-Kreisverkehr den Eingang zu dem traditionsreichen Viertel, dahinter pulsiert bis zur Phanuphan-Brücke seine Hauptader: die Yaowarat Road. Unter bunten Leuchtreklamen und chinesischen Schriftzeichen reiht sich hier, wie auch in der Sampeng

Lane und bis zur Charoen Krung, alles, was Auge, Herz und Magen begehren. Streetfood von Knödeln bis zu Insekten, Goldschmuck, Plastikwaren. Aber Chinatown birgt auch viele Tempel, einen sogar mit Krokodilen, und ein altes Adelshaus.

Oasen im Häusermeer Nicht nur spektakuläre Hotelgärten und winzigste Pflanzenparadiese auf schmalen Balkonen, sondern auch viele Parks mit jahrhundertealtem Baumbestand und kleinen Seen oder Teichen setzen grüne Akzente im Steindschungel Bangkoks. Diese Naturareale werden penibel gepflegt; denn vor allem die öffentlichen sind beliebte Orte, um sich am Wochenende mit Freunden oder der Familie bei einem Picknick zu entspannen. Fahrende Händler sorgen dabei für eisgekühlte Getränke und mobile Wok-Wagen für Nahrhaftes.

Hotel Oriental

Von dänischen Kapitänen Ende des 19. Jahrhunderts als schlichtes Gasthaus für Seeleute eröffnet, zog die Herberge am Ufer des Chao Phraya rasch Gäste wie den Autor Joseph Conrad und den späteren Zar Nikolaus II. an. Ihre Keimzelle, The Authors Wing, ist bis heute Teil des renommierten Luxushotels. www.mandarinoriental.com

Das gibt's heute noch

Souvenir, Souvenir

Auf dem Khlong-Toey-Markt einkaufen Hühnerfüße, Hummer, exotisches Obst und Gemüse: Sogar Chefköche der Luxushotels kaufen auf diesem riesigen, auf alles, was essbar ist, spezialisierten Markt ein. Schon ab dem frühen Morgen läuft der Betrieb; frischer und größer als hier ist das Angebot nirgendwo.

Kanäle von Thonburi

Einst durchzogen Bangkok fast überall schmale Wasserstraßen; mit ihren schwimmenden Häusern und Märkten bildeten sie quasi die Lebensadern der Stadt. Im Thonburi-Viertel sind noch einige der historischen Khlongs erhalten – inklusive diverser Wasserbewohner wie großer Fische oder Warane.

Heute so gut wie damals

In einem der vielen Rooftop-Restaurants essen gehen Feine Speisen hoch über dem Gewusel von Bangkoks Straßen: Inzwischen gibt es zahlreiche Adressen in der Millionenstadt, die solch ein Erlebnis bieten. Zu den stylischsten zählt sicher die Dachterrasse des State Tower: Im 63. Stock lässt sich hier mit herrlicher Aussicht tafeln.

Retro-Moment

Süd-Thailand

AB AN DEN STRAND

Türkisblaues Meer und eine zum Niederknien schöne Landschaft locken Reisende
schon seit Jahrzehnten in den Süden Thailands – zu den Inseln Phuket oder Ko Phi Phi,
an die Küste von Krabi oder in die Nationalparks in Richtung der malaysischen Grenze. Leonardo DiCaprio und Roger Moore machten die Region auch filmisch berühmt.

Nicht nur Strandfans und Sonnenanbeter kommen in Tambralinga, wie die Region südlich von Bangkok auf Thai heißt, voll auf ihre Kosten. Denn die Natur beeindruckt hier in vielerlei Gestalt. So bietet etwa die Küste der Provinz Krabi einige der spektakulärsten Szenarien des gesamten Landes; ihre Karstlandschaften machten die Gegend inzwischen zu einer beliebten Kletterdestination. Nördlich von Phuket indes lädt der uralte Regenwald des Nationalparks Khao Sok zum Wandern und Staunen ein. Und auf Phuket selbst paaren sich Traumstände, an denen es sich gut in der Hängematte baumeln lässt, mit quirligem Stadtleben und traditionsreicher Architektur. Auch auf den kleineren Inseln Südthailands herrscht oft eine besondere Atmosphäre; der Ko-Phi-Phi-Archipel etwa brachte es ebenso zu Filmruhm wie Khao Phing Kan. Und Ko Pha Ngan ist weithin bekannt für seine Vollmondpartys. Ko Samui hingegen punktet mit internationalem Airport und bester Infrastruktur – nicht nur in Sachen Tourismus.

KO PHUKET

Mit ihren weißen Sandstränden und malerischen Badebuchten gilt Thailands größte Insel seit Langem als Inbegriff eines Urlaubsparadieses. Selbst ein Tsunami konnte ihrer Schönheit nicht dauerhaft schaden. Ihre an vielen Stellen vom chinesisch-portugiesischen Kolonialstil geprägte Metropole Phuket ist zugleich der Dreh- und Angelpunkt der gesamten touristischen Infrastruktur der Insel. Die Backpacker suchten sich zwar inzwischen andere Ziele; aber das authentische Streetfood-Angebot ist geblieben.

KO SAMUI

Schwimmen, Schnorcheln und Tauchen stehen meist ganz oben auf der Wunschliste jener, die auf dem Inselflughafen quasi zu

James-Bond-Insel Ko Tapu, »Nagelfels«, nannten die Einwohner von Khao Phing Kan ursprünglich die ihrem Eiland vorgelagerte Gesteinsformation. 1974 wurde sie zur Kulisse für die Begegnung zwischen 007 (Roger Moore) und dem »Mann mit dem goldenen Colt« (Christopher Lee). Der Showdown wurde zu einem Klassiker des Actionkinos, der »Nagel« und die beiden aneinander lehnenden Felsen Khao Phing Kans zur James-Bond-Insel.

Füßen des gut 50 Jahre alten, zwölf Meter hohen »Big Buddha« landen. Aber neben idyllischen Buchten mit türkisfarbenem Wasser und urigen Fischerdörfern punktet das 250 Quadratkilometer große Ko Samui auch mit eindrucksvollen Klippen, Regenwald und Wasserfällen. Seine einst von chinesischen Einwanderern gepflanzten Kokospalmen werden, so heißt es, noch heute von dressierten Affen abgeerntet.

》Nur unterwegs erfährt man das Gefühl märchenhafter Verwunschenheit.«

(Erich Kästner)

Links: Traumhafte Strände in allen Variationen erwarten den Reisenden auf Phuket. Einer davon ist Yanui.

Unten: Mobile Garküche – wer auch beim Sonnenbaden nicht auf die schmackhafte thailändische Küche verzichten möchte: Auch am Strand geht es lukullisch zu.

KO PHA NGAN

Weite, einsame Buchten, Kokospalmen und einfache Hütten prägen noch immer an einigen Stellen diese Insel. Vor allem die harmonischen Felsformationen an vielen Stränden verleihen ihr einen besonderen Charme. Einer der bekanntesten Küstenstreifen Ko Pha Ngans ist der Strand Haad Rin Nock: Hier wird der Vollmond meist kräftig gefeiert. Die bergige Mitte der aber generell noch immer recht ruhigen Insel indes ist vor allem beliebt bei Trekking-Liebhabern.

KO PHI PHI LEH

Mit ihrer Schwester Ko Phi Phi Don bildet diese Insel die Hauptdestination des in der Bucht zwischen Phuket und Krabi liegenden Ko-Phi-Phi-Archipels. Bekannt sind beide für ihre Tauchspots – aber auch als Holly-wood-Kulisse. So wurde in der Lagune der Maya Bay von Ko Phi Phi, die mit ihrer bunten Fischvielfalt ein Paradies für Schnorchler und Taucher ist, u. a. »The Beach« (2000) gedreht, mit Leonardo DiCaprio und Tilda Swinton in den Hauptrollen.

Oben: Seit dem Film- hit »The Beach« mit Leonardo DiCaprio (rechts) ist die Maya Bay auf Ko Phi Phi ein Sehnsuchtsziel. Leider war der Andrang der Reisenden in den letzten Jahren so groß, dass der Traumstrand zwischenzeitlich geschlossen werden musste.

Ursprünglichkeit auf Ko Ngai finden Weder Straßen noch Geschäfte, dafür aber Dschungellandschaft, Strandidylle und Unterwasserpracht: Das Eiland im Schatten von Ko Lanta scheint zumindest an einigen Stellen noch wie aus der Zeit gefallen. An der Ostseite ist der Tourismus allerdings schon angekommen.

Retro-Moment

Ko Nang Yuan Völlig abgelegen und in Privatbesitz, zählen die drei durch eine Sandbank verbundenen Inseln vor allem aufgrund ihrer Strände zu den schönsten der Welt. Es gibt lediglich ein einziges Resort zum Übernachten; Ausflugsboote bringen nur um die Mittagszeit Tagesgäste.

Das gibt's heute noch

Longtailboote Ein erstes Exemplar baute um 1930 ein gewisser Sanong Thitibura, der damals als Steuermann für die königliche Familie arbeitete. Inzwischen ist das schmale, mit einem schwenkbaren Motor auf seinem langen Heck ausgestattete »Ruea Hang Yao« ein beliebtes Fischer- und Transportboot.

Heute so gut wie damals

Bali

EINFACH NUR GÖTTLICH

Pulau Dewata, »Insel der Götter«, nennen die Balinesen ihre Heimat. Tatsächlich
bilden auf dem vulkanischen Eiland im Indischen Ozean Natur und Architektur ein
prächtiges Tableau, das selbst himmlischen Herrschern zur Ehre gereicht. Und auch
dem Tourismus blieb die Schönheit der Insel nicht lange verborgen.

Gleich fünf UNESCO-Welterbestätten umfasst die westlichste der kleinen Sunda-Inseln, darunter den königlichen Tempel Pura Taman Ayun in Mengwi. Sein Name bedeutet »Schwimmender Garten«. Üppiges Pflanzengrün prägt auch den Batur-See, der in der Caldera des gleichnamigen Vulkans liegt. Die zarten Halme der kunstvoll an den Hängen der bis zu 3000 Meter aufragenden Feuerberge angelegten Reisterrassen tragen ebenfalls seit Jahrhunderten zum einzigartigen Bild Balis bei. Ansonsten betört das Eiland durch tosende Wasserfälle, türkisblaues, von weißen langen Sandstränden gesäumtes Meer und farbenprächtige Korallenriffe mit exotischer Fauna. Natürlich blieb diese Schönheit auch dem Tourismus nicht verborgen. Insbesondere die Hippie-Bewegung entdeckte ab den 1970er-Jahren die Insel, später folgten die Surfer, denn der Wellenschlag vor der Küste war prädestiniert für Künste auf dem Board. Heute zählt Padang Bai zu den berühmtesten Küstenstreifen, war er doch in der Romanverfilmung »Eat, Pray, Love« (2010) mit Julia Roberts und Javier Bardem zu sehen.

Pura Luhur Ulu Watu Als einer der sechs heiligsten Tempel von Bali thront dieser auf den Felsklippen im Südwesten der Halbinsel Bukit, gut 100 Meter über dem Ozean. Gemeinsam soll das halbe Dutzend frommer Stätten die Insel vor den bösen Mächten aus dem Meer beschützen. Den inneren Tempelbezirk dürfen nur gläubige Hindus betreten; alle Besucher der Anlage dürfen sich jedoch bei Sonnenuntergang oft über die Aufführung eines Kecak- und Feuertanzes freuen. Und natürlich über den atemberaubenden Ausblick.

Gunung Batukaru empor, scheinbar bis zum Firmament. »Treppen in den Himmel« nennen die Balinesen daher ihre Reisterrassen. Über Jahrhunderte angelegt, von Stein- oder Lehmwällen umgeben, von Kanälen durchzogen, werden die Felder meist von Subaks bewirtschaftet, Gemeinschaften, die Teil der lokalen Tempelkultur sind. Die ältesten von ihnen, Pekerisan und Catur Angga Batukaru, zählen heute zum Welterbe der UNESCO.

Links: Jatiluwih ist Balinesisch und heißt »wunderschön«. Und wunderschön sind sie auch, die kunstvoll angelegten und in den Hang des Vulkans Gunung Batukaru gehauenen Reisterrassen. Bis zu acht Kilometer lange Wanderwege führen durch die grüne Idylle.

UBUD

Traditionelle Kunst und Kultur prägen die Stadt bis heute. Neben Kunsthandwerk trugen auch Musiker und Tänzer zu ihrem Renommee bei. Einen besonders schönen Rahmen für ihre Darbietungen bildet Puri Saren, die Residenz der örtlichen Fürstenfamilie. Ubuds Umgebung mutet ebenfalls wie ein Kunstwerk an: Hänge mit grünen Reisterrassen, sanft rauschende Flüsse, tiefe Schluchten, ursprüngliche Dörfer sowie der heilige Affenwald bilden ein stimmiges Ganzes.

REISTERRASSEN VON JATILUWIH

Als smaragdgrüne Bänder winden sich die Pflanzungen am Hang des Zweitausenders

Hotel Tandjung Sari in Sanur
Als Reiseunterkunft für ein Antiquitätenhändlerpaar aus Jakarta 1962 in einem strandnahen Kokospalmenhain erbaut und bald um Bungalows für Freunde erweitert, zählt das »Blütenkap« zu den ersten Gästeherbergen ganz Balis. Ihr Logo entwarf der deutsche Künstler Hans Hoefer.
www.tandjungsarihotel.com

Das gibt's heute noch

Hội An

AUS DER ZEIT GEFALLEN

Sie sei »der schönste Hafen, in dem alle Fremden ankommen«, schwärmte ein italienischer Reisender schon vor 400 Jahren über die vietnamesische Stadt an der Mündung des Thu-Bon. Und in der Tat trifft man hier auf einen asiatischen Bilderbuch-ort voller nostalgischer Bausubstanz aus dem 19. Jahrhundert.

Wer hat hier an der Uhr gedreht, fragt sich so mancher angesichts der wunderbaren historischen Bausubstanz im Herzen des einst zu den wichtigsten Hafenstädten Südostasiens zählenden Hội An. Hunderte von meist hölzernen Gebäuden aus dem frühen 19. Jahrhundert, meist im chinesischen Stil, prägen den für seine Seidenweberei und auch für sein Kunsthandwerk bekannten einstigen »Ort am Meer«. Denn es waren Menschen aus dem Reich der Mitte und jenem der Shogune, die sich schon früh an seinen Flussufern niederließen und deren Nachfahren die Kenntnisse und Techniken der Ahnen weiterhin pflegten. Trotz Rebellion und Krieg blieben sie erhalten und brachten es zu neuer Blüte, sodass heute in Hội An wieder zahlreiche Holzschnitzer und Steinmetze tätig sind, glänzende Lackprodukte angeboten werden und auch jene bunten Lampions, die die Stadt am Abend in ein zauberhaftes Licht tauchen. Tagsüber kann der Fremde über in der Sonne trocknende Fische staunen oder sich ein neues, traditionelles Outfit schneidern lassen.

JAPANISCHE BRÜCKE

Sie gilt als Wahrzeichen des alten Hội An und ist eines der wenigen in Vietnam erhaltenen Bauwerke ihrer Art – gewölbt, überdacht und komplett aus Holz gezimmert. Kaufleute einer japanischen Handelsgilde ließen sie Ende des 16. Jahrhunderts errichten; sie verband das Viertel ihrer Landsleute über einen Nebenarm des Flusses Thu Bon mit jenem der Chinesen. Ihre heutige Gestalt mit dem kunstvoll geschnitzten Dach, drei Durchgängen und der angebauten Pagode erhielt die Chùa-Cầu-Brücke 1763.

KAUFMANNSHÄUSER

Bis zu 60 Meter lang sind diese historischen »Tunnel«-Bauten, denn sie bestehen eigentlich aus drei Elementen: dem repräsentativen, für den Empfang von Gästen und Kunden gedachten Vorderhaus mit Werkstatt oder Laden, einem anschließenden Hof und dem meist kostbar ausgestatteten Wohnhaus. Einige der schönsten dieser stattlichen Händlerdomizile, die das Stadtbild von Hội An seit dem 19. Jahrhundert prägen, sind jene der Familien Tan Ky, Phung Hung und Quan Thang; diese können auch besichtigt werden.

Links: Wer Hội An besucht, wähnt sich wie auf einer Zeitreise, so traditionell geht es hier noch zu.

Heute so gut wie damals

Streetfood Heiße Dumplings, verzehrt auf niedrigen Plastikhockern direkt am Gehsteig; Gegartes und Gegrilltes oder eine Suppe serviert an schmalen Tischen in einem Hauseingang: Vietnams Garküchen gehören einfach zum Straßenbild des Landes. Stets wird frisch gekocht und schnell verzehrt – ein köstlicher Alltagsritus.

Souvenir, Souvenir

Seidentuch Landschaften oder Blumen zählen zu den beliebtesten Motiven der Seidenmaler von Hội An. Bereits vor rund 1000 Jahren begann die Seidenraupenzucht in der Region. Mit den aus den feinen Kokonfäden gewebten Stoffen schmücken sich auch Vietnamesinnen bis heute.

Macau

DAS LAS VEGAS ASIENS

Als einzigartige Mischung aus portugiesischem Kolonialgeist und chinesischem
Lebensgefühl, gepaart mit einer guten Prise Las-Vegas-Feeling, brachte es das
einstige Fischerdorf auf einer Halbinsel an der Perlfluss-Mündung inzwischen sogar
zu UNESCO-Ehren.

Lange bevor die Portugiesen nach Macau kamen, lebten Fischer an der geschützten Bucht des Yu-Jiang-Deltas. Erst unter europäischer Verwaltung entwickelte sich die anfänglich nur aus wenigen Lehmbauten und einigen Kirchen bestehende Stadt zum begehrten Domizil der Reichen und Schönen – und zum »Las Vegas Asiens«. Bereits 1847 hatte der damalige Gouverneur die – damals noch traditionell chinesischen – Glücksspiele legalisiert, ab 1930 wurden dann auch westliche Varianten angeboten. Die Symbiose von West und Ost ist bis heute auch am Stadtbild abzulesen: Schmucke Barockkirchlein und farbenfrohe Opfertempel, Pousadas und Wolkenkratzer, portugiesisch inspirierte Fassaden und exotische Straßenmärkte, durch die sich Lastenträger unter »Mgoi-mgoi«-Rufen ihren Weg bahnen, die beiden Geldinstitute Bank of China und Banco Nacional Ultramarino in schönster Gemeinschaft an der Avenida de Almeida Ribeiro und vielerorts noch immer zweisprachige Straßenschilder verleihen Macau seinen ganz besonderen Reiz.

ALTSTADT

Am zentral gelegenen Largo Senado mit seinem schwarz-weißen Wellenpflaster und den Gebäuden im alten südeuropäischen Stil wähnt sich vielleicht so mancher Reisender im Herzen von Porto oder Lissabon. Nahebei steht auch die Kathedrale, gen Norden die berühmte Front der einstigen Pauluskirche. Und zwischen all diesen Zeugnissen europäischer Vergangenheit pulsiert der chinesische Alltag, mit winzigen Schneiderateliers, Goldshops, Antiquitätenläden – und Schweinefleischgrills unter freiem Himmel.

RUINAS DE SÃO PAULO

Einst galt das Ensemble aus Jesuitenkolleg, Burg und der Igreja Madre de Deus als die

Akropolis Macaus. 1835 zerstörte jedoch ein Brand das Gros der rund 200 Jahre zuvor errichteten Bauten. Zeugnis von dem eindrucksvollen São-Paulo-Komplex, dessen Ruinen inzwischen als Teil des historischen Zentrums von Macau zum UNESCO-Welterbe zählen, legt nur noch die imposante, kunstvoll gestaltete und inzwischen frei stehende Granitfassade der Muttergottes-Kirche ab sowie die Freitreppe mit ihren 68 Stufen.

Links: Das »Grand Lisboa« ist eines der berühmtesten Hotels von Macau. Außergewöhnlich ist nicht nur sein Äußeres, auch innen geht es recht extravagant zu.

Das gibt's heute noch

Avenida de Almeida Ribeiro
Seit 1920 zieht sich Macaus Hauptstraße vom Innen- bis zum Außenhafen der Insel. An ihrem Saum stehen noch viele Gebäude aus dem frühen 20. Jahrhundert – sowohl im europäischen wie im chinesischen Stil. Das Hauptpostamt gehört ebenso zu ihnen wie das »Hotel Central« und das Leal Senado Building.

Retro-Moment

Durch die Rua da Felicidade spazieren Im 19. Jahrhundert stand die Straße vor allem für »sinnliche Freuden«; es gab Opiumläden, Teehäuser, Spielstände und Bordelle. Inzwischen geht es in den zweistöckigen Häusern deutlich seriöser zu. Berühmt wurde die Rua da Felicidade auch als Kulisse für »Indiana Jones und der Tempel des Todes«.

Hongkong

EIN FEST FÜR DIE SINNE

Mit ihrem faszinierenden Mix aus Ost und West, aus Traditionen und modernem Wirt-
schaftsdenken, gilt die lange unter britischer Herrschaft stehende Megastadt als Tor
zu China. Ob alte Doppeldecker-Straßenbahnen, frische Dim-Sum oder rot beflackte
Drachenboote – in Hongkong kamen schon früh Reisende auf ihre Kosten.

Berge und Meer bilden die Kulisse für die ebenso geschichtsträchtige wie aufregende Banken-, Dienstleistungs- und Industriemetropole. Mehr als eineinhalb Jahrhunderte hatten die Briten hier das Sagen; erst 1997 wurde sie an die Volksrepublik China angeschlossen. Am quirligen Alltag änderte dies wenig. Die eigentliche, teils steil an einen Hang gebaute Kernstadt mit ihren Hochhäusern, überbordenden Märkten, eleganten Einkaufszentren und unzähligen Restaurants erstreckt sich zu beiden Seiten des Victoria Harbour sowohl in Kowloon als auch auf Hongkong Island. Bei Nacht verwandeln sich diese beiden Hauptregionen Hongkongs in ein einziges Lichtermeer – das Gros der fast acht Millionen Einwohner der Stadt lebt hier. Die ebenfalls zum Gebiet der Sonderverwaltungszone zählenden Outer Islands und New Territories sind indes kaum besiedelt. Dafür herrscht reger Andrang auf den Fähren, in den U-Bahnen, auf der steilen Rolltreppe und an Deck der historischen Tram, die Hongkongs Herz erschließen.

SHEUNG WAN

Winzige Antiquariate und große Kunstgalerien, edle Restaurants und der Sheung Wan Cooked Food Market mit Neonlichtern und Plastiktischen, Lädchen mit Netsuke, Heilkräutern und Ingwergläsern, die Dried Seafood Street sowie Tempel und Profanbauten aus der Zeit um die Jahrhundertwende: Das Sheun-Wan-Viertel steht für Lokalkolorit im besten Sinne. Es ist unangepasst, aber nicht komplett aus der Zeit gefallen – und nur eine Haltestelle mit der MTR-Bahn vom Zentrum entfernt.

NATHAN ROAD

Kowloons Hauptverkehrsader war ursprünglich eine Wohnstraße mit Kolonialbauten und den Whitfield Barracks. Ihr

Die längste Rolltreppe der Welt

20 Minuten braucht es, um die 800 Meter lange Strecke dieses einzigartigen Open-Air-Transportbandes zwischen den Stadtteilen Central und Midlevels am Stück zurückzulegen. Sein Lauf beginnt unweit von Lan Kwai Fong; dann führt die 20-teilige Dreibänder-Treppe hinauf in den Stadtteil Soho und weiter bis zur kleinen Jamia-Moschee: 135 Höhenmeter sind nun überwunden. Rauf geht es übrigens erst ab etwa zehn Uhr morgens; zuvor fährt die Rolltreppe nur abwärts zu den Bürokomplexen von Hongkong Island.

erster Abschnitt wurde bereits 1861 fertiggestellt. Inzwischen steht die geschäftige, multikulturelle Nathan Road exemplarisch für das – vor allem von Hollywood immer wieder beschworene – Bild Hongkongs. An die facettenreiche Vergangenheit der etwa vier Kilometer langen Straße erinnern noch das Central Post Office, die St Andrew's Church und das Peninsula Hotel.

Links: In kaum einer anderen Stadt auf der Welt ist die Mischung aus Tradition und Moderne so sehr spürbar wie in Hongkong.

Unten: 1928 am Victoria Harbour in Tsim Sha Tsui eröffnet, gehört das Peninsula Hotel noch immer zu den ersten Adressen der Stadt.

>> *Die größte Sehenswürdigkeit, die es gibt, ist die Welt – sieh sie dir an.«*

(Kurt Tucholsky)

VICTORIA PEAK

Für viele ist der rund 550 Meter hohe Victoria Peak der spektakulärste Ort Hongkongs. Seit 1888 schon klettert die Peak Tram, eine – inzwischen leicht modernisierte – Standseilbahn, bis fast hinauf zum Gipfel. Die kurze Fahrt liefert spektakuläre Fotomotive. An der Endstation der Tram sorgt die Peak-Tower-Plattform für weitere einzigartige Ausblicke. Wer mag, kann den höchsten Punkt Hongkongs auch zu Fuß umrunden. Besonders schön ist der Circle Walk zum Sonnenuntergang.

ABERDEEN

Statt wie einst der Fischerei, dient der »kleine duftende Hafen«, wie der chinesische Name übersetzt lautet, heute zwar offiziell hauptsächlich als Taifun-Schutzbecken. Aber nach wie vor ist sein Viertel, das 1845 nach dem britischen Staatssekretär und 4. Earl of Aberdeen benannt wurde, bekannt für die Sampans und Dschunken, die an der Uferpromenade ankern. Beide Bootstypen werden traditionell nicht nur zum Transport und Fischen, sondern oft auch als Hausboote genutzt.

Oben: Die Fassaden der Queen Street erinnern an eine europäische Großstadt, nur die Flanierenden lassen einen erahnen, dass man in Asien ist.

Rechts: Von der nostalgischen Peak Tram den Panoramablick auf die Skyline genießen – das ist Hongkong!

Den 50 Kilometer langen Hongkong-Trail wandern *Wäldchen, Flüsse, Wasserfälle, bergan und bergab oder eben: Der 1985 angelegte, bestens ausgeschilderte Weg vom Victoria Peak bis zur Big Wave Bay lässt ganz sicher keine Langeweile aufkommen. Wer möchte, kann auch nur einige seiner insgesamt acht Etappen gehen.*

Souvenir, Souvenir

Fisch essen auf der Halbinsel Sai Kung *Einheimische und Touristen pilgern hierher, in den Süden Hongkongs, wenn sie Entspannung und schöne Strände suchen, vor allem aber wenn sie Appetit verspüren auf Meeresbewohner aller Art. Meist direkt vom Boot geht der frische Fang an die Restaurants, die vor allem in Sai-Kung-Stadt reichlich vorhanden sind.*

Heute so gut wie damals

Hong Kong Tramways *»Ding Ding« heißt die seit Beginn des 20. Jahrhunderts an der Ostküste der Insel verkehrende Doppeldecker-Straßenbahn. Ihr Streckenverlauf wurde zwar inzwischen etwas geändert, aber noch immer fahren viele Passagiere mit ihr in den Eastern District etwa zum Einkaufen auf den Markt.*

Das gibt's heute noch

Kyoto

KIRSCHBLÜTENTRÄUME

Mehr als ein Jahrtausend war die Stadt am Yodo-Fluss, die damals allerdings noch
Heian-kyo hieß, Kaiserresidenz und Landeszentrum. Das alte Japan mit seinen
Bauwerken und Traditionen ist hier daher noch ähnlich spürbar wie das alte Europa
in Wien. Ein Eldorado für Nostalgiker also.

Faszinierende Tempel und eindrucksvolle Schreine, himmelhohe Pagoden und ellenlange Torii-Alleen, kunstvoll angelegte Gärten und uralte Ochaya, hölzerne Teehäuser, in denen noch Geishas die Kunden begleiten: Fast wähnt man sich in Kyoto, vor allem in seinen ältesten Vierteln Higashiyama und Gion, zurückversetzt in die Zeit der Kaiser und Shogun. Sowohl der Kaiserpalast als auch der Sento-Palast, einst Wohnsitz zurückgetretener Regenten, sind in der herrschaftlichen Metropole auf der Honshū-Insel erhalten und zugänglich für jedermann – ebenso wie der Goldene und der Silberne Tempel. Bekannt ist Kyoto, in dessen Präfektur die UNESCO mehr als zwei Dutzend Bauwerke zum Welterbe erklärte, auch für seine Festlichkeiten: zur Kirschblüte im Maruyama-Park hoch über der Stadt, inmitten von knorrigen Ahornbäumen, deren Kronen im Herbst in Flammen zu stehen scheinen; zum farbenfrohen Gion Matsuri um den shintoistischen Yasaka-Schrein – oder anlässlich der Neujahrs- und Frühlingsrituale am nur eine kurze Zugfahrt entfernten Fushimi Inari.

BAMBUSHAIN VON ARASHIYAMA

Ein von grünen, schlanken, hoch in den Himmel ragenden Pflanzenstängeln ge-

> **》Jeder Tag ist eine Reise, und die Reise selbst das Zuhause.《**
>
> *(Matsuo Bashō)*

säumter, scheinbar endloser Pfad. Und ein Rascheln, wie zarte Musik. Eine Blätter-Symphonie. Kein Wunder, dass das natürlich gewachsene Bambuswäldchen am Fuße des Iwatayama zu den offiziellen »Hundert Klanglandschaften Japans« zählt. Am meisten bezaubert sie am frühen Morgen, wenn ihre diversen Pfade noch menschenleer sind und das erste Licht des Tages noch schwach durch ihre Laubmembran dringt.

HIGASHIYAMA-VIERTEL

Wenn an den ersten Frühlingstagen Japanerinnen in hellen Kimonos an den Fassaden der alten Holzhäuser vorüberhuschen, durch die Gassen am Fuße des Kiyomizu-Tempels trippeln oder sich an den Kirschbäumen des 1886 angelegten Maruyama-Parks erfreuen, dann scheint es, als wäre die Zeit stehen geblieben in diesem »östlichen Bergbezirk« Kyotos. Statt Hektik herrscht hier noch Beschaulichkeit – auch wenn die Villa des einstigen Tabakkönigs Murai Kichibee heute zahlende Übernachtungsgäste empfängt.

Links: In Higashiyama scheint die Zeit stehen geblieben zu sein. In dem Viertel der Geishas sind die meisten der traditionellen Holzbauten Kyotos zu finden.

Unten: Bei einem Spaziergang im Bambushain von Arashiyama fühlt man sich in eine andere Welt versetzt: die Lichtstimmung, die Geräusche, der Geruch – eine Sinnesreise.

besserungswerks ausgestellten Schienenfahrzeuge. Per Simulator können die Muse-
umsbesucher einige von ihnen eigenhändig
steuern. Zudem gibt es ein Riesendiorama,
das die japanische Eisenbahnwelt im Maß-
stab 1:80 abbildet. Vor dem dreistöckigen
Museumsgebäude ist der hölzerne Nijō-
Bahnhof von 1904 zu bewundern.
www.kyotorailwaymuseum.jp

FUSHIMI INARI TAISHA

Viele Zuständigkeiten sagt man in Japan
der Shinto-Gottheit nach, der dieser jahrhundertealte, wichtige Bergschrein huldigt:
von der Landwirtschaft und insbesondere
dem Reis bis zum Handel. Alleen Tausender
rot-orange leuchtender Torii-Tore führen zu
ihm hinauf – und in seiner Umgebung beeindrucken unzählige rötliche Fuchsstatuen:
die Boten der Inari-Gottheit. Besonders viel
Publikum zieht der Fushimi Inari Taisha zu
Neujahr an und im Februar zu den Feierlich-
keiten anlässlich des Tags des Pferdes.

EISENBAHNMUSEUM

Von der Dampflokomotive, die in der Nachkriegszeit Schnellzüge zog, bis hin zu den
ersten Shinkansen reicht die Palette der auf
dem Gelände eines 1877 angelegten Aus-

*Oben: Das Eisenbahn-
museum eröffnete
2016. Zu den Expo-
naten zählt Japans
älteste Dampflok.*

*Rechts: Ein Shinto-
Priester schreitet
durch einen der Torii-
Gänge im Fushimi
Inari Taisha.*

Kirschblütenfest im Mauyama-Park Ausgelassen feiert ganz Japan jedes Jahr den Frühlingsbeginn; die Hanami-Zeremonie im März versetzt das Land stets in einen fröhlichen Taumel. Familien, Freunde, Kollegen kommen zum Picknick unter den rosaweißen Kronen der Kirschbäume zusammen – bis der Wind die Blüten nach ein paar Tagen davonträgt.

Heute so gut wie damals

Souvenir, Souvenir

Kimono Mag das traditionelle Wickelgewand auch aus Japans Alltag weitgehend verschwunden sein – zu besonderen Anlässen wie Tee-Zeremonie oder Hochzeit wird er stets hervorgeholt – von Frauen wie Männern. Der Schnitt ist für beide identisch – das richtige Anlegen der Einzelteile aber eine echte Kunst.

Retro-Moment

In einem der Restaurants in Pontocho essen gehen *Ab Mai lässt es sich am Ufer des Kamogawa-Flusses auf schwimmenden Holzdecks speisen – ein kühles kulinarisches Vergnügen ganz ohne Klimaanlage. »Kawayuka« nennen es die Japaner. Es gibt in dem Stadtviertel aber auch erdverbundene Lokale aller Art; in manchen begleiten sogar Geishas das Mahl.*

Das gibt's heute noch

Kiyomizu-Dera *»Reines Wasser« bedeutet der Name dieses auf die Edo-Zeit zurückgehenden Tempels; die Kaskade auf seinem Gelände stand Pate. Nach wie vor gehört es für die Besucher zum Ritual, hier mit einer Kelle einen Trunk Wasser zu schöpfen. Die hohe Terrasse der Haupthalle bietet eine wunderbare Aussicht.* **www.kiyomizudera.or.jp**

DER HEILIGE BERG

Er sei ein Gott, heißt es über den Gipfelsolitär auf Honshū; wer ihn besteige, werde ein guter Mensch. Und allein der Blick auf ihn verwandle ein trauriges Herz wieder in ein glückliches. Kein Wunder also, dass jedes Jahr Hunderttausende zu dem fast 4000 Meter hohen Vulkan Fuji-san pilgern. Sein Gipfel darf allerdings nur in der schneefreien Zeit, von Anfang Juli bis Ende August, bestiegen werden. Vier Routen mit jeweils zehn Stationen führen hinauf. Der kürzeste Weg startet in Fujinomiya Gogōme; in 4,5 Stunden ist man am Ziel. Aber nicht nur von Naturliebhabern und religiösen Gruppen wird der Fuji verehrt: Seine nahezu perfekte konische Form mit der zumeist weiß verschneiten Spitze inspiriert seit Langem auch die Künstler Japans. Allerdings versteckt sich das eindrucksvolle Naturdenkmal im Frühjahr und Sommer oft hinter einem Wolkenvorhang. In der zweiten Jahreshälfte sind die Chancen größer, die UNESCO-Naturerbestätte in ihrer ganzen Schönheit zu Gesicht zu bekommen – bei klarem Wetter sogar vom gut 100 Kilometer entfernten Tokio aus.

Bild: Der heilige Fuji besticht durch seine perfekte Symmetrie, die meist noch von einer Schneehaube gekrönt wird.

AUSTRALIEN & OZEANIEN

Wilde Natur und eindrucksvolle Architektur: Mit diesem Duo verzaubert sowohl der »Rote Kontinent« als auch Neuseeland, das »Neue Land«. Die Millionenstadt Sydney und die kleine Metropole Wellington, das Great Barrier Reef, paradiesische Eilande im Südpazifik wie die Fidschis, die Whitsunday Islands und Tahiti, Maori-Kultstätten und das einzigartige Artdéco-Städtchen Napier – sie alle galten seit jeher als exotische Urlaubsorte, als Reiseziele für Paradiesvögel oder Gutbetuchte, auf jeden Fall aber als legendär, das steht außer Frage. Gelebte Traditionen der Ureinwohner paaren sich hier fast ebenso lückenlos mit dem Erbe der langen britischen Kolonialherrschaft wie Regenwälder mit Traumstränden, Blaue Berge mit roten Cable Cars. Ein Feuerwerk von Farben und Formen, von speziellen Düften und Aromen prägt diese Ecke der Welt, die schon früh nicht nur Maler und Schriftsteller ins Schwärmen brachte – und wo heute noch immer weitgehend Linksverkehr herrscht.

Bild: Auch Australien hatte seine Beach Boys: wie hier die Mitglieder des North Bondi Surf Clubs, die 1948 am Strand von Sydney stolz ihre Surfbretter präsentieren.

Cairns

TOR ZUM GREAT BARRIER REEF

Zwar besitzt die Hauptstadt des Tropical Far North keine eigenen Strände, dennoch
gilt Cairns als der Urlaubsort schlechthin in Queensland. Denn die Lagune an der
Uferpromenade lädt ebenso zum Sonnenbaden ein wie der nahe gelegene Ellis Beach
oder Palm Cove – und natürlich das Great Barrier Reef mit seinen Trauminseln.

Mit einem Koffer, einer Zeltstange und der Aufschrift »Post Office« soll der Aufstieg von Cairns zur boomenden Hauptstadt des tropischen Nordens von Queensland im 19. Jahrhundert begonnen haben: Ab 1873 konnten die Goldgräber der Region an dieser improvisierten Einrichtung ihre Post abholen. Heute sorgt nicht nur das Zuckerrohr von den Plantagen rings um die sonnige Kapitale für deren Wirtschaftswachstum, sondern auch und vor allem der Tourismus. So startet in Cairns, dessen Zentrum umgeben ist von einem Ring aus Motels, Campingplätzen und Ferienanlagen, die berühmte Bahn nach Kuranda im Regenwald der Atherton Tablelands oder beginnen die Allradtouren zum Cap York. Vor allem aber legen in der Stadt die Schiffe ab zu den Tauch-, Ausflugs- und Segelzielen am Great Barrier Reef, dem größten Korallenriff der Erde. Und auch das Klima trug seit jeher dazu bei, Cairns zu einem der beliebtesten Urlaubsorte Australiens zu machen: Höchsttemperaturen bis 35 Grad zwischen November und April, den Rest des Jahres nie unter 25 Grad. Und auch das Meer ist mit 23 bis 28 Grad badewannengleich.

ALTSTADT & ESPLANADE

Trinity Harbour und die von Geschäften, Restaurants und Hotels gesäumte Uferpromenade bilden das Herz des einstigen Werft- und Goldgräberstädtchens. Vor der Cairns Esplanade öffnet sich die 50 000 Quadratmeter große Salzwasserlagune, deren Strände und Rasenflächen gern genutzt werden für ein Mittagspicknick mit Hafenblick. Hier endet auch die lange Esplanade, von den Einwohnern auch »Wohnzimmer« genannt. Im zentralen, 1907 errichteten School of Arts Building indes residiert seit mehr als einem halben Jahrhundert das Cairns Museum zur Geschichte der Stadt und ihrer Umgebung. *www.cairnsmuseum.org.au*

BARRON GORGE NATIONAL PARK

Hauptattraktion des weiten, nur 20 Autominuten von Cairns entfernten Areals, das sich von den rauen Hochebenen der Atherton Tablelands über einen dichten Regenwaldgürtel bis zur Küste erstreckt, sind die Wasserfälle des Barron River. Sie stürzen in eine fast 300 Meter tiefer liegende Schlucht. Wanderwege, die größtenteils den historischen Pfaden des Djabugandji-Bama-Volkes folgen, sowie eine Schienen- und Seilbahn erschließen den eindrucksvollen Park. *parks.des.qld.gov.au/parks/barron-gorge*

Links: Wer »Cääns«, wie die Australier sagen, besucht, muss auf Strände nicht verzichten. Rund um die Stadt finden sich paradiesische Orte und Eilande. Im Bild: Touristen auf Green Island in der Nähe von Cairns, 1948.

Heute so gut wie damals

Flecker Botanic Gardens
Fast 40 Hektar umfasst die ab 1886 angelegte tropische Oase am Rand von Cairns. Viele ihrer Gewächse sind nirgendwo anders auf der Welt zu finden. Star unter den Raritäten des Gartens ist sicher die Titanenwurz mit einem bis zu sieben Meter langen Einzelblatt.

Whitsunday Islands

DER VIELLEICHT SCHÖNSTE STRAND DER WELT

Rund 70 Inseln bilden dieses Paradies vor Shute Harbour; nur acht davon sind bewohnt. Ihren Namen erhielten die Eilande von James Cook, der an einem Pfingstsonntag einst an ihnen vorübersegelte; ihre Korallenriffe und feinen Sandstrände sind heute legendär, insbesondere der einmalig schöne Whitehaven Beach.

Stets wie gemalt erscheint der Ozean um die Pfingstsonntagsinseln und fast immer lacht die Sonne über ihnen. Das Gros der Eilande, die sich in einem Radius von ungefähr 50 Kilometern östlich des Küstenorts Airlie Beach und nahe des berühmte Great Barrier Reef gruppieren, hat Nationalparkstatus: unberührte Refugien mit einsamen Stränden, kleinen Buchten und dicht bewachsenen Anhöhen. Der abwechslungsreichen Landschaftsszenerie der Inseln, deren besiedelte touristisch bestens erschlossen sind, entspricht die artenreiche Meeresfauna, sodass die Whitsundays seit Langem nicht nur zum Wandern, Segeln, Surfen und Wasserskifahren, sondern auch zum Tauchen und Schnorcheln einladen. Highlight mit Suchtgefahr ist der legendäre Whitehaven Beach, der unter Kennern als schönster Strand der Welt gehandelt wird. Unbedingt besuchen sollte man auch den Cape Hills National Park auf dem Festland, wo in der Morgendämmerung Kängurus zum Meer hüpfen und trinken, um ihren Salzbedarf zu stillen.

HYMAN ISLAND

Tropischer Regenwald, Eukalyptusbäume, Kokospalmen, Fichten – und in den Gewässern Meeresschildkröten, Stachelrochen, Buckelwale und Delfine: Die nördlichste der Whitsunday-Inseln prunkt geradezu mit ihrer Natur. Bereits 1933 eröffnete daher auf Hyman ein biologisches Forschungslabor; knapp zwei Jahrzehnte später, in Erwartung eines königlichen Besuchs in Australien, das Royal Hayman Hotel. Schon damals war das Eiland ein beliebtes Ziel passionierter Hochsee-Sportfischer; heute ist es ein Luxusresort. *www.ihg.com*

HAMILTON ISLAND

Bis Mitte des 20. Jahrhunderts war die Insel vor der Küste des nahen Shute Harbour

Great Barrier Reef Gut 2000 Kilometer folgt die Riff- und Inselkette der nordöstlichen Küstenlinie Australiens. Ihre »Baumeister« sind Steinkorallenpolypen, die in Gemeinschaft mit blaugrünen Algen leben und immer neue, später zu Sand zerfallende Kalkröhren bilden, welche die Algen dann zu einer neuen Riffschicht »verbacken«. Im Gewässer rund um das aus fast 3000 Teilstücken bestehende Riff leben rund 1500 Fischarten, außerdem sind im Great-Barrier-Gebiet unzählige Spezies von Vögeln und Weichtieren zu Hause.

weitgehend unerschlossen; inzwischen gibt es aber einige Hotels und sogar einen Flughafen. Weitgehend unberührt von diesen Spielarten der Zivilisation blieb indes der Süden des nur fünf Quadratkilometer messenden Eilands. Markierte Wanderwege führen hier zu den Aussichtspunkten Passage Peak, Resort Lookout und zur Hill Top Viewing Area sowie zum Escape Beach und der idyllischen Coral Cove.

Links: Der legendäre Whitehaven Beach gilt als einer der schönsten Strände Australiens – ach, vielleicht der ganzen Welt. Aufgrund seines hohen Quarzgehalts von nahezu 99 Prozent ist er nahezu unwirklich weiß.

Botanical Gardens von Macay
Schon 1878, wenige Jahre nach der Ankunft John Mackays und seiner Neuengland-Erkundungsgruppe in dem Lagunen-Reservat, wurde die Idee zu einem botanischen Garten geboren. Areale im Stil der frühen Siedlergärten sind heute Teil der erst um die Jahrtausendwende eröffneten Anlage. *www.mackayregionalbotanicgardens.com.au*

Das gibt's heute noch

Sydney

GANZ GROßE OPER

Spätestens seit den Olympischen Sommerspielen im Jahr 2000 spielt die älteste Stadt Australiens mit in der Liga der weltweit schönsten Metropolen. Dabei schwärmte schon Captain Arthur Phillip 1788 vom »schönsten Hafen der Welt«. Dazu kommt das einmalig milde Klima, das fast das gesamte Jahr zum Surfen und Sonnenbaden verführt.

Fast jeder kennt die Hafenansicht mit der riesigen Stahlbogenbrücke und dem markanten Opernhaus. Und für viele symbolisieren diese Bilder – neben dem roten Uluru alias Ayers Rock – Australien als Ganzes. Tatsächlich eint die 1778 als Sträflingskolonie an einem Naturhafen der Ostküste gegründete heutige Hauptstadt von New South Wales eindrucksvoll Natur und Kultur, Geschichte und Moderne. Darling Harbour und der kleinere Hafen Circular Quay mit der restaurierten Altstadt »The Rocks« zählen ebenso zum facettenreichen Stadtbild wie prächtige britische Kolonialbauten, die Royal Botanic Gardens, das einstige Hippie-Viertel Paddington und die schon im 19. Jahrhundert beliebten Strände Watsons Bay und Bondi Beach. Denn nach dem ersten Goldrausch 1851 hatte sich Sydney endgültig zum kulturellen, wirtschaftlichen und industriellen Mittelpunkt Australiens gemausert. Und nur wenige Dutzend Kilometer entfernt locken die Carmarthen Hills, die aber bald wegen des bläulichen Dunstes über ihnen den neuen Namen »Blue Mountains« erhalten hatten.

OPERA HOUSE

Fast 20 Jahre dauerte es vom Entwurf Jørn Utzons bis zur Einweihung des Gebäudes. Erst 1973 wurden die schwierig umzuset-

»Australien mag ich sehr. Es ist wie Amerika – allerdings ohne die Komplexe. Australier können über alles sprechen.«

(Peter Ustinov)

zenden Ideen des dänischen Architekten endgültig Realität. Mit seinem markanten Muschelschalendach avancierte das Bühnenhaus inzwischen zum Wahrzeichen ganz Australiens und zählt zudem zum Welterbe der UNESCO. Es umfasst fünf Theater mit insgesamt rund 5500 Plätzen sowie fast 100 weitere Räume; darunter ein Kino sowie Restaurants, Bars und Souvenirshops.
www.sydneyoperahouse.com

CAMPBELL'S COVE

Sydneys ältestes Viertel liegt an einem der schönsten Naturhäfen der Welt. 1788 entstand hier die erste europäische Siedlung des australischen Kontinents. An die frühen Tage der Stadt erinnern noch Campbell's Storehouses – ab 1838 errichtete Lagerhäuser des erfolgreich Tee und Spirituosen aus Indien importierenden schottischen Kaufmanns Robert Campbell. Ansonsten säumen heute angesagte Lokale und Boutiquen die schick sanierte Waterfront, der Keimzelle von Australiens Metropole.

Ganz links: Lange hatte seine Fertigstellung gedauert, aber dann war die Eröffnung des Opera House am 20. Oktober 1973 endlich gekommen. Viele Sydneysider nutzten das Ereignis für eine feucht-fröhliche Hafentour.

Links: Was für eine Skyline! Harbour Bridge, Oper, Wolkenkratzer und die pittoresken Häuschen von Campbell's Cove fügen sich in Sydney zu einer perfekten Mischung zusammen.

Ausflug zu den Blue Mountains

Schon Charles Darwin schwärmte 1836 von der wilden Schönheit der Gebirgsregion westlich von Sydney. Steile Felswände, dichte Wälder mit unzähligen endemischen Pflanzenarten, darunter die skurrile Wollemi-Tanne, tosende Wasserfälle und bezaubernde Städtchen. Kein Wunder, dass die bis zu 1000 Meter aufragenden »Blauen Berge« nicht nur zum beliebten Naherholungsgebiet wurden, sondern auch UNESCO-Erbe. Felsmalereien zeugen von ihren ersten Siedlern, den Aborigines.

Eindrucksvoll sind auch die beiden großen Uhren mit beweglichen Figuren: Die Royal Clock zeigt Szenen aus dem englischen Königreich, die Great Australian Clock illustriert Etappen der australischen Geschichte aus europäischer und Aborigine-Sicht. *www.qvb.com.au*

ROYAL BOTANIC GARDENS

Oben: Schon 1885 verbrachten die Einwohner Sydneys in den Royal Botanic Gardens mußevolle Stunden.

Angelegt 1816, um ein bisschen Gemüse für die hungernden Soldaten und Sträflinge der jungen Kolonie anzubauen, bergen die von einem weitverzweigten Wegenetz durchzogenen, in mehrere Sektoren aufgeteilten Gärten nahe des Opernhauses heute mehr als 2500 vornehmlich südpazifische Pflanzenarten, darunter Magnolien, Baumfarne und Grasbäume, Würgefeigen und unzählige Eukalypten. In vielen der Baumwipfeln hängen zudem die fledermausartigen Flughunde. *www.rbgsyd.nsw.gov.au*

QUEEN VICTORIA BUILDING

Rechts: Modedesigner Pierre Cardin nannte es »das schönste Einkaufszentrum der Welt« und tatsächlich ist das Queen Victoria Building eine Art byzantinischer Palast.

Ursprünglich sollte das 1898 fertiggestellte Gebäude an der George Street einen ganzen Häuserblock einnehmen und war als Markthalle geplant. Heute reihen sich unter ihrer 60 Meter hohen Glaskuppel auf vier Ebenen eine Fülle von Shops, Cafés und Restaurants.

Paddington *Vor allem in der Oxford Street zeigt sich der Wandel vom einstigen Hippie-Zentrum »Paddo« zum eleganten In-Viertel mit Galerien, Buchläden, Designershops, Restaurants, Cafés und Clubs. Samstags indes trifft sich halb Sydney auf dem Kunst-Kitsch-und-Klamotten-Markt rund um die Paddington Uniting Church.*

Heute so gut wie damals

Das gibt's heute noch

Bondi Beach *Schon 1890 fuhren die Sydneysider mit der Straßenbahn an diesen Strand – obwohl das Baden damals erst nach Einbruch der Dunkelheit erlaubt war. In den 1930er-Jahren war »Bondi« dann schon mit Liegestühlen übersät und auf der Campell Parade gab es großes Gedränge – daran hat sich auch heute nichts geändert.*

Einkaufen auf dem Sydney Fish Market *Hunderte Arten von Meeresbewohnern lassen sich hier an den Ständen bewundern, aber es gibt auch Obst und Gemüse sowie Delis und Souvenirshops. Flüssiges und Gebackenes zählt ebenfalls zum Angebot des Marktes an der Pyrmont Bridge Road, der zudem Lokale und eine Kochschule birgt.*

Retro-Moment

Napier

ZURÜCK IN DIE VERGANGENHEIT

Art déco und Wein trugen den Ruf des Hawke's-Bay-Städtchens hinaus in die Welt.
In nahezu einzigartiger Dichte prägen Bauten der 1930er-Jahre sein Zentrum.
Zu Tausenden feiern Architekturfans jedes Jahr dieses einmalige nostalgische Erbe.

Mit elegant untergeschlagenen Beinen sitzt die kleine Bronzedame auf ihrem Riffsockel an der Marine Parade, am Saum des Ozeans. Pania heißt sie und sie spielt eine wichtige Rolle in der Mythologie der Maori, deren Stämme die Inseln der Ahuri-Lagune, das heutige Napier-Gebiet, einst bevölkerten. Die Ngāti Kahungunu waren die letzten von ihnen und sie waren es, zu denen die ersten Europäer Ende des 18. Jahrhunderts Kontakt hatten. Händler, Walfänger und Missionare aus der Alten Welt begannen damals in der Bucht zu siedeln; bereits um 1850 auch Farmer und Hoteliers. Bald wuchs die Hafensiedlung zur Stadt, dehnte sich auf einige Eilande des Sumpfgebietes aus. Ein heftiges Erdbeben setzte der Blüte Napiers jedoch 1931 ein drastisches Ende. Doch die Napier nutzten die Katastrophe als Chance, bauten ihre Stadt mithilfe der gesamten Nation im damals populären Art-déco-Stil wieder auf und legten Gärten und andere Erholungsareale auf dem durch das Beben neu gewonnenen Land an.

ALTSTADT

Mehr als 100 Art-déco-Zeugnisse prägen das historische Zentrum von Napier. Zu den wichtigsten Bauten dieses hier oft sehr fantasievoll interpretierten Stils zählen das Criterion Hotel mit seinen Cordoba-Fliesen, Bogenfenstern, Zikkurats und falschen Balkonen, das Daily Telegraph Building, das Städtische Theater und das schon im Jahr 1921 erbaute, nach dem Erdbeben reparierte und mit Art-déco-Säulen versehene Treuhandamt. Ebenfalls prägnant ist das Bowman-Gebäude mit Stahlbeton und Ziegelverkleidung.

AUSFLUG NACH HASTINGS

Neuseelands sonnigste Stadt ist auch als »Obstgarten« des Landes bekannt. Auf gro-

Weinbau in Hawke's Bay Schon in den 1850er-Jahren wuchsen in dem Gebiet um Hastings und Napier die ersten Reben. Heute liegen auf dem Wine Trail von Neuseelands ältestem Weinbaugebiet rund 70 Winzerbetriebe; etwa ein Drittel davon lädt zur Besichtigung und Degustation ein. Gekeltert werden vor allem rote Trauben; insbesondere Merlot, Shiraz und Cabernet Sauvignon. Einige Güter produzieren jedoch auch Weine aus den weißen Rebfrüchten wie Chardonnay und Sauvignon Blanc. hawkesbaywine.co.nz/wine-trails

ßen Plantagen wachsen an ihren Rändern dank des mediterranen Klimas, guter Böden und unterirdischer Wasseradern Aprikosen, Kirschen, Pfirsiche, Pflaumen, Äpfel, Birnen und verschiedene Beerensorten. Im Sommer findet in der wie Napier von Art-déco-Bauten geprägten, nach dem Generalgouverneur British-Ostindiens im 18. Jahrhundert benannten Hafenstadt an jedem Sonntagvormittag der größte Farmer's Market Neuseelands statt.

Links: Ein Besuch in Napier katapultiert den Reisenden direkt in die 1930er-Jahre, denn nahezu die gesamte Altstadt ist geprägt von wunderschönen Art-Déco-Bauten. Gut gepflegte Oldtimer machen die Illusion perfekt.

Tölpel anschauen am Cape Kidnappers *Ende Juli kommen die weißen Vögel mit ihren goldenen Krönchen und schwarzen Flügelspitzen auf dem Kap an, auf dem einst Maori versuchten, den tahitischen Schiffsjungen von James Cook zu entführen. Ab Februar fliegen die ersten Tiere mit ihrem Nachwuchs vom Brutplatz dann nach Australien.*

Retro-Moment

Wellington

KALIFORNIEN IN NEUSEELAND

Als »Neuseelands San Francisco« wird die exponiert an der Südspitze der Nordinsel liegende Landesmetropole auch gern bezeichnet – denn auch hier weht meist eine kräftige Brise, gehören Hügel zum Stadtbild und verkehren schmucke Cable Cars. Und auch paradiesische Strände und rauschendes Meer findet man gleich in der Nähe.

Zur Zeit der ersten europäischen Entdecker im 17. und 18. Jahrhundert waren die Ufergegenden am Wellington Harbour noch übersät mit Maori-Siedlungen. 1839 warf dann ein gewisser William Wakefield Anker in der geschützten Bucht an der Cookstraße und erhielt für 100 Musketen und Decken vom verbliebenen Te-Ati-Awa-Stamm das Gebiet um den Naturhafen übereignet. Schon im folgenden Jahr kamen die ersten britischen Siedler – und 1846 zählte der Hafenort bereits knapp 4000 Einwohner. 1855 veränderte ein heftiges Erdbeben die Landschaft in und um Wellington. Heute lässt sich das »neue« Bild der Stadt, die sich zu einer wichtigen Kultur- und Lifestyle-Metropole gemausert hat und dank ihrer unzähligen Lokale und Craftbeer-Brauereien auch als »culinary capital« Neuseelands gilt, am besten vom knapp 200 Meter hohen Mont Vic(toria) betrachten. Das Gros ihrer Attraktionen liegt zwischen Courtenay Place und den Old Government Buildings von 1876; darunter die Cuba Street und das historische Wellington-Embassy-Lichtspieltheater, in dem der letzte Teil der Filmtrilogie »Herr der Ringe« uraufgeführt wurde.

ORIENTAL BAY

Als einziger Strand in der Region der Sonne zugewandt und zudem der Hauptstadt am nächsten, erfreut sich die Bucht großer Beliebtheit – auch bei vielen Prominenten, die sich hier vornehme Villen bauen ließen. Daher wird der Küstenstreifen gern auch »Wellingtons Riviera« genannt. Ihren Namen erhielt die Oriental Bay übrigens nach einem der Schiffe, mit denen die ersten Siedler in Wellington anlandeten.

CABLE CAR

Bereits 1902 startete Wellingtons Standseilbahn zur ihrer Jungfernfahrt. Sie verbindet

Te Papa Tongarewa Museum Auf sechs Ebenen dokumentiert dieses wohl wichtigste Sammlungshaus Neuseelands die Geschichte, Kultur und Natur des Landes. Besonders interessant sind die Maori-Artefakte, darunter ein Versammlungshaus, Textilien, Schmuck und Holzschnitzereien sowie ein Kriegskanu. Weitere Abteilungen des Museums widmen sich der Flora und Fauna sowie der Kolonialzeit. Die asymmetrische, bauliche Hülle der Exponate symbolisiert die gemeinsame Geschichte der Maori und der Pakeha, Bürger europäischer Herkunft. *www.tepapa.govt.nz*

die Hauptgeschäftsstraße Lambton Quay mit dem Vorort Kelburn. Hier liegt auf rund 120 Metern, nahe des Botanischen Gartens, die Bergstation der rund 600 Meter langen Strecke mit ihrem kleinen Museum zur Geschichte der Cable Car. Es ist nach wie vor ein vielbenutztes Transportmittel, allerdings nicht mehr mit den Original-Kabinen. *www.wellingtoncablecar.co.nz*

Links: Die Cable Car von Wellington ist das berühmteste Wahrzeichen der Stadt. Anfangs erfolgte der Antrieb noch über eine Dampfmaschine, 1933 wurde die Standseilbahn dann elektrifiziert.

Old St. Paul's Sie ist das Juwel unter den 30 Kirchen der Stadt: 1866 aus einheimischen Hölzern erbaut und ausgestattet mit überwältigend schönen Glasfenstern, ist das anglikanische Gotteshaus in der Mulgrave Street nicht nur beliebt als Kulisse für Hochzeiten, sondern auch für Konzerte.

Das gibt's heute noch

Fidschi-Inseln

FÜR PARADIESVÖGEL

Palmengesäumte weiße Strände, Korallenriffe und türkisblaue Lagunen: Mehr als 300 große und kleine Eilande, geboren aus der Aktivität pazifischer Feuerberge, lassen in diesem einst britischen Atoll Südseeträume wahr werden.

Geprägt von paradiesischen tropischen Landschaften lassen die sonnenverwöhnten Fidschis wohl jedes Urlauberherz höherschlagen. Geheimnisvolle Höhlen locken hier ebenso wie die romantische Coral Coast, das riesige Great Astrolabe Reef, und – vor allem auf Viti Levu, dem Hauptstadt-Eiland – gut erhaltene Zeugnisse der Kolonialzeit. Als Reminiszenz an die indische Minderheit steht zudem in Nadi, an der Westküste Viti Levus, der größte Hindu-Tempel der südlichen Erdhalbkugel. Im Nausori-Hochland der größten Fidschi-Insel indes ist die Vergangenheit des Archipels noch auf andere Weise lebendig: Die dortige Navala-Dorfgemeinschaft baut ihre Häuser noch immer nach traditioneller Art aus Bambus, Bast und Stroh. Ein ganz eigenes Flair bewahrte sich auch Levuka. Das 1820 gegründete Städtchen auf Ovalau, während der Kolonialzeit zwei Jahre Hauptstadt der Fidschis, birgt einen besonders charmanten historischen Hafen; er ist heute – als einzige Stätte der gesamten Inselgruppe – Teil des UNESCO-Welterbes.

Ab in den Kochtopf Bis Mitte des 19. Jahrhunderts galten die Viti-Levu-Inseln noch als gefährliches Reiseziel. Denn ihre Bewohner waren Kannibalen. Verstieß ein unwissender Fremder gegen die Riten und Bräuche der Eingeborenen, drohte ihm der Tod. Sein Fleisch wurde dann im Erdofen gegart und mit speziellen Holzgabeln verspeist. Als Souvenir gibt es diese Aufspießer immer noch; die einstige Straf- und Speisegewohnheit indes gehört für immer der Vergangenheit an.

Links: Wer träumt nicht von einer Szenerie wie dieser? Eine Hängematte zwischen Palmen, das Rauschen der Wellen und nichts als himmlische Ruhe.

für eine unvergleichliche tropische Pflanzenpracht. Das Gros seiner Fläche nimmt der Bouma-Nationalpark mit seinen Wasserfällen ein, hinter denen sich oft sogar Höhlen auftun. Wanderer erreichen auf von Hibiskus gesäumten Pfaden die Höhen der »Garteninsel«, die auch schon Schriftsteller inspirierte. Umberto Eco zum Beispiel siedelte die Handlung seines Romans »Die Insel des vorigen Tages« auf Taveuni an.

COLO-I-SUVA FORESTRY RESERVE

Viele der Pflanzen und Tiere in diesem kleinen Regenwaldschutzgebiet kommen nur auf den Fidschi-Inseln vor: der Affengesicht-Flughund etwa oder die Südseeboa, aber auch viele Vögel wie der Orangebrust-Honigfresser. Sie lassen sich gern auf den typischen Schraubenbäumen nieder. Nicht endemisch sind indes die Mahagonibäume, sie wurden in den 1950er-Jahren angepflanzt – einer der wenigen menschlichen Eingriffe in diese Oase, die auch viele natürliche Wasserstellen birgt.

TAVEUNI

Vulkanische Böden und die größten Regenmengen weltweit sorgen auf diesem Eiland

Royal Hotel auf Levuka Kapitäne waren die ersten Besitzer dieser ältesten Gästeherberge der Fidschis. Sie geht zurück auf das Jahr 1830 und diente auch als Exportstation für Tee. Schiffseigner frequentierten das Hotel, von dessen Dachausguck man noch immer den Hafen überblickt, ebenso wie Sklavenhändler. www.royallevuka.com

Das gibt's heute noch

Tahiti

AM ENDE DER WELT

Dramatisch schön und sagenumwoben liegt diese Doppelinsel mitten im Südpazifik quasi am Ende der Welt. Schon der französische Maler Paul Gauguin ließ sich hier viele Jahre nieder, um zu malen. Heute gilt das Exotikziel irgendwo im Nirgendwo als der perfekte Ort, um Robinson zu spielen.

Spätestens mit dem 1932 erschienenen Roman »Meuterei auf der Bounty« errang die größte der Inseln unter dem Winde weltweite Aufmerksamkeit. Das nahe der Hauptstadt Papeete errichtete Haus von James Normann Hall, einem der beiden Autoren des Werks, wurde als Museum detailgetreu wiedererbaut. Gut ein halbes Jahrhundert vor Hall hatte sich bereits der französische Maler Paul Gauguin von dem tropischen Juwel im Südpazifik bezaubern lassen. Schroffe Felstäler und tiefe Schluchten, üppige Regenwälder und zahlreiche Wasserfälle prägen sein Landschaftsbild. Bis zu 2000 Meter ragen die steilen Gipfel auf Tahiti Nui auf; die höchste Erhebung auf Tahiti Iti, das durch den Isthmus von Taravao mit der großen Schwester verbunden ist, misst immerhin rund 1300 Meter. Im Tal von Paea an der Westküste Groß-Tahitis erinnert das Marea Arahurahu, eine der einst zahlreichen Maori-Kultplattformen, an die ursprüngliche Besiedlung der Insel, zu deren berühmtesten Exportprodukten schwarze Zuchtperlen und aromatische Vanilleschoten zählen.

PAPEETE

In der Metropole von ganz Französisch-Polynesien herrscht allerorten rege Geschäftigkeit. Zu den wenigen nach dem großen Stadtbrand von 1884 erhaltenen historischen Bauten zählen die Kathedrale und die Markthalle. Das Rathaus ist dem Palast der Königin Pomare nachempfunden, der einst auf dem Tarahoi-Platz stand. Auf der Place Vai'ete nahe des Hafens bilden abends die Roulottes, Imbisswagen mit meist lokalen Spezialitäten, die sonst auf die ganze Stadt verteilt sind, ein riesiges Freiluftrestaurant.

MUSÉE DE TAHITI ET DES ÎLES

Werkzeuge, Stoffe, Boote, Schmuckstücke und Musikinstrumente, aber auch Bücher, Gemälde, Skulpturen, historische Fotografien und naturkundliche Exponate birgt diese umfangreiche Sammlung zur polynesischen Kultur. Te Fare Manaha wurde schon vor gut einem halben Jahrhundert eröffnet, es liegt an einem alten *marae*, einem traditionellen Versammlungsplatz, in Puna'auia, umgeben von einem großen, mit traditionellen polynesischen Pflanzen gestalteten Garten, der bis zur Küste reicht.
www.museetahiti.pf

> **Zögere nie, weit fortzugehen, hinter alle Meere, alle Grenzen, alle Länder, allen Glaubens.«**
> *Amin Maalouf*

Links: Nahezu um die ganze Welt muss man reisen, um dieses Paradies zu erreichen.

Unten: Seit 1880 gehört Tahiti zu Frankreich, Französisch ist die offizielle Landessprache.

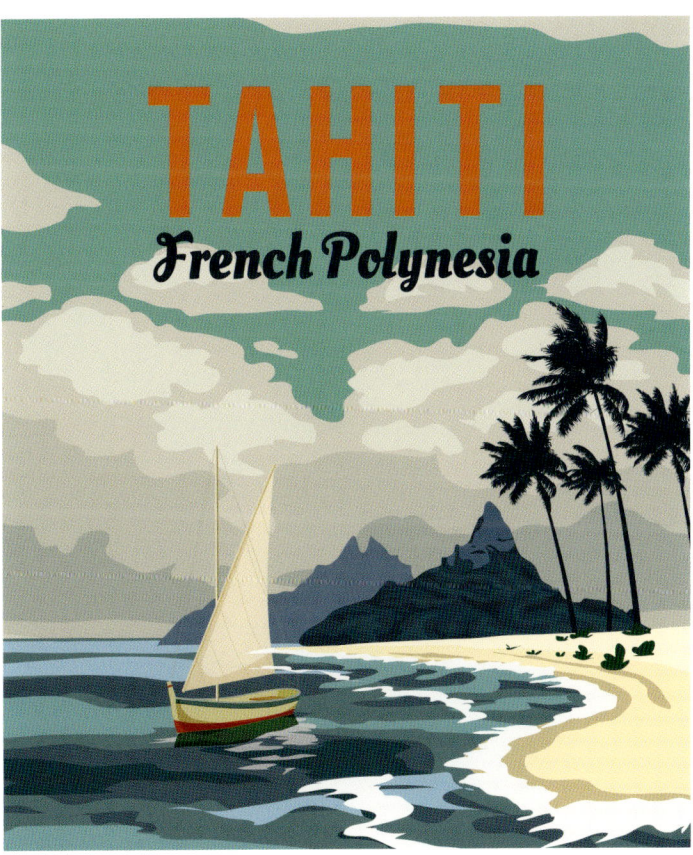

Rechts: Viele traditionelle Handwerkskünste werden auf Tahiti noch gelebt, zum Beispiel das Weben von Palmblättern.

Unten: Auf Tahiti wollte Paul Gauguin eine neue, unverbrauchte Kunst erschaffen. Die Werke, die er von dort mitbrachte, wurden aber anfangs als »Fantasien eines armen Spinners« abgetan (im Bild: »Liegende Tahitianerinnen«).

GROTTEN VON MARAA

Einheimische nennen sie mitunter das Tor zur Hölle: Denn in den drei von üppiger Vegetation umgebenen Felshöhlen haben sich im Lauf der Zeit Tümpel gebildet und die Decken sind mit Farnen und Moosen bedeckt. In der Te-ana-pape-o-Vai-poiri, der größten Grotte, sorgt eine optische Täuschung dafür, dass sie viel kleiner wirkt. Von der Landseite ist das Trio schwer zu erkennen, vom Meer aus jedoch gut sichtbar, daher dient es den Fischern seit Langem schon als Orientierungspunkt.

ABSTECHER NACH BORA BORA

Von einem Korallenriff geschützt, leuchtet die Lagune des Atolls in Farbtönen von Blau bis Türkis: ein Bild wie gemalt – und ein Paradies für Taucher. Ebenso wie die *motus*, von Sandstränden gesäumte Mini-Eilande. Kein Wunder, dass sich das nur knapp eine Flugstunde von Tahiti entfernte Bora Bora zum exklusiven Urlaubsziel entwickelte. Vor der Kulisse blühender Täler und grüner Hügel, von denen sich der Mont Otemanu am höchsten reckt, stehen strohgedeckte Villen und Bungalows auf Pfählen direkt im Meer.

Paul Gauguin auf Tahiti Enttäuscht vom Kunstbetrieb Europas und auf der Suche nach dem unverfälschten Leben, brach der Pariser Maler 1891 nach Tahiti auf. Zwei Jahre lebte er im Inselsüden unter Eingeborenen, fuhr dann aber krank und mittellos zurück nach Frankreich. Dort wurden seine Tahiti-Bilder von der Kunstkritik interessiert aufgenommen, fanden aber keine Käufer. 1895 kehrte Gauguin nach Tahiti zurück, schrieb dort, obwohl gesundheitlich eingeschränkt, »Noa Noa«. 1901 reiste er auf die Marquesa-Inseln, wo er 1903 starb.

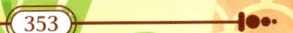

Einkaufen auf dem Marché de Papeete *Brotfrüchte, Yams-wurzeln, Kokosnüsse, frischer Fisch, Ingwer, Limetten, Kräuter: Seit 1847 bieten die Markthallen-händler Nahrhaftes in vielerlei Varianten. Aber es gibt auch Sarongs und Schmuck aus Muscheln oder Perlmutt, Öle aus Tiaré-blüten oder Vanille und vieles andere, das sich als Mitbring-sel eignet.*

Souvenir, Souvenir

Pointe Venus: Leuchtturm *Seit dem ersten Tag des Jahres 1868 sendet das weiße Leuchtfeuer an der Spitze einer Landzunge im äußersten Norden Tahitis seine Signale aus. Erbaut wurde der viereckige Turm aus Findlingen und Korallen. Alle fünf Sekunden markiert er heute mit einem Lichtblitz die Bucht von Matavai.*

Das gibt's heute noch

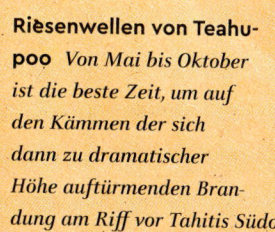

Riesenwellen von Teahu-poo *Von Mai bis Oktober ist die beste Zeit, um auf den Kämmen der sich dann zu dramatischer Höhe auftürmenden Bran-dung am Riff vor Tahitis Südost-küste zu »reiten«. Seine Monsterwellen machen das kleine Dorf Teahupoo sogar 2024 zum Austragungs-ort der Olympischen Surfmeisterschaften.*

Heute so gut wie damals

·REGISTER·

· REGISTER ·

·BILDNACHWEIS · IMPRESSUM·

G = Getty, M = Mauritius,

Cover: Vorderseite: G/Buena Vista Images (Ausblick auf das Meer bei Havanna), Patrick Tümmers; Rückseite: vtaurus/Shutterstock.com, pics five/Shutterstock.com

S. 2-03 G/Archive Photos, S. 6 G/Michael Ochs Archives, S. 7 G/Westend61, S. 8 M/Alamy, S. 9 G/Fred Ihrt, S. 9 G/Anthony Garetti, S. 10-11 G/Aladdin Color Inc, S. 12 G/Print Collector, S. 13 Michael Warwick/Shutterstock.com, S. 14 M/Alamy, S. 14 GTS Productions/Shutterstock.com, S. 15 Picsfive/Shutterstock.com, S. 15 Linus Strandholm/Shutterstock.com, S. 15 Doraemonz32/Shutterstock.com, S. 15 Picsfive/Shutterstock.com, S. 15 Shawn.ccf/Shutterstock.com, S. 16 Look/age fotostock, S. 17 riekephotos/Shutterstock.com, S. 18-19 Look/Aarthi Arunkumar, S. 20 Marc Bruxelle/Shutterstock.com, S. 21 G/David Pollack, S. 22 Vincent JIANG/Shutterstock.com, S. 22 G/LL, S. 23 Dharsi/Shutterstock.com, S. 23 Marc Bruxelle/Shutterstock.com, S. 23 Arina Ulyasheva/Shutterstock.com, S. 23 Maridav/Shutterstock.com, S. 24 G/Underwood Archives, S. 25 G/Jim Heimann Collection, S. 26 G/Nancy Rose, S. 26 M/Walter Bibikow, S. 27 Macrovector/Shutterstock.com, S. 27 EyesTravelling/Shutterstock.com, S. 27 M/Walter Bibikow, S. 28-29 G/Underwood Archives, S. 30 LEE SNIDER PHOTO IMAGES/Shutterstock.com, S. 31 Daria Rosen/Shutterstock.com, S. 32 G/Peter Keegan, S. 33 M/Sam Kovak, S. 34 M/Alamy, S. 34 G/United Archives, S. 35 pisaphotography/Shutterstock.com, S. 35 Sergey Titov/Shutterstock.com, S. 35 G/Artem Vorobiev, S. 36-37 Luciano Mortula - LGM/Shutterstock.com, S. 38 G/Universal History Archive, S. 39 Felix Lipov/Shutterstock.com, S. 39 Strawberry Blossom/Shutterstock.com, S. 40 EPG_EuroPhotoGraphics/Shutterstock.com, S. 41 Radiocat/Shutterstock.com, S. 42 G/Sepia Times, S. 43 aniana/Shutterstock.com, S. 44 G/Jorge Villalba, S. 45 G/Found Image Holdings Inc, S. 46 G/Jon Hicks, S. 47 lukbar/Shutterstock.com, S. 47 travelview/Shutterstock.com, S. 47 Alizada Studios/Shutterstock.com, S. 48-49 G/Jim Heimann Collection, S. 50 f11photo/Shutterstock.com, S. 51 G/Keystone-France, S. 52 G/Wolfgang Kaehler, S. 53 G/Jeff Greenberg, S. 53 G/RiverNorthPhotography, S. 53 calado/Shutterstock.com, S. 54-55 M/Fred Hirschmann, S. 56 G/Slim Aarons, S. 57 nuch.n/Shutterstock.com, S. 57 meunierd/Shutterstock.com, S. 58 photo.eccles/Shutterstock.com, S. 59 G/New York Daily News Archive, S. 60 G/Jim Heimann Collection, S. 60 G/Alan Schein Photography, S. 61 TasfotoNL/Shutterstock.com, S. 61 Felix Mizioznikov/Shutterstock.com, S. 61 berry2046/Shutterstock.com, S. 62-63 Look/Ingolf Pompe, S. 64 G/Allard Schager, S. 65 G/Hum Images, S. 66 f11photo/Shutterstock.com, S. 67 Maria Dryfhout/Shutterstock.com, S. 67 Lubov Chipurko/Shutterstock.com, S. 67 Robert Hoetink/Shutterstock.com, S. 68-69 G/David Pollack, S. 70 G/Science & Society Picture Library, S. 71 Talirina/Shutterstock.com, S. 72-73 Joseph Sohm/Shutterstock.com, S. 74 G/Bettmann, S. 75 JAX 000Z/Shutterstock.com, S. 75 evenfh/Shutterstock.com, S. 76 GTS Productions/Shutterstock.com, S. 77 G/Hanneke Luijting, S. 78 G/H. Armstrong Roberts/ClassicStock, S. 78 G/New York Daily News Archive, S. 79 travelview/Shutterstock.com, S. 79 ShengYing Lin/Shutterstock.com, S. 80-81 G/John G. Zimmerman, S. 82 M/Dennis MacDonald, S. 83 EV-DA/Shutterstock.com, S. 84-85 G/Jouni Vlkki, S. 86 G/Bettmann, S. 87 Nataliia Kucherenko/Shutterstock.com, S. 88 Look/travelstock44, S. 89 TierneyMJ/Shutterstock.com, S. 90 G/Eloi_Omella, S. 90 Look/Sabine Lubenow, S. 91 PERCULIAR BOY/Shutterstock.com, S. 91 f8grapher/Shutterstock.com, S. 91 Roman Gaditskiy/Shutterstock.com, S. 92 Look/age fotostock, S. 93 orangeberry/Shutterstock.com, S. 94-95 G/Tom Kelley Archive, S. 96 G/Gene Lester, S. 97 G/Dennis Fischer Photography, S. 98 Lebid Volodymyr/Shutterstock.com, S. 98 Nyokki/Shutterstock.com, S. 99 2M media/Shutterstock.com, S. 99 Oksancia/Shutterstock.com, S. 99 Look/robertharding, S. 100 G/CBS Photo Archive, S. 101 Marco Rubino/Shutterstock.com, S. 102 G/Ron and Patty Thomas, S. 103 Look/Elan Fleisher, S. 103 Ralf Liebhold/Shutterstock.com, S. 103 yulianas/Shutterstock.com, S. 104 G/Tom Kelley Archive, S. 105 G/David Pollack, S. 106 G/Juan Maria Coy Vergara, S. 107 Kotkoa/Shutterstock.com, S. 107 Theodore Trimmer/Shutterstock.com, S. 107 G/Colin Anderson Productions pty ltd, S. 108-109 G/Keystone-France, S. 110-111 G/Gideon Mendel, S. 112 javier gonzalez leyva/Shutterstock.com, S. 113 G/Jim Heimann Collection, S. 114 Anton Ivanov/Shutterstock.com, S. 115 Look/Myriam Brunner, S. 115 T.B. photo/Shutterstock.com, S. 115 photonova/Shutterstock.com, S. 116-117 M/James Quine, S. 118 Christian_Schmidt/Shutterstock.com, S. 119 Marian Weyo/Shutterstock.com, S. 119 Galyna Maikovych/Shutterstock.com, S. 120 G/Slim Aarons, S. 121 1010bandi/Shutterstock.com, S. 122-123 G/Rolls Press/Popperfoto, S. 124 G/Slim Aarons, S. 125 G/Mirrorpix, S. 126 Look/Franz Marc Frei, S. 126 G/Bob Krist, S. 127 tairome/Shutterstock.com, S. 127 Mihai-Bogdan Lazar/Shutterstock.com, S. 127 Look/travelstock44, S. 128 G/Philippe giraud, S. 129 Daiquiri/Shutterstock.com, S. 130 G/Paul Popper/Popperfoto, S. 131 G/Popperfoto, S. 132 Macca Sherifi/Shutterstock.com, S. 132 Simon Dannhauer/Shutterstock.com, S. 133 Otto Borik/Shutterstock.com, S. 133 Paulo Miguel Costa/Shutterstock.com, S. 133 Yumeee/Shutterstock.com, S. 134 G/Bettmann, S. 135 Hanna KH/Shutterstock.com, S. 135 M/Helmut Corneli, S. 136 Unique Zoom/Shutterstock.com, S. 137 M/Alamy, S. 138 G/Bruce Yuanyue Bi, S. 139 Irina Dolgikh/Shutterstock.com, S. 139 RobHamm/Shutterstock.com, S. 139 M/Sergio Pitamitz, S. 140 M/Timm Humpfer Image Art, S. 141 G/Ulf Andersen, S. 142 G/Jan Sochor, S. 142 sunsinger/Shutterstock.com, S. 143 WILLIAM RG/Shutterstock.com, S. 143 Sunward Art/Shutterstock.com, S. 144 Bernard Barroso/Shutterstock.com, S. 145 Look/Page Chichester, S. 145 antonpix/Shutterstock.com, S. 146 sharptoyou/Shutterstock.com, S. 147 Designifty/Shutterstock.com, S. 148-149 G/Archive Photos, S. 150 G/Harvey Meston, S. 151 M/Sam Kovak, S. 152 Mikolaj Niemczewski/Shutterstock.com, S. 153 Look/age fotostock, S. 153 Leonardo Dantas Teixeira/Shutterstock.com, S. 153 Sunward Art/Shutterstock.com, S. 154-155 G/Angelo Cavalli, S. 156 G/Slim Aarons, S. 157 Lavandaart/Shutterstock.com, S. 157 G/Bettmann, S. 158 G/ElOjoTorpe, S. 159 G/Str, S. 160 Look/Holger Leue, S. 160 Ivo Antonie de Rooij/Shutterstock.com, S. 161 Erwin Widmer/Shutterstock.com, S. 161 G/Pablo Porciuncula , S. 161 Innaru/Shutterstock.com, S. 162 G/Harvey Meston, S. 163 orangeberry/Shutterstock.com, S. 164 G/Michel Setboun, S. 165 T photography/Shutterstock.com, S. 166 M/Fabian von Poser, S. 166 G/Mondadori Portfolio, S. 167 jakkapan/Shutterstock.com, S. 167 Bisual Photo/Shutterstock.com, S. 167 Look/age fotostock, S. 168-169 G/Michel Huet, S. 170 mehdi33300/Shutterstock.com, S. 171 diaznation/Shutterstock.com, S. 172 G/Oversnap, S. 173 G/Jim Heimann Collection, S. 174 G/Paul Popper/Popperfoto, S. 174 Dmitrii Sakharov/Shutterstock.com, S. 175 LMspencer/Shutterstock.com, S. 175 Look/Hendrik Holler, S. 175 kzww/terstock.com, S. 119 Galyna Maikovych/Shutterstock.com, S. 176-177 G/Martin Harvey, S. 178 G/JayKay57, S. 179 Look/Franz Marc Frei, S. 180 Quality Master/Shutterstock.com, S. 180 G/Michel Huet, S. 181 Geraskina Taisiya/Shutterstock.com, S. 181 The Visual Explorer/Shutterstock.com, S. 181 Look/Brown W. Cannon III, S. 182 G/Atlantide Phototravel, S. 183 Look/Hauke Dressler, S. 184 G/Ariel Fuchs, S. 185 M/Alamy, S. 185 Nataleana/Shutterstock.com, S. 185 G/Jon Arnold, S. 186 G/Yannick Tylle, S. 187 MayaNavits/Shutterstock.com, S. 188-189 G/Mint Images - Art Wolfe, S. 190 G/Bernd Schunack, S. 191 1010bandi/Shutterstock.com, S. 192 G/Ugurhan, S. 193 javarman/Shutterstock.com, S. 194 G/Benbenjilali, S. 195 G/Andrea Pistolesi, S. 196 Marco Lissoni/Shutterstock.com, S. 196 G/Jeremy Horner, S. 196 G/Jim Heimann Collection, S. 197 M/Juergen Ritterbach, S. 197 Markus Pfaff/Shutterstock.com, S. 197 G/Oversnap, S. 198 M/Alamy, S. 199 Shanti Hesse/Shutterstock.com, S. 200 M/IanDagnall Computing, S. 201 G/Swim ink 2 llc, S. 202 Lizavetta/Shutterstock.com, S. 203 stu.dio/Shutterstock.com, S. 203 Ruslan Kerimov/Shutterstock.com, S. 204 AlexAnton/Shutterstock.com, S. 205 G/Adoc-photos, S. 206 Eric Valenne geostory/Shutterstock.com, S. 206 G/Jim Heimann Collection, S. 207 G/Luis Dafos, S. 207 G/David Silverman, S. 207 Nina_Susik/Shutterstock.com, S. 208-209 G/George Rinhart, S. 209 G/George Rinhart, S. 210 Elena Pavlovich/Shutterstock.com, S. 211 Fedor Selivanov/Shutterstock.com, S. 212-213 G/Print Collector, S. 214-215 G/Archive Photos, S. 216 G/FevreDream, S. 217 Travel Faery/Shutterstock.com, S. 218 Look/Thomas Peter Widmann, S. 218 M/tommybarba, S. 219 DreamerAchieverNora Tarvus/Shutterstock.com, S. 219 Castro Cicero/Shutterstock.com, S. 219 Rawpixel.com/Shutterstock.com, S. 220 Thomas Dutour/Shutterstock.com, S. 221 M/Perry van Munster, S. 222 Vladimir Wrangel/Shutterstock.com, S. 222 Oscar Martinez Diego/Shutterstock.com, S. 223 J. Baxe/Shutterstock.com, S. 223 Sun_Shine/Shutterstock.com, S. 223 Arina Ulyasheva/Shutterstock.com, S. 224 M/Duncan Grove, S. 225 M/Michel Cavalier, S. 226 M/John Kellerman , S. 227 M/imageBROKER, S. 227 Danist/Shutterstock.com, S. 227 Daniela Yumi Iga/Shutterstock.com, S. 228-229 G/Adrian Ace Williams, S. 230 DaLiu/Shutterstock.com, S. 231 anek.soowannaphoom/Shutterstock.com, S. 232 Nikonaft/Shutterstock.com, S. 232 Look/Karl Johaentges, S. 233 luca85/Shutterstock.com, S. 233 EQRoy/Shutterstock.

© 2024 Kunth Verlag, München
– MAIRDUMONT GmbH & Co. KG, Ostfildern
Kistlerhofstraße 111
81379 München
Telefon +49.89.45 80 20-0
www.kunth-verlag.de
info@kunth-verlag.de

Verlagsleitung: Grit Müller
Idee & Konzept: Stefanie Schuhmacher, Verena Ribbentrop
Redaktion: Stefanie Schuhmacher
Grafik & Bildrecherche: Verena Ribbentrop
Texte: Rita Henss, Stefanie Schuhmacher
Karte: © KOMPASS-Karten GmbH, Karl-Kapferer-Straße 5, A-6020 Innsbruck
unter Verwendung von Kartendaten: © MairDumont, D-73751 Ostfildern

ISBN 978-3-96965-116-2
1. Auflage

Printed in Romania

LUST AUF NOCH MEHR RETRO-REISEN?

KUNTH